Kirsten Jüngling und Brigitte Roßbeck

Elly Heuss-Knapp

Kirsten Jüngling und Brigitte Roßbeck

Elly Heuss-Knapp

(1881–1952)

Die erste First Lady

Ein Portrait

Eugen Salzer-Verlag Heilbronn

Umschlaggestaltung: Klaus Pohl, unter Verwendung eines Porträtfotos
von Elly Heuss-Knapp; mit freundlicher Genehmigung
von Frau Hanna Frielinghaus
Satz und Druck: Offizin Chr. Scheufele, Stuttgart
Printed in Germany · ISBN 3 7936 0328 8

»Man ist niemals mit einem Porträt zufrieden von Personen, die man kennt. Deswegen habe ich die Porträtmaler immer bedauert. Man verlangt so selten von den Leuten das Unmögliche, und gerade von diesen fordert man's. Sie sollen einem jeden sein Verhältnis zu den Personen, seine Neigung und Abneigung mit in ihr Bild aufnehmen; sie sollen nicht bloß darstellen, wie sie einen Menschen fassen, sondern wie jeder ihn fassen würde.«

(Johann Wolfgang von Goethe – Die Wahlverwandtschaften)

Wir haben zu danken

Ursula Heuss-Wolff, daß sie unser Projekt von Anfang an wohlwollend begleitete, uns in ihrem Hause gastfreundlich aufnahm und uns Gelegenheit gab, im Familienarchiv zu arbeiten,
Hanna Frielinghaus für die informativen Gespräche, wichtigen Anregungen und das Material aus dem Fotoalbum der Familie Heuss,
Jörg Taute, ohne dessen Hilfe uns ein unerwartet umfangreicher Nachlaß aus Elly Heuss-Knapps Werbezeit in des Wortes doppelter Bedeutung verschlossen geblieben wäre,
des weiteren Ruth Böhm, Hildegard Hamm-Brücher, Charlotte Hofmann-Hege, Erich Raederscheidt, Ursula Sybille Reiss, Ursula Salentin, Lieselore Würz und all denen, die hier nicht genannt werden können, für ihr Interesse an unserer Arbeit und ihre vielfältige Unterstützung.

Kirsten Jüngling und Brigitte Roßbeck

KAPITEL 1

Straßburg 1881–1905

»Wir wurden in Freiheit dressiert«

Laut und außerordentlich fordernd dringt ein hämmerndes Geräusch ins Haus. Gleichzeitig und beinahe ebenso heftig wie die vor der Tür stehende Person Einlaß begehrt, nimmt die Frau im oberen Stockwerk den Teekessel mit siedendem Wasser von der Herdplatte. Auf ihrem Gesicht spiegeln sich gegensätzliche Empfindungen wider: Resignation über die erneute Störung – angespannte Aufmerksamkeit mit einer Spur von Ärger. Schon wieder soll sie hinaus in die klirrende Kälte! Würde ihr nur in diesen Januartagen des Jahres 1881 der eisige Wind, der von den Vogesen her über das Land fegt, nicht so zusetzen.

Die Frau am Herd, mittleren Alters und nun um den aufmunternden Tee gebracht, war erst vor einer guten Stunde nach Hause gekommen, von einer komplizierten Geburt, zu der man sie geholt hatte. Das neugeborene Kind, ein kleines Mädchen, war gestorben. Die Mutter hatte überlebt. Eine junge Elsässerin, sie wirkte gesund und kräftig und würde sicher bald wieder ein Kind bekommen und – mit Gottes Hilfe – auch behalten dürfen.

Erneut, mit wachsender Ungeduld und Lautstärke, trommelt es gegen das Haustor. Die Hebamme bindet hastig ihre Küchenschürze ab und eilt hinunter. Hatte sie's doch geahnt: Das Hausmädchen der Familie Knapp fällt fast über die Schwelle, bittet atemlos um schnellen Aufbruch. Bei der gnädigen Frau sei es soweit. Mit beruhigenden Worten wird die vor Kälte und Aufregung Zitternde vorerst in den Flur gezogen und die Tür sofort wieder geschlossen. Mit einem Blick in die stets parat stehende Ledertasche versichert sich die Gerufene, daß auch alle benötigten Dinge eingepackt sind – das ist wichtiger als ein überstürzter Aufbruch. Sie erinnert sich noch gut daran, wie sie vor etwa eineinhalb Jahren, zur Geburt der kleinen Marianne, viel zu früh ins Knappsche Haus kam und vermutet, daß auch diesmal die Zeit nicht gar so drängen wird …

Dennoch, ganz zappelig vor Ungeduld, reißt das junge Mädchen die Haustür auf, und beide machen sich auf den Weg. Eine fahle Wintersonne wirft lange Schatten auf den stillen Broglieplatz. Vor wenig mehr als einem Monat war hier noch reges Treiben, standen dicht an dicht die stimmungsvoll geschmückten Holzbuden vom »Chrischtkindelsmarkt«. Ganz Straßburg schien auf den Beinen. Kinder und Erwachsene überbrückten die Stunden vor dem Heiligen Abend mit sehnsüchtig-staunenden Blicken auf Spielzeug, Lebkuchen, Weihnachtskugeln – für viele von ihnen unerschwingliche Kostbarkeiten. Manche nutzten die allerletzte Gelegenheit, unter den schon sehr ausgesuchten Tannen und Fichten ein passendes Exemplar für die Weihnachtsstube zu finden.

Heute ist alles leergeräumt. Schnell ist der langgestreckte Platz überquert, das alte Rathaus und bald auch das mächtige gotische Münster sind schon in Sicht. Der rötliche Sandstein nimmt im Nachmittagslicht eine graue Tönung an und gibt damit dem in neuem Glanz aufleuchtenden bronzenen Hauptportal einen ganz eigenen Rahmen. Dunkel ducken sich die Gassen an das Wahrzeichen der Stadt, letzte Sonnenstrahlen können die Fachwerkwände der mittelalterlichen Häuser nicht mehr erreichen. Im Hintergrund schimmert hell der Flußlauf, Auen begleiten die Ill, sanft umfassen deren beide Arme die Altstadt. Am Ufer taucht das Rohanschloß auf – abendlicher Dunst hüllt die Terrasse der ehemaligen fürstbischöflichen Residenz in milchiges Weiß.

Für den winterlichen Zauber Straßburgs haben die beiden Frauen heute keinen Blick. Nicht nur wegen der heraufziehenden Nacht beschleunigen sie ihre Schritte: Die berufserfahrene Geburtshelferin wünscht sich sehnlichst eine Tasse Tee, das Mädchen wiederum weiß, wie dringend der Professor, vielmehr seine Frau, auf die Hebamme warten. Beide ziehen im Vorwärtshasten unwillkürlich ihre Tücher enger um die Schultern, biegen jetzt zum Sandplätzchen ein und stehen gleich vor dem Haus Nr. 5. Eine Schar johlender Kneckes stürmt ums Eck und reißt sie beinahe um. Die übermütigen Straßenkinder beantworten die Schimpfkanonade der erbosten Hebamme mit frech-frivolen Rufen in Elsässerdeutsch.

Bei solchen Gelegenheiten ist das junge Dienstmädchen stolz und froh zugleich, daß ihr Herr, ein feinsinniger Gelehrter, nur bestes Deutsch spricht und den ihr vertrauten elsässischen Dialekt kaum versteht. Etwas von »Altdeutschen« mit einem wenig schmeichelhaften Zusatz hatten die inzwischen verschwundenen Kinder gerufen, denn nach der ungeliebten Angliederung des Elsaß an das Deutsche Reich sind zugezogene Deutsche, Altdeutsche eben, nicht bei allen Straßburgern gut gelitten. Und zu den aus dem Reich stammenden Deutschen gehört auch Professor Georg Friedrich Knapp, der ungeduldig an der Tür wartet. Licht fällt auf die Stiegen, angenehme Wärme strömt aus der geräumigen bürgerlich-behaglich eingerichteten Wohnung.

Nun kommt Bewegung in den Haushalt, man beruhigt die noch unverständige, wegen der allgemeinen Hektik schreiende Marianne und plaziert den Teekessel gleich neben dem großen Wassertopf. In der Zwischenzeit hat die Geburtshelferin ihre Hände gründlich mit einer Bürste bearbeitet und dann eine blütenweiße lange Schürze um den hageren Körper gewickelt. Geradewegs eilt sie mit der voluminösen Ledertasche ins Schlafzimmer. Der Professor, sonst eher zurückhaltend und äußerst gelassen, kann seine innere Unruhe nicht verbergen.

Höflich, aber mit Nachdruck, wird er ins Studierzimmer verbannt. Was jetzt komme, sei reine Frauensache. Ein Blick auf die Hochschwangere, ein kurzes Abtasten bestätigen die Vermutung der Hebamme: das Kind wird noch ein paar Stunden auf sich warten lassen. Vorsichtshalber will sie jedoch im Hause bleiben.

Aufmerksam, eher ängstlich, hat Lydia Knapp den konzentrierten Gesichtsausdruck der Untersuchenden studiert, ist durch deren mütterlichen Zuspruch und die sehr regelmäßigen Wehen jetzt etwas ruhiger geworden. Die Hebamme setzt sich zu ihr ans Bett und streichelt aufmunternd die Hand der jungen Frau. Die Frau Professor wirkt so ganz anders als eine Elsässerin, stellt sie bei sich fest, schmal und zerbrechlich, mit hohen Backenknochen und apartem Augenschnitt. Ein wenig sieht ihr die kleine Marianne ähnlich, und vielleicht vererbt sie diesem zweiten Kind auch das wunderbar volle, leicht wellige Haar. Sehr gebildet soll sie sein – ob es wirklich stimmt, daß sie bei ihrem Mann studiert hat? Dürfen denn Frauen überhaupt studieren? Am Fuß des Berges Ararat soll sie gelebt haben. Ist das nicht da, wo die Arche Noah strandete? Eine Adelige, sagen die Leute, sei sie auch … Der letzte versponnene Gedankenfaden reißt jäh ab, denn das ungeteilte Interesse der Hebamme gilt jetzt einzig und allein dem endlich bereitgestellten heißen Tee.

Georg Friedrich Knapp hat sich tatsächlich gefügt, hat sich zurückgezogen, kann die verordnete Isolation aber nur schwer ertragen. Die Zigarren bleiben, ein kleines Wunder, unberührt. Bilder, längst in der Vergangenheit versunken, werden mit einem Mal wieder lebendig, führen ihn zurück zu einer Begegnung vor acht Jahren. Professor war er auch damals schon, in Leipzig, lehrte Nationalökonomie. Eines Tages erschien eine auffallend aparte, selbstbewußt auftretende Achtzehnjährige in seiner Seminarstube. Es war Lydia von Karganow, aus georgischem Adelsgeschlecht stammend. Ihr Vater, Joseph von Karganow, war Generalmajor in Tiflis, die Mutter eine geborene Fürstin Bebutow. Die junge Georgierin erklärte ihm damals unumwunden, als Gasthörerin seine Vorlesungen besuchen zu wollen und bat um die notwendige Zustimmung. Anders ist ein Studium für Frauen ja nicht möglich.

Schon nach diesem ersten Gespräch, erst recht während des Semesters, hatte die Studentin bei ihm, dem dreizehn Jahre Älteren, einen unauslöschlichen Eindruck hinterlassen: hübsch, charmant, sprühend vor Temperament, vielseitig interessiert und begabt, sieben Sprachen beherrschend. In diesem Sinne mußte er auch gleich seinem Kollegen und Freund Lujo Brentano[1] berichten, nämlich, daß sie weder alt noch häßlich sei und ihn veranlasse, so »die Frauenbewegung durchzumachen«. Lydias mutiger Schritt imponierte dem Professor, stoßen üblicherweise wissenschaftlich ambitionierte Frauen doch auf teils unverhohlen geäußerte Kritik und massive Ablehnung vieler Kollegen und nicht zuletzt der Kommilitonen. – Ein Vierzeiler kommt Professor Knapp plötzlich in den Sinn, ein Vers, den er damals für Lydia, seine Frau, schrieb:

»Ich will dich nicht verlassen,
Mädchen aus Morgenland.
In Golde will ich fassen
die Perle, die ich fand.«

Ja, das »Mädchen aus Morgenland« war bei ihm geblieben, hatte Tiflis gegen Leipzig und Leipzig gegen das dem Kaukasus noch fernere Straßburg eingetauscht.

Nach dem deutsch-französischen Krieg und der Übernahme Elsaß-Lothringens ins Deutsche Reich war Professor Knapp dem Ruf an die neugegründete Straßburger Kaiser-Wilhelm-Universität aus Überzeugung gefolgt. Deutsche und französische Kollegen sollten die Fakultäten aufbauen, neue – wie er –

und traditionelle wissenschaftliche Disziplinen vertreten, vor Ort die nationale Reichspolitik wirkungsvoll unterstützen. Georg Friedrich Knapp ist von seiner Mission überzeugt. Er lebt gerne im Elsaß, liebt die Stadt und hofft, daß sie auch seiner Frau und den Kindern Heimat bleibt.

Der 25. Januar 1881 ist gerade 45 Minuten jung, als Professor Knapp durch einen unüberhörbaren Schrei aus seinen Gedanken gerissen wird. Eine zweite Tochter, Elisabeth Eleonore Anna Justine, hatte gerade das Licht der Welt erblickt. Aus der feierlichen Vornamenfolge wird bald kurz und bündig Elli, irgendwann einmal Elly, und die entwickelt sich zu einem energischen kleinen Persönchen.
Die Mutter aber kann Kindheit und Jugend, ja das weitere Leben ihrer Töchter kaum mehr aktiv mitgestalten. Bald nach Ellys Geburt erkrankt sie schwer, verliert das seelische Gleichgewicht. Über Jahrzehnte wird Lydia Knapp in Sanatorien betreut, immer aber lebt sie, regelmäßig besucht, in der Nähe ihres Mannes. Vor allem in der ersten Krankheitszeit hält sie sich noch gelegentlich bei ihren Kindern auf.
Tante Lella, die in Basel verheiratete Zwillingsschwester des Professors, Ehefrau des Apothekers Dr. Geiger, vertritt als »Mamli« so oft es geht Mutterstelle. Ein Defizit bleibt. »Ich habe«, wird Elly Knapp als junge Frau eingestehen, »immer eine große Sehnsucht nach verstehender, mütterlicher Liebe gehabt ... Ich meine nicht das Eingehen auf die intellektuellen Interessen. Das haben wir ja durch den Papa ... Sondern das Mitempfinden und Verstehen des weiblichen Teils von all dem Neuen, was auf mich ... einstürmt ... Der Papa wirkt nur auf das geistige Leben. Und alles, was mich sonst jetzt bewegt, kann sich nirgends aussprechen ... Dadurch wird es fast qualvoll.«

Vom in Gefühlssachen mehr als diskreten Vater kann Elly wenig über die ungetrübten Ehejahre der Eltern erfahren. So

bleiben nur bruchstückhafte Erinnerungen: »Wenn es ihr (der Mutter) gut ging, spielte sie stundenlang Klavier. Ich habe bis heute eine Abneigung gegen dieses Instrument und glaube, daß es daher kommt, weil wir so oft, während sie virtuos spielte, mit irgendeinem Wunsch kamen und unser Ruf gar nicht gehört wurde.«
Eine andere Episode bleibt ebenfalls unvergessen: An einem Wintertag hatte im Hof des Hauses ein magerer, italienisch sprechender Betteljunge die Kunststücke seines kleinen Äffchens vorgeführt, das sich anschließend vor Kälte zitternd unter dem Wams seines ebenfalls frierenden Herrn verkroch. »Unsere Mutter«, so erinnert sich Elly, »rief ihm auf italienisch ein paar freundliche Worte hinunter. Da lachten seine schwarzen Augen sie so strahlend an, daß sie ihn heraufholte und an unseren Mittagstisch setzte. Er teilte das Essen mit dem behenden Tier auf seinem Arm. Unser Vater aber sah mit leicht gerunzelten Brauen auf die ebenfalls behende Schar von kleinen Tierchen, die ihm aus den Locken in den Hals krabbelten ...«

Neben Tante Lella wird ein weiteres Familienmitglied »zum Glücksfall« in Ellys Kindheit: der heißgeliebte, bewunderte Großvater Knapp. Er bringt die Seele des Kindes zum Schwingen und ihr junges Leben ins rechte Gleis.

Im Mai des Jahres 1881 steht der siebzigjährige Chemiker und Geheime Rat Friedrich Ludwig Knapp zusammen mit seiner Frau, einer Schwester des bekannten Freiherrn Justus von *Liebig*[2], auf dem Bahnhof in Braunschweig. Sie hatten wahrlich nicht erwartet, wenn auch nur auf Zeit, Elternstelle bei dem nur viermonatigen Enkelkind übernehmen zu müssen. Etwas unbehaglich fühlt sich Großvater Knapp schon. Wie wird er, wie wird seine feurig-temperamentvolle Elise auf die ohne Frage mit Unbequemlichkeiten verbundene Kinderbetreuung

reagieren? Kaum ist der Zug eingefahren, winkt auf dem Perron die vom Sohn mitgeschickte Amme und reicht ihnen zuerst das winzige Kindchen hinunter, dann das umfangreiche Gepäck. Lachend streckt Elly ihrem Großvater die Ärmchen entgegen, der Bann ist gebrochen: es ist Liebe auf den ersten Blick.
Friedrich Ludwig Knapp trägt sein Enkelkind zur Taufe in den Braunschweiger Dom, an seiner Hand tut es die ersten ungelenken Schritte, seinen Lehnstuhl bewacht Elly, während er Kolleg hält, und erwartet sehnsüchtig des Großvaters Rückkehr. Seiner klangvollen Stimme lauscht sie gebannt, hört immer neue Geschichten und über Generationen angereicherte Ahnenanekdoten.
Als die Zweijährige schließlich ins Straßburger Elternhaus zurückkehren soll, sind beide untröstlich: das Kind verweigert zunächst die Nahrung, und der Großvater schreibt einen verzweifelten Brief, weil er es auf die Trennung nicht vorbereitete. Man einigt sich darauf, daß Elly alle Ferien mit den Großeltern, auch mit Tante Lella und deren Kindern, verbringen wird. Ihr gemeinsames, bevorzugtes Ziel ist dann das idyllische Städtchen Miltenberg am Main.

Heute, die Großeltern halten ihren wohlverdienten Sommerfrische-Mittagsschlaf, rennt Elly – wie jeden Tag um diese Zeit – vom Hotel *Zum Engel* über den mittelalterlichen Miltenberger Markt, am siebenröhrigen Brunnen vorbei hinüber zum Marienbild. Dort wartet schon ein ganzes Rudel Kinder auf die kleine Geschichtenerzählerin. Während sie die Straßenkinder mit dem großväterlichen Bildungsgut bestens unterhält, liegt eines von ihnen, das abgerissenste, über ihren Knien. Elly hat Nadel und Faden mitgebracht und verwandelt mit ungeschickten Fingern die Löcher in den Kleidern und Hosen in hochstehende »Hörner«. Dabei übersieht sie zunächst Tante Lella, die nun halb augenzwinkernd, halb ernsthaft darauf hinweist, daß sich Ellys Begabung zum Märchenerzählen wahrhaftig noch in keiner Weise mit der zum Flicken vergleichen ließe. Jeder Abschied von Miltenberg und vom Großvater wird zum Drama. So schwer trennt sich Elly, daß sie einmal nach einem solchen Ferienaufenthalt aus dem Fenster des Eisenbahnwaggons springt, als der Zug zur Abfahrt nach Straßburg bereitsteht. Wütend und enttäuscht muß sie aber trotzdem die Heimreise antreten, denn unverzüglich und für ihre Begriffe unbarmherzig, wird die Ausreißerin auf ihren Fensterplatz zurückbefördert.

Ellys Gefühl für Sprachrhythmus, für Satzmelodien wird früh geprägt. Fasziniert lauscht sie, wenn der Großvater auswendig Goethes *Faust* zitiert. Bald beherrscht sie selbst ein beachtliches Klassikerrepertoire und englische Balladen, jedoch ohne vorerst deren Sinn zu erfassen. »Ich erinnere mich an keine Zeit, in der ich den *Faust* nicht kannte«, wird sie später einmal feststellen. »Jedenfalls habe ich vor Eintritt in die Schule meinen Vater zu seinem Geburtstag damit überrascht, daß ich deklamierte: ›Mein Großvater ist ein dunkler Ehrenmann, der über die Natur und ihre heiligen Kreise in Redlichkeit, jedoch auf seine Weise, mit grillenhafter Mühe sann.‹ Daß die Sonne ›in alter Weise tönt‹ habe ich viele Jahre lang als selbstverständlich geglaubt und oft den Atem angehalten, um die Sphärenmusik zu hören.«

Mit Vater und Großvater spricht Elly solche Texte und Gedichte auch zweistimmig, ganz so, wie andere zweistimmig singen. Nicht nur in diesem Punkt, auch sonst weicht die Erziehung der Knapp-Töchter von den gängigen gutbürgerlichen Vorstellungen ab. »Wir wurden in Freiheit dressiert« wird Elly ihre und der Schwester Marianne Kindheit treffend charakterisieren.

Vom Sandplätzchen ist man schnell auf der Rohanschen Schloßterrasse, ein idealer Ort für Kinderspiele. Laut und lebhaft geht es da zu. Sehnsüchtig schaut Elly den kleinen Elsässern zu, überlegt, rennt dann kurzentschlossen hinüber und versteht mit Mühe eine Drohung. Tritte werden darin angekündigt, Tritte, die offenbar auf die untere Rückseite des Körpers zielen. Trotzdem, sie ist dabei, setzt sich durch, wird rasch akzeptiert und mittels eines »Sündenfalls« auf Belastbarkeit getestet: Hoch auf einen schmalen Säulensockel hat man die kleine Änne gesetzt, die nun ängstlich flehend weint. Allein schafft sie den Absprung nicht. Einer der Kneckes macht den Vorschlag, sie dort oben sitzenzulassen und wegzulaufen. Eher ein Befehl, dem, natürlich wider besseres Wissen, auch Elly gehorcht. – Gestraft wird sie dafür nach der Beichte beim Vater nicht, stellt sich aber selbst in die Zimmerecke und schluchzt: »Ich weiß nicht, ob ich Bauchschmerzen habe oder ein schlechtes Gewissen.«

Als im Straßburger Universitätsviertel die neuen repräsentativen Straßen und Häuserzeilen mit herrschaftlichen Wohnungen fertiggestellt sind, bezieht eine davon die Familie Knapp. In der Ruprechtsauer Allee wohnen vorwiegend Professoren, Beamte und Offiziere. Sie sind, teils mit Frauen und Kindern, aus ganz Deutschland hierhergekommen. Ellys Aktivitäten verlagern sich darum in angrenzende alte Befestigungsanlagen und in den Universitätsgarten. Von dort dringen die Schwester Marianne, sie und ihre Freunde durch ein Kellerfenster in das Physikalische Institut, sie stibitzen Quecksilber, das sich so herrlich zu Kügelchen zerteilt. Oder man entfacht gemeinsam an den Franzosenwällen einen »Präriebrand«, nur um zu sehen, wie sich ein Feuer ausbreitet. Ein eherner Grundsatz wird dabei immer hochgehalten: »Hauen ist edel, Treten und Spucken gemein«. Und wie reagiert Professor Knapp auf die Missetaten seiner Töchter? Mit einem achselzuckenden »Ach« und schweigendem Vertrauen!

In gewisser Hinsicht läßt Elly Knapps Schulkarriere zu wünschen übrig. Und das nicht nur, weil Mädchenbildung zwar allgemein, auf keinen Fall aber gelehrt ist. In zumeist privaten, auch klösterlichen Höheren Töchterschulen werden neben naturwissenschaftlichen Grundkenntnissen mehr praktische, ästhetisch-literarische, aufs Gemüt zielende Kenntnisse vermittelt. Derartige Beschränkungen werden seit kurzem von vielen Frauen heftig beklagt, vor allem Lehrerinnenverbände bekämpfen vehement das Mädchen deutlich benachteiligende Schulwesen. Für Elly und ihre Altersgenossinnen kommt diese Entwicklung spät, fast zu spät. Erst 1889 wird die Lehrerin und Frauenrechtlerin Helene Lange[3] allererste, vorerst vereinzelt angebotene Kurse einrichten, die Mädchen zum Standard des Abiturs führen und ihnen ab 1896 externe Prüfungen an Knabengymnasien ermöglichen. Noch »biegt sich« nach Augenzeugenberichten »ein Schulrat vor Lachen« als man ihn um die Überlassung von Schulräumen für die Vorbereitung von Mädchen auf das Abitur bittet. Aber »... das Lachen wich einem erstaunten Schweigen und an manchen Stellen auch ehrlicher Anerkennung, als die ersten sechs Frauen Ostern 1896 das Abiturientenexamen mit bestem Erfolg bestanden. Sie hatten, nach Ansicht des Kultusministers, ›reichlich soviel, zum Teil mehr geleistet als unsere jungen Männer‹.« Es gibt auch andere, wenn auch wenige, männliche Stimmen. Nachdrücklich fordern aufgeklärtere Zeitgenossen die notwendige Vertiefung der Frauenbildung. Zu ihnen gehören auch die Professoren Delbrück und Harnack, und beide sind mit Tanten von Elly Knapp verheiratet.[4]

Derweil wartet die kleine Elly Knapp in Straßburg schon ungeduldig auf den ersten Schultag. Ungeduldig vor allem, um Kenntnis- und, viel schmachvoller, Bedeutungsrückstände gegenüber der wenig älteren, aber bereits schulpflichtigen Schwester aufholen zu können. Eines Tages geht es endlich an der Hand ihrer häuslichen Erzieherin zur Lindnerschen Privatschule. Das Institut war erst kürzlich von Breslau ins Reichsland Elsaß-Lothringen verlegt worden: um »guten deutschen Unterricht« zu vermitteln. Fräulein Lindner ist reizend, sie hat, welch seltene Eigenschaft bei Lehrpersonen, eine besondere Vorliebe für unbequeme Schülerinnen. Die überschlanke, groß gewachsene Schulleiterin ist ganz Dame, im klassisch hochgeschlossenen, dunklen Kleid allerdings etwas einschüchternd. Zunächst nimmt sie Ellys Eingangsprüfung vor. Die hatte sich am Schild *Verbotene Wege* das Lesen halbwegs selbst beigebracht. Die Betonung liegt auf halbwegs. Denn als ihr nun ein Gedicht zur Leseübung vorgelegt wird, kennt sie es, kein Wunder, auswendig. Das ›Lesen‹ geht darum ungewöhnlich glatt und außerdem macht das Kind einen recht aufgeweckten Eindruck. So kommt Elly ohne Widerspruch direkt in die zweite Klasse. Unerwartete, doch unübersehbare Wissenslücken stellen Fräulein Lindners Vorliebe auf eine harte Probe, lassen sich aber Gott sei Dank mit der Zeit schließen. Die halbherzig anberaumten Nachhilfestunden des Vaters tragen wohl weniger dazu bei, denn sie enden – nachdem Elly der Erfolg dieser Taktik klar wurde – immer öfter tränenreich und werden vom Professor mit seinem resignierenden »Ach« erheblich abgekürzt. »Das Einmaleins war mein persönlicher Feind und ist es bis heute geblieben«, wird sie Jahrzehnte später gestehen und dennoch hinzufügen: »Ich ging vom ersten Tag an gerne in die Schule.«

Daß Elly hinsichtlich ihrer Rechenkünste nicht kokettiert, zeigt der folgende amüsante schriftliche Dialog. Sie führt ihn als Sechsundzwanzigjährige mit Theodor Heuss, ihrem Verlobten, der dann, kurz vor ihrer Hochzeit, die intensive Wohnungssuche in Berlin übernimmt.

Elly:

»Liebster, ich bin fabelhaft aufgeregt über die Wohnung. Sie gefällt mir sehr. … Aber über die Größe der Stuben bin ich sehr im Unklaren. Du schreibst Balkon acht qm. Das ist heller Unsinn … Wenn alle anderen Angaben ebenso ungenau sind …«

Theodor:
»Und dann bitt' ich Dich, unmaßgebliche Schätzungen, die ich aus der Erinnerung mache, nicht gleich ›hellen Unsinn‹ zu heißen, denn sonst werd' ich Dir nachweisen müssen, daß Du Grundrißpläne nicht richtig lesen kannst ...«
Elly:
»Eben habe ich erst rausgekriegt, daß Du ganz recht hast, wenn Du Dir nix gefallen lassen willst, was die Maße anbetrifft. Nämlich *ich* hab' hellen Unsinn gemacht, weil ... ich gedacht habe, das sei 8 m Länge und 8 m Breite im Quadrat. Also 16 qm. Jetzt ist es mir langsam gedämmert, daß es 4 Länge und 2 Breite sein kann und daß Du uneingeschränkt recht hast.«
Theodor:
»Ich muß bedenklich den Kopf schütteln, denn Dein mathematisches Talent ist noch geringer, als Du selbst glaubst. Wie 8 qm zustandekommen können, hast Du ja wohl eingesehen; aber Du produzierst dabei, indem Du Dich korrigierst, eine neue heillose Ansicht: wenn Du meinst, ein Viereck, das 8 m lang und 8 m breit ist, habe 16 qm. Nein: 64 qm. Das muß ich Dir zur Beruhigung meiner mathematisch empörten Seele mitteilen!«

»Manchmal fühlte ich mich wie im Wartesaal sitzend«

Der immer gleiche kurze Weg zwischen Universität und Ruprechtsauer Allee gibt Professor Knapp stets Gelegenheit, seine Gedanken zu ordnen, bevor er den Arbeitsplatz an der Hochschule mit seinem häuslichen Studierzimmer vertauscht. Heute fällt sein Blick bewußter als gewöhnlich auf die langen Reihen der in den letzten Jahren entstandenen, repräsentativen Wohn- und Geschäftshäuser. Sie erinnern ihn an die eben geführte Diskussion, denn nach der Vorlesung hatte er noch mit besonders interessierten Studenten zusammengesessen. Eigentlich ist er immer wieder erstaunt und gleichzeitig erfreut über den großen Wissensdurst dieser jungen Menschen. Und weil er überzeugt ist, daß Professoren neben Berufswissen auch Orientierungs- und Lebenshilfe leisten sollten, geht er stets geduldig auf seine Hörer ein. Heute ging es um die schwierige Frage der französischen Kriegsentschädigungen. Wie, so wollten die Studenten wissen, hat sich die Erhöhung der Geldmenge auf die deutsche Wirtschaft ausgewirkt? Über zwei Milliarden Goldmark, etwa die Hälfte der Zahlungen, sollen doch direkt in die Wirtschaft geflossen sein. Um so erstaunlicher sei es, so die Überlegung, daß der erwartete, dauerhafte Aufschwung ausbleibe. Für seine nächste Vorlesung hatte Professor Knapp eine Erklärung zugesagt, und nun läßt er die jüngste fiskalische Entwicklung noch einmal Revue passieren: Neben einer vielfach verantwortungsvollen Verwendung des Geldsegens gab es auch skrupellose Machenschaften von Spekulanten. So lösten sich wegen dubioser Geschäfte zahlreiche Vermögen im Nichts auf. Der wirtschaftlichen Aufbruchstimmung unmittelbar nach der Reichsgründung ist inzwischen eine gewisse Zurückhaltung gefolgt. Das rasche wirtschaftliche Auf und Ab hatte die Unternehmer verunsichert – sind diese konjunkturellen Wechselbäder doch ein ganz neues Phänomen. Nur bei den Preisen ist eine eindeutige Entwicklung abzulesen – sie steigen ständig! Am härtesten trifft das die kleinen Leute. Hatten die kargen Einkünfte bisher gerade zum Notwendigsten gereicht, so droht manchen jetzt bitterste Armut. Doch wegen des Überangebotes an Arbeitskräften fehlt jedes Druckmittel auf die Unternehmer. Löhne und Gehälter werden eher gesenkt als angehoben. Kein Wunder, daß Gewerkschaften und linke Parteien immer aggressiver reagieren. Zwar werden von allen Seiten gute Argumente vorgebracht und Ratschläge erteilt, viele Experten – und die, die sich dafür halten – gehen in Reden und Veröffentlichungen auf die wirtschaftliche und soziale Lage ein. Doch eine Patentlösung gibt es offensichtlich nicht. Auch er wird also seinen Studenten erklären müssen, daß ein eindeutiges Urteil sehr schwierig ist. Vielleicht sollte sich der Staat deutlicher einmischen und versuchen, einen Interessensausgleich zwischen Arbeit und Kapital herzustellen.

Professor Knapp wird von den Straßburger Studenten geachtet. Nicht nur wegen seiner kenntnisreichen nationalökonomischen und wirtschaftsgeschichtlichen Vorlesungen. Seine wohlgesetzten Worte und sprachgewandten Formulierungen sind ein Genuß, und er zählt zu den wenigen Hochschullehrern, die geeigneten Kandidaten auch ohne offizielle Zugangsberechtigung ein Studium ermöglichen. Doch gerade diese Studenten, meist mit Lebens- und Berufserfahrung, gehören zu seinen besten.

Eine ganz kleine Unsicherheit – Knapp lenkt die Gedanken nochmals zur heutigen Diskussion mit seinen Hörern zurück – bleibt. Ist es ihm immer gelungen, sich politisch neutral auszudrücken? Denn seine persönliche liberale Grundhaltung steht mitunter im Gegensatz zum offiziellen wilhelminischen Credo. Bismarck hatte – bei aller wohlwollenden Kritik – mit seinem Einverständnis rechnen können, viel mehr noch Kaiser Friedrich III., dem dann aber nur 100 Tage Regierungszeit vergönnt waren. Seine jetzigen Vorbehalte gegenüber dem jungen Wilhelm II. betrachtet der Professor lieber als Privatsache. Dabei wird diese Formulierung den Tatsachen nicht ganz gerecht, denn im engen Familienkreis wird selten politisiert.

Seit die Töchter den Kinderschuhen entwachsen sind, bemüht sich Georg Friedrich Knapp zwar um systematische Erweiterung ihres Bildungswissens, wichtige Entwicklungen in Politik und Wirtschaft erörtert er allerdings lieber mit Freunden. Daß die jungen Damen dabei, wenn auch schweigend interessiert, zuhören können, ist dennoch selbstverständlich. Werden im Gespräch allgemeine Themen behandelt, dürfen Marianne und

Elly freimütig ihre Meinung äußern. Wenn Georg Dehio, der befreundete Kunstgeschichtler und glänzende Erzähler, den Sonntagnachmittag bei ihnen verbringt und Anekdoten über gemeinsame Reisen zum besten gibt, hängen die beiden geradezu an dessen Lippen.

Während der Vater noch Hut und Mantel ablegt, dringt aus seinem Arbeitszimmer Ellys klare Jungmädchenstimme:
»... Und deine Kinder, die Städte, am weithindämmernden See, an Neckars Weiden, am Rheine, sie alle meinen, es wäre sonst nirgend besser zu wohnen. Ich aber will dem Kaukasos zu! Denn sagen hört ich, noch heute in den Lüften:
Frei sei'n wie Schwalben, die Dichter ...« deklamiert sie, dabei auf und ab schreitend, mit viel Pathos und innerer Anteilnahme Friedrich Hölderlins *Wanderung*. War es nun der nahe Rhein oder war es der ferne, an die Mutter erinnernde Kaukas(o)us, der sie gerade diese Verse wählen ließ? Wer weiß? Hölderlin jedenfalls steht ganz hoch in ihrer und ihres Vaters Gunst. Nicht so sehr in der ihrer Schwester. Die sitzt gleichzeitig am Schreibtisch, beide Zeigefinger demonstrativ in die Ohren gesteckt, und studiert aufmerksam ihre vom vielen Hin- und Herwenden schon arg mitgenommene Sternenkarte. Nach dem Eintreten setzt Professor Knapp zunächst das von Elly begonnene Gedicht auswendig fort und beginnt anschließend mit der täglich abgehaltenen »Sprechstunde«. Um beiden Töchtern und ihren stark abweichenden Vorlieben gerecht zu werden, schwanken die behandelten Gegenstände erheblich. Wegen der Älteren wurden sie wochenlang darin unterwiesen, chemisch reines Gold herzustellen. Mal wurden aus Borax und Kobalt blauschillernde Perlen gezaubert, dann wieder geometrische und mathematische Aufgaben gelöst oder die Entfernung zum Sirius berechnet. Widerstrebend schlägt Marianne das Astronomiebuch zu, denn heute bestimmt Elly das Programm. Gleich wird sie nach »ihrem« Hölderlin die

Bibel oder gar *Don Carlos* aus dem raumfüllenden Bücherbord ziehen. Am vergangenen Weihnachtsabend, empört sich Marianne noch immer, hatten der Vater und Elly einen heftig geführten Dialog zwischen König Philipp und Carlos so überzeugend vorgetragen, daß das Dienstmädchen entsetzt ausgerufen hatte: »Das ganze Jahr vertragen sie sich, und an Weihnachten müssen sie sich zanken.«
Wie sehr Professor Knapp seine beruflichen Verhaltensweisen unbewußt auf das Zusammenleben mit seinen Töchtern überträgt, wird Elly später bewußt: »Wir wurden zu Hause eigentlich überhaupt nicht erzogen, sondern nur unterrichtet.« Und das ist ihr Glück, denn die Lindnersche Mädchenschule verläßt Elly Ende Juli 1896, mit erst 15 Jahren. Im April hatte sie nach Basel berichtet: »In der Schule ist's sehr lustig. Viele sind aus der Schule gekommen, weil unsere Klasse doch nur so eine Fortbildungsklasse ist ... Zu tun haben wir auch nicht viel, nur sehr viele Aufsätze.«
Was die Schule nicht leistet, schöpft Elly aus dem kultivierten Familienklima und dem damit verbundenen Lebensstil. Sie kann es jetzt noch nicht ahnen, doch der Grundstein für eine ungewöhnliche persönliche und berufliche Entwicklung ist bereits gelegt.

Noch nichts deutet im kommenden Jahr auf eine sich abzeichnende Frauenkarriere hin, im Gegenteil: es wird verbummelt! »Einen Beruf zu ergreifen war im allgemeinen noch nicht üblich.« Also besucht Elly Knapp frühmorgens eine stille Messe im katholischen Münster. Als Lutheranerin vertritt sie zwar die Ansicht, daß diese Kirche von innen den Katholiken und nur von außen auch den Protestanten gehöre. Elly aber liebt und ihr gehört ganz Straßburg, warum nicht auch das ganze Münster! Für weitere Abwechslung ist gesorgt, »... und dazu kam die Tanzstunde und machte die pietistische Konfirmandin wieder weltlich.« Auch was sie in Miltenberg erst sehr unzulänglich beherrschte, wird nun emsig geübt: In der Münstergasse lernt Elly nähen. Das junge Mädchen müßte aber gegen seine aufgeschlossene und begeisterungsfähige Natur leben, wenn da nicht Menschen wären, die es ganz in sein Leben einschließt – Menschen, die einmal deutliche Spuren hinterlassen werden. Die einen und der andere sind lose miteinander verbunden: der Straßburger Freundeskreis und der Politiker Friedrich Naumann[5].

Gleiche Herkunft, gleiche Interessen, gleiche Sorgen und ganz einfach Lebensfreude führten schon immer junge Menschen zusammen. Doch die Gleichgesinnten um Elly und Marianne Knapp gehen kurz vor und kurz nach der Jahrhundertwende noch einen Schritt weiter: sie spüren die gesellschaftliche Enge und suchen nach Wegen aus den Konventionen. Auf ihrem Programm stehen gemeinsame Radelreisen nach Norddeutschland und in die Schweiz, man spielt Tennis, ist unbeschwert fröhlich, nutzt jede Gelegenheit zum ausgelassenen Feiern. Sie verschließen sich aber nicht vor brennenden Problemen und sind keinesfalls blind gegenüber der Sozialen Frage[6]. Am »Aufbruch in eine neue Zeit« wollen sie aktiv beteiligt sein. Teils bewußt, teils unbewußt folgen sie einem gesellschaftlichen Trend, sie gehören zu den Vorreitern der deutschen Jugendbewegung[7]. In dieser eingeschworenen Gemeinschaft bildet Elly Knapp ein emotionales Zentrum. Die Freunde werden sie in der Erinnerung als »lebendig und aufgeschlossen, begeisternd und mutig, geistreich, drollig, voller Humor, dabei immer weiblich und voller Charme« beschreiben. Elly und ihre Schwester sind es auch, die innerhalb des bestehenden Freundeskreises einen *Radelclub* ins Leben rufen. Natürlich wollen sie dem schon 1869 gegründeten ersten deutschen *Velociped-Club* keine wirkliche Konkurrenz machen. Ihrem unstillbaren Drang nach Unabhängigkeit kommt das neue Fortbewegungsmittel aber gerade recht. Mit der Freude am Radeln stehen sie nicht alleine da. Radwandern

Elly Knapp 1897

und Radausflüge sind zur Jahrhundertwende bereits ein volkstümliches sportliches Vergnügen.

Von einem solchen Radelausflug ist man gerade zurückgekehrt. Elly bringt ihr »eigenes süßes Adlerrad, das schönste und zierlichste in ganz Straßburg« in den Abstellraum, eilt in die Wohnung, legt den Hut auf die Garderobe, dreht sich prüfend vor dem Spiegel: das taillierte Kleid aus fließendem Wollmusselin ist nicht zerdrückt und – sie kann es nicht verhehlen – unterstreicht vorteilhaft ihre hübsche Gestalt. Bald stürmen etliche junge Herren und Damen den Salon. Vom Rheinufer haben sie große Sträuße blauer Iris mitgebracht, von den mannigfaltigen Eindrücken aufgeregt glühende Gesichter. Ellys Vater hatte die Invasion schon vorausgesehen und rechtzeitig den Rückzug angetreten. Nachdem das Hausmädchen Kaffee und Gebäck hergerichtet hat, schallt lautes Lachen aus der Stube. Fritz Haas liest gerade seinen geistreichen *Radelfaust* im Stile Goethes. An schmerzliche, unbeabsichtigte Bodenkontakte erinnern die Verse und dann an Menschen, die sich gegenseitig »aus dem Takt« bringen. Bei dieser Zeile geht Ellys Blick rasch hinüber zu Walter Leoni, dem engagierten städtischen Beigeordneten. Ihr Gesicht bekommt einen nachdenklichen Ausdruck. Warum bemerkt er nicht, daß sie sich alle Mühe gibt, mehr als seine wohlwollend freundliche Zuneigung zu gewinnen? Sicher, Leoni hat einen komplizierten Charakter. So fühlt sich Elly einerseits herausgefordert, weiß andererseits aber auch, daß sie sich immer »um seine Verzwicktheiten drehen« müßte. Zudem ist er ein »Chic-Mensch«, legt ihr zu großen Wert auf Äußerlichkeiten. Dennoch, Elly Knapp will die Hoffnung noch nicht aufgeben.
Helene Bresslau, Tochter eines anderen Straßburger Professors, des jüdischen Historikers Harry Bresslau, sind Ellys Blicke nicht entgangen. Sie weiß nur zu gut, wie es um die Freundin steht. Seit langem fühlt sie sich einem anderen Mitglied dieses

Kreises in Freundschaft, ja Liebe verbunden. Seit langem hofft auch sie vergeblich auf das erlösende Wort, auf einen Antrag. Das Ziel ihrer Wünsche, Albert Schweitzer, hat inzwischen begonnen, einen umwerfenden Entschluß zu erklären; seine beschaulich-elsässiche Dialektfärbung steht dabei im krassen Gegensatz zu einem unruhigen Geist. Der großgewachsene Mann mit dem markanten Gesichtsschnitt beeindruckt Helene immer wieder. Ruhig, dabei sehr bestimmt, kündigt er gerade an, umsatteln und noch Medizin studieren zu wollen. Anschließend werde er im afrikanischen Urwald arbeiten. Die Freunde lachen ihn aus, was will er denn noch alles tun? Neben seiner Arbeit als Theologe beschäftigt er sich wissenschaftlich mit Musik, arbeitet an einer Bachbiographie und gilt als exzellenter Orgelspieler. Helene Bresslau weiß es besser: Schweitzer wird auch diesen Vorsatz konsequent ausführen. Sie lacht nicht mit, sie schweigt und wird handeln. Um einen Platz im Universum dieses Mannes zu gewinnen, muß Helene die Arbeit als städtische Waiseninspektorin in Straßburg aufgeben, eine Ausbildung zur Krankenschwester abschließen und ihm letztlich nach Lambarene folgen. Erst dann wird die bereits Dreiundreißigjährige Albert Schweitzers Frau.

Inzwischen hat die kluge, von allen bewunderte Else *Gütschow* das Wort ergriffen. Als erste Gasthörerin an der Straßburger Universität sammelt sie Material über Papst Innozenz III. und läßt den Freundeskreis am Fortgang ihrer Studien teilhaben. Else hat ihre große Liebe schon gefunden. Freund Polaczek, Kunsthistoriker, betet das zarte junge Mädchen an. Ihre Heirat ist nur noch eine Frage der Zeit. Elly hängt ihren Gedanken nach und schreckt erst auf, als Alexander Dominicus sie bittet, bald eines ihrer lustigen Theaterstücke zu schreiben, das man zur nächsten Geburtstagsfeier gemeinsam aufführen wolle. Elly sagt selbstverständlich zu.

Als die Besucher aufbrechen wollen, holt sie noch schnell die am Morgen bereitgelegte Wochenzeitschrift *Die Hilfe*[8]. Die Freunde haben das Blatt ebenfalls abonniert und den aufgeschlagenen Artikel von Friedrich Naumann bereits gelesen. Rasch entbrennt eine lebhafte Diskussion über das fehlende soziale Engagement in der nationalen Politik – der eben noch geplante Abschied verzögert sich um eine volle Stunde.

Friedrich Naumann beeinflußt Elly Knapps Haltung, Handeln und Denken nachhaltiger als der verehrte Vater und geliebte Großvater. Wie aber erklärt sich dieses Charisma des evangelischen Pfarrers und nationalsozialen Politikers? Womit fesselt er Tausende, die sich bei seinen Reden versammeln? Elly schildert das Phänomen auf die ihr eigene, anschauliche Art:
»Ich hatte von Friedrich Naumann zunächst die ›Andachten‹[9] kennengelernt, die jede Woche in seiner *Hilfe* standen. Das war eine ganz neue Sprache. Man hörte Antwort auf alle Fragen. … Naumann war ein Mann unserer Tage, man lernte bei ihm neues Fragen. … Daß Naumann aus dem Pfarramt in die Politik gegangen war, erfuhr ich beim Tanzen von dem klügsten meiner Jugendfreunde, Walter Leoni, und die *Hilfe* hielt ich von meinem Taschengeld, das vier Mark im Monat betrug. Alles was darin stand, wurde verschlungen. Wenn Naumann damals Mohammedaner geworden wäre, hätten wir es sicher nachgemacht. Einzelheiten habe ich vielleicht mißverstanden, und mein Wissen war sehr lückenhaft, aber die Erkenntnis, daß Nationalgefühl eine leere Phrase ist, wenn es nicht zur Verantwortung für das Volk führt, daß die ›Menschwerdung der Masse‹ zusammengehen müsse mit der Geltung Deutschlands in der Welt, die war mir in Fleisch und Blut übergegangen. Ein anderer Jugendfreund schenkte mir eine Photographie von Naumann mit eigenhändiger Unterschrift und dem Losungswort: ›Vorwärts mit Gott!‹ Ich lag gerade an einem typhösen Fieber recht krank zu Bett und habe mich gesund gefreut im eigentlichen Sinn des Wortes.«

Der Sozialreformer Friedrich Naumann hält das Zusammenwirken von Christentum, liberalem Kapitalismus und Sozialismus für den einzig richtigen politischen Weg. Durch aktive Sozialpolitik soll die Arbeiterschaft im neu entstandenen Nationalstaat ein Zuhause finden. Extremen Strömungen will er damit Einhalt gebieten. Naumanns Bücher und die von ihm herausgegebenen Schriften und Zeitschriften wie die *Hilfe* werden vor allem im Bildungsbürgertum[10] gelesen. Was ihn von vielen anderen Politikern seiner Zeit unterscheidet, ist die lockere Natürlichkeit, seine einfache klare Sprache und der analytische Verstand. Friedrich Naumann bringt Probleme mit wenigen Worten auf den Punkt. Er ist für eine ganze Generation, nicht nur für Elly und ihre Freunde, eine Persönlichkeit mit suggestiver Kraft, Temperament, Humor und Phantasie.

Daß es Elly Knapp gelingt, Naumann persönlich zu begegnen, erreicht sie durch einen genialen Schachzug, einen großherzigen Entschluß. Im Oktober 1902 schreibt sie:

»Hochverehrter Herr Pfarrer, als mir in diesen Tagen ganz unerwartet ein kleines Legat zufiel, war es mein erster Gedanke und meine erste Freude, ihnen einen Teil davon für die nationalsoziale Sache zur Verfügung zu stellen. Verzeihen Sie, daß ich Ihnen die kleine Summe persönlich sende, anstatt an die Geschäftsstelle … Ich möchte so gerne die Gelegenheit benutzen, um Ihnen zu danken für alles, was Sie seit Jahren, ohne es zu wissen, mir geschenkt haben. Ich kann sagen, daß Sie keinen geringen Teil an meiner Erziehung hatten. … Und Ihnen habe ich es zu danken, daß mir seither alle die sozialen Gedanken immer mehr zum Lebensinteresse und Lebensinhalt werden. Bitte nehmen Sie den kleinen Beweis meiner großen Dankbarkeit freundlich an. In herzlicher Verehrung.
Ihre Elly Knapp.«

Elly Knapp (rechts) mit Friedrich Naumann und Sissi Brentano 1903

Die bereits ebenso praktische wie lebenskluge Elly überläßt nur wenig dem Zufall. Selbstverständlich hat sie den Anteil an ihrer Erbschaft aus innerer Überzeugung gespendet. Selbstverständlich wird Naumann darauf höchtspersönlich reagieren müssen. Und ebenso selbstverständlich hebt sie ihr Vorgehen aus der großen Masse der Naumann-Anhänger heraus. Durch die familiären Kontakte zu zeitgenössischen Persönlichkeiten weiß Elly zudem, daß Naumann mit Professor Lujo Brentano freundschaftlich verkehrt. Sie wiederum tut dies mit Brentanos Tochter Sissi, und die hatte sie nun gebeten, in ihrem Interesse zu handeln.

Im Mai 1903 hatten die Baseler Verwandten Elly Knapp in die Tiroler Sommerfrische mitgenommen. Ausgedehnte Wanderungen über buntblühende Bergwiesen wechselten bisher ab mit kurzen Spaziergängen oder gemütlichen Lesepausen im Liegestuhl. Bis vor einer halben Stunde war Ellys Ferienwelt noch in Ordnung. Da nämlich war ihr vom Hausdiener des Hotels ein Brief überreicht worden. Die Handschrift von Sissi Brentano! Nicht schnell genug konnte sie das Kuvert aufreißen und lesen, voll Ahnung über den Inhalt: Naumann komme zu ihnen nach Ambach, zum Vater, in wenigen Tagen ...! Ohne lange zu überlegen telegraphierte Elly zurück: »Wann genau kommt Naumann?« – und sitzt nun verzweifelt über der Antwort. Wie soll sie den vermutlich sehr erstaunten, vielleicht verärgerten Gastgebern ihre unverzügliche Abreise erklären? Man wird sie für undankbar halten. Aber Elly ist bereits entschlossen, sie wird nach Bayern fahren, sofort und allein.

Vom Kaffeetisch im Garten geht der Blick weit über den Starnberger See. Ein milder Südwind treibt weiße Föhnwolken in Fetzen auseinander und ungezählte Segelboote durch die leichte Dünung. Am Ambacher Steg drängt sich die buntgemischte Schar der Ausflügler, das Schiff nach Seeshaupt kommt, sein dampfspeiender Schornstein ist schon am Horizont zu sehen. Elly hat sich direkt neben Sissi gesetzt. Ihr Mund ist vor Aufregung ganz trocken, der Kuchen will gar nicht schmecken, und die malerischen Seeszenen würdigt sie keines Blickes. Denn an ihrer anderen Seite sitzt, sie kann es noch immer nicht fassen, Friedrich Naumann. Die Hand hatte er ihr gegeben, zum erstenmal, wie eine alte Bekannte hatte er sie begrüßt und ihr dann warmherzig für die großzügige Spende gedankt. Das Wichtigste, das Aufregendste aber ist, daß sie nun am Tisch sitzenbleiben darf, während die beiden Herren mit ihrem angeregten Gespräch beginnen. Leise zieht Elly nach einer Weile ihren Stuhl in einen unauffälligeren Winkel. Sie will verhindern, daß sich Naumann und Brentano das stillschweigende Einverständnis doch noch überlegen. Angestrengt und aufmerksam lauscht sie nun der lebhaften Debatte. Naumann holt sich sozialpolitischen Rat. Von Syndikaten ist die Rede und vom Tarifvertrag, von Maßnahmen des Staates gegenüber den Machtansprüchen der Trusts. Auch das Wort Fusion hört sie zum ersten Mal in ihrem Leben. Entsetzt stellt Elly bald fest, wie wenig sie von all dem versteht. Den Besuch seiner Universitätsveranstaltungen hatte der Vater ihr nie erlaubt, und in seinen Volkshochschulkursen war er darauf nicht eingegangen. Auf dem kleinen Gartentischchen liegt Sissis Briefpapier in Reichweite. Ohne langes Zögern beginnt die jugendliche Zuhörerin, sich die vielen unbekannten Begriffe zu notieren. Noch in der Nacht, das nimmt sie sich vor, wird das *Handwörterbuch der Staatswissenschaften* in Brentanos Hausbibliothek gesucht, jedes Wort nachgeschlagen. Wie gut, daß sie die einschlägige Literatur vom Vater her kennt. Auch Professor Brentano muß dieses Standardwerk besitzen.

Im Jahr darauf kommt Friedrich Naumann zu Vorträgen nach Straßburg. Elly Knapp ist stolz und selig, muß sich mitteilen:
»... Außerdem stehen wir noch so ganz unter dem Eindruck der Naumann-Tage, daß es mir vorkommt, als müßten alle Menschen, die ich liebhabe, auch etwas davon spüren. Denk Dir, nach dem Naumann-Vortrag in dem Unionssaal sagte ich ihm guten Tag, nachdem er mich schon durch Nicken begrüßt hatte. Da streckte er mir gleich seine Hand entgegen und fragte, wann er mich besuchen dürfe. Ich sagte in so einem Ton: ›Wann Sie wollen‹, daß er sehr lachen mußte. Und er hat uns am Tag darauf eine ganze Stunde lang besucht. Ich habe ihn dann noch den ganzen Staden runterbegleitet und gab mir Mühe, Bescheidenheit zu heucheln, so oft ich Bekannten begegnete.«
Nicht nur Elly, auch ihre Freunde folgen Naumann in den nächsten Tagen auf Schritt und Tritt. Darüber und wie ungewöhnlich, oft unmöglich, die Teilnahme von Frauen an sol-

chen Veranstaltungen noch ist, berichtet sie weiter: »Am nächsten Tag war Versammlung im *Roten Haus* in Schiltigheim, politische Versammlung, Bier, Rauch und Debatte mit den Sozialdemokraten. Nur zehn bis zwanzig Frauen, zum ersten Mal, daß Damen überhaupt anwesend waren. Es war wieder fein, dauerte aber von acht bis dreiviertel ein Uhr! Darauf war ich so in Begeisterung, daß ich am folgenden Sonntag mit noch zehn anderen nach Saar-Union fuhr, auch zu einer Versammlung. Vorher hatten wir noch mit Naumann gegessen und fuhren abends auch mit ihm heim. Du kannst Dir denken, daß ich die ganze Woche in erhöhter Temperatur lebte und daß mir jetzt der stille November recht grau vorkommt.«

Ob die junge Elly Knapp auch darüber nachdenkt, daß Frauen noch gar nicht Mitglied in politischen Vereinen werden dürfen? Das ist nach der Änderung des Vereinsgesetzes erst ab 1908 erlaubt. Ob sie weiß, daß es üblich ist, von Frauen geschriebene Vortragsmanuskripte von Männern verlesen zu lassen, während die Autorinnen lediglich von einem abgetrennten »Segment« aus zuhören können? Ob sie es als ungerecht empfindet, daß Frauen gar kein Wahlrecht haben? Nein, diese Fragen sind noch nicht Ellys Fragen. Ihr nachdenkliches Fazit aber zu diesem Lebensabschnitt: »… und ich hatte oft die sehr mädchenhafte Empfindung, daß alles noch nicht das eigentliche Leben sei. Manchmal fühlte ich mich wie im Wartesaal sitzend.«

»Köstlich viel zu tun und Arbeit, die Freude macht, weil sie nützt«

Im »Wartesaal« zu sitzen, sich im Wartestand zwischen Schule, Pensionat und Ehe zu befinden, das trifft in jener Zeit auf fast alle jungen Mädchen der gutbürgerlichen Kreise zu. Viele fügen sich klaglos und warten darauf, aus der Obhut des Elternhauses in die des Gatten zu wechseln. Den Begabten, den Neugierigen und Vorwärtsdrängenden werden zwecks Schicklichkeit und Tradition die Flügel schnell gestutzt. Allzu ehrgeizige intellektuelle Höhenflüge gelten als unweiblich und verringern deutlich die Heiratschancen.

Elly Knapp sieht sich nur bedingt zu einer solchen Weichenstellung gezwungen. Die in wesentlichen Fragen offene, tolerante Haltung des Vaters, ihre literarische Bildung, der Austausch im aufgeschlossenen Freundeskreis, ihre Kontakte zu Friedrich Naumann und anderen Persönlichkeiten prägen das junge Mädchen entscheidend und verhelfen ihm zu einer weit über sein Alter hinausreichenden geistigen Beweglichkeit und Reife. All das hilft ihr auch bei der Suche nach einem eigenen Weg. Ihr ureigenster Beitrag auf diesem Weg liegt darin, daß sie die angemessenen und zugemessenen Freiräume konsequent nutzt. Von ihrem »Wartesaal« aus sieht sie schon die ersten Konturen einer in allen Farben, aber auch in Grautönen, schillernden Lebenswelt. Denn »... mit ruhigem Gewissen habe ich nie so ganz dem Ästhetischen leben können. Es ist doch nicht mein Weg.«

Um 1896, als Elly beginnt, ihre persönlichen Chancen in der sich langsam wandelnden Zeit wahrzunehmen und den Schritt aus der Familie in eine zunächst noch begrenzte Öffentlichkeit zu wagen, erdulden weniger privilegierte, erbitterte junge Frauen ihren üblichen Zeitvertreib. Wieder ist es Helene Lange, die streitbare Verfechterin einer anspruchsvolleren Mädchenbildung, die mit den Konventionen scharf ins Gericht geht. An ihre eigene Jungmädchenzeit – kaum vergleichbar mit der von Elly Knapp - erinnert sie sich mit Schrecken: »Über die zunächst folgenden Jahre kann ich kurz hinweggehen. Ödland, Kleinstadtleben in der Heimat, wo ich bis auf weiteres das Dasein einer ›Haustochter‹ im großväterlichen Hause füh-

ren sollte. Das bedeutete: ein wenig Haus- und Handarbeit, etwas Klavierspielen, einen Spaziergang … und ›Kaffeevisiten‹, bei denen häufig der rote kalte Pudding mit weißer oder der weiße kalte Pudding mit roter Sauce das wesentlichste Unterscheidungsmerkmal bildete. Der geistige Bedarf wurde durch eine gründliche Erörterung bevorstehender oder schon erledigter Bälle oder sonstiger gesellschaftlicher Veranstaltungen und Verlobungsmöglichkeiten gedeckt. Manchmal wurde dabei eine überflüssige Stickerei mehr oder weniger gefördert. Wenn man bedenkt, daß so oder ähnlich das Dasein ungezählter junger weiblicher Wesen … ausgefüllt wurde, kann einen noch nachträglich ein Grauen ergreifen bei dem Gedanken an die Unsumme vergeudeter Energien und Wirkensmöglichkeiten. … Aber man blieb innerlich leer. … Zuletzt wurde dieses unausgefüllte Dasein zu einer unerträglichen Qual. Eine Bitte an meinen Vormund, das Lehrerinnenexamen machen zu dürfen, wurde damit abgewiesen, das habe noch niemand im Oldenburger Lande getan.« – *»Schlage die Trommel und fürchte Dich nicht!«* lautet darum das kämpferische Motto aufmüpfiger Aktivistinnen innerhalb der neuen Frauenbewegung[11].
Frauenbewegung? Elly Knapp sagt dieser Begriff sicher nicht viel. Und wie sie Helene Lange noch nicht kennt, so ist ihr auch Alice Salomon[12] noch unbekannt. Elly kann also nicht ahnen, wie eng sie einmal mit der wenig Älteren und deren frauenspezifischer Sozialarbeit in Berlin verbunden sein wird. Kopfschüttelnd würde die junge Straßburgerin lesen, was eine Biographin einmal über die spätere Freundin berichten wird: »Kurz vor ihrem fünfzehnten Geburtstag … war Alice mit der Schule fertig geworden. Sie hatte die Oberstufe bereits zweimal durchlaufen, um ihre Schulzeit zu verlängern. Jetzt verlor sie mit einem Schlag alles, was bisher in ihrem Leben Bedeutung und Interesse gehabt hatte. Für Alice Salomon begann nun die unglücklichste Zeit ihres Lebens. Sie hat später oft Kummer und Herzeleid erlebt; aber diese Jugendjahre waren

die einzige Periode, vor der es ihr in der Erinnerung bis an ihr Lebensende gegraust hat. Sie hatte nichts zu tun, weniger als ein Schulkind mit regelmäßigem Unterricht und Aufgaben. Ihre Kräfte lagen brach. … daß die typische Beschäftigung der höheren Tochter in jener Zeit darin bestand, den Kanarienvogel zu füttern, Blumentöpfe zu begießen, Klavier zu üben, Tablettdeckchen zu sticken und auf die Ehe zu warten. Selbst im Haushalt wurde sie kaum gebraucht, da man selbstverständlich Hauspersonal hatte und die Mutter den Haushalt leitete, so daß man höchstens mit Staubwischen oder ähnlichem helfen konnte. Das einzige, was für Alice Salomon in Frage gekommen wäre, war die Vorbereitung auf den Lehrerinnenberuf, was sie sich seit früher Kindheit gewünscht hatte. Aber die Familie war dagegen. Eine Tochter aus gutem Hause hatte es nicht nötig, sich ihren Unterhalt selbst zu verdienen.«

Und Elly? Die meldet sich mit Billigung des Vaters im Lehrerinnenseminar an und legt mit noch nicht ganz neunzehn Jahren – mit einer Vier im Rechnen – das Examen ab. Es befähigt sie zum Unterricht in der Grund- und Mittelstufe. Obwohl sie danach noch praktische Erfahrung sammelt und in einer Volksschule hospitiert, bekennt Elly Knapp recht selbstkritisch, sie habe jetzt »das gleiche Gefühl, wie wenn man bei einem Besuch sieht, daß man Löcher in den Handschuhen hat und die Finger immer wieder versteckt. »Auf manchen Gebieten« gesteht sie sich ein, »merke ich erst, was man alles wissen könnte.« Diese Wissenslücken, die Löcher, das weiß Elly ganz sicher, wird sie noch stopfen – ganz wie in Miltenberg, doch diesmal systematisch und möglichst ohne »Hörner«.

Bei dieser Erinnerung muß Elly amüsiert lächeln. Ach ja, die Ferien in Miltenberg, der geliebte Großvater! Seit sechs Jahren lebt er schon nicht mehr. Er fehlt ihr sehr. Wie gerne hätte sie ihm alles berichtet, wie aufmerksam hatte er ihr immer zu-

gehört. Wie sehr hätte er sich über ihre Ausbildung zur Lehrerin gefreut. So gerne würde sie ihm noch erzählen können, wie alles begann:
Immer wieder hatte sie Friedrich Naumanns Aufsätze sofort nach Eintreffen der *Hilfe* gelesen, immer wieder war sie von seinen deutlichen Worten, von seiner Überzeugungskraft tief beeindruckt. Damals las Elly zum wiederholten Male Naumanns Argumente für eine bessere allgemeine Volksbildung. Nur so, schrieb er, könne man die brennenden sozialen Probleme lösen. Als Lehrerin, das wurde ihr ganz plötzlich bewußt, könnte sie viele junge Mädchen darin unterstützen, ihr Selbstbewußtsein zu stärken, die Dinge des täglichen und politischen Lebens besser zu verstehen und zu durchschauen, eine eigene Meinung und mehr Tatkraft zu entwickeln. Denn nur mit einer guten Ausbildung kann man der bedrückenden Enge einer Haustochter oder dem trostlosen, zermürbenden Fabrik- und Heimarbeiterinnenalltag vielleicht entkommen. Mit Menschen zu arbeiten, sich ihnen mitzuteilen, das wäre eine wunderbare Aufgabe und käme ihren eigenen Interessen, ihrem nach Betätigung drängenden Temperament so sehr entgegen. Der letzte Anstoß, wirklich Lehrerin zu werden, kam dann – ganz unbeabsichtigt – von der Schwester. Und das hing zusammen mit ihren ersten Gehversuchen im Unterrichten.

Wie immer nach dem evangelischen Militärgottesdienst riecht es in der Straßburger Garnisonskirche nach Leder und Schuhfett. Die sechzehnjährige Elly bemerkt es schon an der Tür. Sie wartet, bis die Soldaten und Offiziere in voller Montur – aber auch die zivilen Kirchenbesucher – das Gotteshaus verlassen haben. Nur einzelne Kindergrüppchen bleiben zurück, sie haben sich in dem Kirchenschiff verteilt und erzeugen einen ganz unchristlichen Lärm. Elly geht das gegen ihr »liturgisches Gefühl«. Sie ist entschlossen, dem Radau schnell ein Ende zu bereiten. Genau genommen ist sie nicht viel älter und kaum größer als ihre Schützlinge. Trotzdem kommt sie sich schon ziemlich erwachsen vor, seit sie zur »Sonntagsschullehrerin avanciert« ist. Ihre natürliche Autorität bringt die versammelte Kindergemeinde aber unverzüglich zum Schweigen. Die kleinen Zuhörer wissen schon, warum. Fünfzehn Augenpaare sind nun erwartungsvoll auf sie gerichtet. Elly kann die biblischen Geschichten eben am besten erzählen und erklären, viel besser als der Herr Vikar. Heute ist der Hauptmann von Kapernaum an der Reihe. Je mehr Elly bemerkt, daß ihr die Kinder mit gespannter Aufmerksamkeit folgen, desto anschaulicher und lebendiger werden ihre Worte. Nach der Stunde, die Kinder sind schon gegangen, bleibt sie noch in der Kirchenbank sitzen und genießt die Ruhe. Wie mühelos ihr der »kleine Hops« vom Hauptmann zu Martin Luther gelungen ist! Irgendwie – so war ihr plötzlich eingefallen – sollte sie den heutigen Reformationstag noch unterbringen. Vor der lästigen Vorbereitung hatte sie sich wieder einmal gedrückt. Die Bibel kennt sie viel zu gut und der Erzählstoff geht ihr so schnell nicht aus. Dabei muß sie an Marianne denken, die ihr beim Aufbruch zur Garnisonskirche schwesterlich spöttelnd nachgerufen hatte: »Lerne lehren ohne zu lernen!«, als sie anscheinend wieder unvorbereitet und ohne Notizzettel aufgebrochen war. Elly beschließt, es sich und den anderen zu beweisen. Nichts macht ihr mehr Freude als Unterrichten. Sie wird lernen zu lehren! Sie will Lehrerin werden!

Drei Jahre liegt das alles zurück. Das neue Jahrhundert hat gerade begonnen, als Elly Knapp im Straßburger Vorort Ruprechtsau ein eigenes »Schülchen« einrichtet. Mit viel Engagement erteilt sie Kindern befreundeter und bekannter Familien Anfangsunterricht im Lesen, Schreiben und Rechnen. Nicht nur in dieser privaten Elementarschule, auch im städtischen Knabenhort sammelt Elly Knapp Erfahrungen im Umgang mit Kindern und Jugendlichen. Einmal wöchentlich nachmittags übernimmt sie zusammen mit der Freundin Helene Fehling Aufsicht und Unterweisung. Die robusten elsässischen Lausbuben ohne Eltern oder mit hoffnungslos überlasteten Vätern und Müttern machen den beiden »Büwe-Mamselle« das Leben nicht gerade leicht. Dreißig temperamentvolle Knaben zwischen sechs und vierzehn Jahren sinnvoll und ohne Erlahmen des beiderseitigen guten Willens zu beschäftigen, macht pädagogischen Einfallsreichtum notwendig. Sie sind frech, witzig und unsentimental. Ein Kaiserbesuch, »der hett e Nas im Gesicht wie en andrer Mann«, läßt die Jungen ebenso unbeeindruckt wie sattsam bekannte Kinderspielchen. Elly und Helene haben eine Idee. Warum nicht die reiche Lebenserfahrung, die bunte Welt der Kinder nutzen und in Theaterstücken verarbeiten? Der Erfolg gibt ihnen recht: die Buben sind mit Begeisterung dabei, inszenieren phantasievolle Aufführungen, stellen die Leidensfähigkeit ihrer Betreuerinnen aber auf eine harte Probe. Wie im richtigen Leben, so auf der improvisierten Bühne: es geht um Mord und Totschlag genauso wie um Beziehungskrisen. Mitunter sind Elly und Helene froh, wenn den kleinen Schauspielern der allzu realistische Stoff noch vor Ende eines improvisierten Stücks ausgeht. Weihnachten ziehen die beiden jungen Damen mit ihren Schützlingen auf den Christkindelsmarkt am Broglieplatz. In den Manteltaschen der Mamselle klimpern die im Verwandten- und Bekanntenkreis gesammelten und mit eigenen Ersparnissen aufgestockten Geldmünzen. Aufgeregt und erwartungsvoll stapft dann die Knabenschar hinter ihnen her, erweitert um armselig gekleidete und frierende Kinder, die das ganze mit sehnsüchtigen Blicken verfolgen. Das Geld wechselt die Besitzer und schon beginnt ein reges Treiben. Das Schauen, Aussuchen, Feilschen und Kaufen nimmt schier kein Ende. Und um das so seltene Ereignis noch länger auszudehnen, schließen sich umständliche, wohl noch reizvollere Tauschaktionen an. Jahre später werden die ehemaligen Zöglinge, dem Knabenhort längst entwachsen, Elly

Knapp besuchen. Dann wird man noch einmal von diesen Weihnachtsfreuden schwärmen und auch immer wieder die Geschichte von den vierzig Pfund Kirschen erzählen, mit denen Elly beim Gartenfest die Sträucher schmückte. Wie Weihnachtsbäume wurden sie von den begeisterten Kindern geplündert.

Seit einigen Jahren und noch alle weiteren Jahre ihres Lebens schreibt Elly Knapp einen »Jahresbericht«. Der letzte Tag des Jahres erscheint ihr besonders geeignet, alle Eindrücke sowie die wichtigsten Ereignisse der vergangenen zwölf Monate zusammenzufassen. Als ihr Leben immer arbeitsreicher und ihre Kontakte immer zahlreicher werden, schickt sie diese Reflexionen auch als »Berichte an die Freunde« in alle Welt. Für den Monat Oktober ist im Jahresbericht 1901 notiert: »Ich habe so wenig Zeit jetzt zum Sezieren meiner eigenen Stimmungen. Köstlich viel zu tun und Arbeit, die Freude macht, weil sie nützt. Ich habe so viel Freude jetzt an meinem Schülchen in Ruprechtsau. Und heute fliegt mir wieder ein neues gebratenes Huhn in den Mund: Bucher bittet mich, ihm manchmal kleine Artikel für die *Elsässische Rundschau* zu schreiben.«
Zur elsässischen Oberschicht, besser zur französisch gesinnten bürgerlichen Elite Straßburgs, haben Professor Knapp und seine Töchter relativ wenig Kontakt. Zum einen bilden die sogenannten Altdeutschen eine in sich geschlossene Gesellschaft, zum anderen besteht im Reichsland Elsaß-Lothringen eine recht problematische politische Situation.

Das neue Deutsche Reich mit 41 Millionen Einwohnern ist ein Bundesstaat und besteht aus 25 verbündeten Einzelstaaten[13], denen die Reichsverfassung nicht nur ein kulturelles, sondern auch politisches Eigenleben zusichert. Trotz oder gerade wegen der Vormachtstellung Preußens bewährt sich das föderative System. Nur im völkerrechtlichen Verkehr ist der Kaiser alleiniger Souverän. Es gibt keine Reichsministerien, es gibt nur einen Reichsminister, und das ist der Reichskanzler. Nur Elsaß-Lothringen hat eine Sonderstellung. Es ist direkt dem Kaiser unterstellt. Im neuen Reichsland residiert der kaiserliche Statthalter in Vertretung des Landesherrn. Elsaß-Lothringen bleibt an Berlin gebunden und ist kein gleichberechtigter, in Landesfragen unabhängiger Gliedstaat. Zwar sitzen nun, 30 Jahre nach der Eingliederung, zwei Elsässer in der fünfköpfigen Regierung und viele elsässische Bürgermeister sind im Amt. Dennoch fühlen sich die sogenannten Altelsässer als »Deutsche zweiter Wahl« und in ihrer Selbstverwaltung beschnitten. Die Normalisierung setzt sich nur langsam, sehr langsam durch. Vor allem zwischen dem überrepräsentierten preußischen Militär und der Zivilbevölkerung bestehen scharfe Gegensätze. Daß von allerhöchster Stelle in Berlin ungeschickt über »Feindesland«, »Eingeborene« und »Immerfeste-druff« gesprochen wird, trägt nicht gerade zu einer Klimaverbesserung im Land bei. Im gesellschaftlichen Umgang, bei Eheschließungen, im Alltagsleben bleibt die Zurückhaltung der Elsässer gegenüber Reichsdeutschen bestehen. Auf dem Gebiet der Wirtschaft, in Parteien und in der Presse werden nach und nach Annäherungsversuche unternommen. Ob sich das regionale Sonderbewußtsein und Mißtrauen allmählich zum Zugehörigkeitsgefühl zu Deutschland entwickelt hätte, bleibt offen. Der kommende furchtbare Krieg, in dem erbitterte Kämpfe in den Vogesen entsetzlich viele Menschenleben auf deutscher und französischer Seite fordern werden, wird das Land 1919 nach Frankreich zurückführen. – Wie gut, daß Elly diese Entwicklungen und Verstrickungen noch nicht voraussehen kann. Sonst wüßte sie, daß von den vier kleinen Buben in ihrem Schülchen drei dort ihr Leben lassen werden. Dann wüßte sie auch, daß sie viele ihrer besten Freunde in diesem Krieg verlieren wird.

Professor Köberlé allerdings, wenn er es wüßte, würde von den Gartenzimmern seiner Villa wieder auf die Straßenseite ziehen. Seit 30 Jahren, seit 1871, hält der greise Mediziner dort die Fensterläden geschlossen. Aus Protest gegen die Eingliederung des Elsaß nach Deutschland. Elsa Köberlé, seine spätgeborene Tochter, ist eine der wenigen elsässischen Freundinnen von Elly Knapp. Beide verbindet die Liebe zur Poesie. Elsa schreibt wunderbare eigene Gedichte und übersetzt moderne französische Lyrik. Beides wird im *Mercur de France* veröffentlicht. Für Ellys Engagement für Benachteiligte fehlt ihr jedoch das Verständnis. »Daß ich sozial arbeiten wollte«, erinnert sich Elly Knapp, »erschien ihr grotesk.« Durch Elsa Köberlé lernt Elly Dr. Pierre Bucher kennen. Er ist Publizist und fördert eine spezifisch elsässische Kulturpolitik. Als geistiger Führer der französisch gesinnten Bürgerkreise hat er großen Einfluß. Seine *Elsässische Rundschau*, die *Revue Alsassienne Illustrée*, erscheint zweisprachig. Sie ist interessant aufgemacht und ausgezeichnet illustriert. Für diese Zeitschrift soll Elly nun Artikel schreiben.

Die Zwanzigjährige nutzt ihre Chance. Schwankend zwischen Ehrgeiz und Einsicht in gewisse Unzulänglichkeiten, löst sie das Problem des literarischen Debüts. Wenn es darum geht, eine einmal als sinnvoll erachtete und begonnene Arbeit oder Aufgabe allen Widerständen zum Trotz an ein gutes Ende zu bringen, kennt Elly Knapps Einfallsreichtum und Eifer keine Grenzen. Vor allem die Fähigkeit, auf Menschen zuzugehen, sie für sich einzunehmen und sich ihnen offen zuzuwenden, hilft ihr zeitlebens über viele Hürden. Als »ihre gruppenbildende Freudigkeit« wird Theodor Heuss diese Eigenschaft seiner Frau einmal so treffend charakterisieren. Und freundschaftlich tätige Hilfe wird ihr auch zuteil, als es darum geht, die Bedeutung des Dialekts ins rechte Licht zu rücken. Sie selbst erinnert sich: »Er (Bucher) gab mir Aufträge, etwa Buchbesprechungen, und schließlich verlangte er von mir … einen Aufsatz über den Dialekt als Jungbrunnen der deutschen Sprache. Unbarmherzig las er mir vor, was er schlechten Stil nannte. Modeausdrücke spießte er auf eine feine Nadel und hielt sie vor mich hin. ›Was soll das heißen, hat das einen Sinn?‹ Er verlangte von meinem zu bilderreichen Stil das, was die Franzosen ›netteté‹ nennen, die Klarheit und Durchsichtigkeit. Ich hatte die naive Kühnheit, diesen Aufsatz über den Dialekt zu schreiben, ohne in philologischen Büchern nachzulesen. Das Elsässische kannte ich vom Knabenhort und aus den Dialektstücken von *Stoskopf*, das Alemannische aus Johann Peter Hebels Gedichten. Daß die Aufgabe für mich zu groß war, merkte ich sehr bald. Aber der gute Stern, der immer über meinem Leben stand, führte mich in den Ferien nach Basel in das Geigersche Haus (Tante Lella), und dort war einer der besten Dialektkenner, Professor Geßler. Er las die fast fertige Arbeit und gab mir einige Winke für die Weiterführung. Das trug mir für immer seine Freundschaft ein. Er zeigte mir am Nibelungenlied, daß der alemannische Dialekt stehengebliebenes Mittelhochdeutsch sei. … Ich habe sehr wenig aus Büchern gelernt, aber umso mehr von bedeutenden Menschen. Das ist ein Glück, für das man nie genug danken kann. Ich weiß, was das Wort bedeutet: ›Und was man ist, das blieb man andern schuldig‹.«

»Köstlich viel zu tun und Arbeit, die Freude macht, weil sie nützt«, dieses Gefühl hätte Elly in ihrem Jahresbericht nicht treffender formulieren können, denn in dieser Zeit startet sie eine wichtige bildungs- und sozialpolitische Initiative. Noch während der Unterrichtsarbeit im Schülchen, die insgesamt drei Jahre dauert, kommt ihr die Idee einer »Fortbildungsschule für Mädchen«. Sie will nicht nur über die Volksbildung reden, sie muß auch handeln. Zunächst aber gilt es wieder, die richtigen Leute anzusprechen und, was noch wichtiger ist, hartnäckig zu überzeugen. Und dazu bietet sich bald eine günstige Gelegenheit.

Als sich die ersten Gäste ankündigen, geht Ellys prüfender Blick über den sorgfältig gedeckten Tisch, die Tischordnung stimmt. Auch wenn der Vater diese sogenannten »großen Essen« nicht gerade liebt, ihr macht es Freude, solche gesellig-gesellschaftlichen Ereignisse vorzubereiten. Mit der Schwester teilt sie sich gewöhnlich in die hausfraulichen Pflichten. Heute trägt Elly allein die Verantwortung. Der Lohndiener steht bereit und die engagierte Köchin ist eine Meisterin ihres Fachs. Gott sei Dank gehören die gewaltigen Speisefolgen mit zehn bis zwölf Gängen den gründerzeitlich aufgeblähten Tischsitten der Vergangenheit an. Sie hat sich für fünf Gänge entschieden, ganz im Stil der neuen leichten und eleganten Einfachheit: Abgebrühte Spargelsuppe – Fisch au gratin – Hammelkeule mit Rahmsauce – Kastanienpüree und gelbe Rüben – Salat von Sellerie und Tomaten – Aprikosengrütze mit Vanillesauce …
Sie sind nicht nur gut für den Geldbeutel, sondern auch gut für ihre Taille. Kein Gramm darf sie mehr zunehmen. Erst heute hat die Schneiderin das neue Kleid gebracht; es sitzt perfekt. Zweiteilig! Kostüm nennt man das, ganz nach der gerade kreierten Mode! Nicht nur fast revolutionär, sondern auch äußerst bequem. Zu mehr Beinfreiheit hat sie sich noch nicht durchringen können. Eines macht Elly allerdings besonders stolz: Sie kann ihre Garderobe vom selbstverdienten Geld bezahlen. Über ihre Eitelkeiten hätte sie bald die Besucher vergessen. Das eigene Dienstmädchen, heute mit weißer Haube und gerüschter Schürze, ist schon an der Tür, als Elly erscheint. Herzlich begrüßt sie die nach und nach eintreffenden Damen und Herren und genießt den angedeuteten Handkuß des Statthalters ebenso wie die artige Verbeugung eines Professors. Eben trifft Dr. Schwander ein, der junge Straßburger Bürgermeister. Freundschaftlich reicht er ihr die Hand und freut sich,

als er seine Tischkarte gegenüber der des Fräulein Knapp findet. Bald ist die Tischrunde komplett, die Vorspeise ist aufgetragen. Das lebhafte Gespräch wird auch während des Essens fortgesetzt und nur einmal unterbrochen, als Professor Knapp aufsteht, um einen seiner geistreichen Toasts auszubringen. Nach dem Hauptgericht gelingt es Elly endlich, die volle Aufmerksamkeit Dr. Schwanders auf sich zu lenken. Sie weiß, daß er ihrem Vater viel verdankt. Ohne ihn säße er vermutlich noch immer auf dem unbequemen Platz in der Kanzlei der städtischen Armenverwaltung. Durch eine ausgezeichnete schriftliche Darlegung des Fürsorgewesens war Professor Knapp auf Schwander aufmerksam geworden, ermöglichte ihm – ohne Abitur – ein staatswirtschaftliches Studium und befürwortete die anschließende Promotion. Mit freundlicher Konversation kann der Bürgermeister heute nicht rechnen. Elly ist entschlossen, ihn für eine großartige Idee zu gewinnen.
Gespannt sitzt sie nur noch auf der Stuhlkante, beugt sich zu ihm hinüber und kommt ohne Umschweife zur Sache: Alle Mädchen sollen und müssen berufstätig sein – so können sie besser für sich sorgen – es ist einfach die beste Voraussetzung für das Leben – längere Schulzeiten müßte es geben – eine bessere Allgemein- und Berufsbildung anvisiert werden! Am Ende würden auch Mädchen zu kritikfähigen, verantwortungsbewußten Staatsbürgerinnen! Kurz und gut, Straßburg braucht dringend eine neue Schule, eine »Fortbildungsschule für Mädchen«!

Energisch und gänzlich frei von damenhafter Zurückhaltung hat Elly Knapp auf Dr. Schwander eingeredet. Aus ihren Worten spürt er das Sichhineinfühlen in die Lage weniger begünstigter Menschen. Hilfe zur Selbsthilfe ist auch für den Straßburger Bürgermeister Schwerpunkt von Sozialarbeit. Erstaunt und überrascht betrachtet er sein funkensprühendes Gegenüber. Nach kurzem Überlegen macht er seine Zustimmung von einer Bedingung abhängig: sie müsse den zuständigen städtischen Beigeordneten Dominicus überzeugen, und der müsse einen praktikablen Weg finden. Erleichtert lehnt sich Elly zurück, vergißt ihre Taille und verzehrt genüßlich eine zweite Portion der köstlichen Aprikosengrütze mit Vanillesauce. Die Unterredung mit dem Freund Dominicus hält sie wirklich für die leichtere Übung: »Ich saß ... bei meiner jungverheirateten Freundin Helene Dominicus (geborene Fehling) und warf ihrem Mann vor, welche ›Kulturschande‹ es sei, daß man im Elsaß das achte Volksschuljahr noch nicht habe und keine Fortbildungsschule für Mädchen, in Baden bestehe sie schon lange. Darauf antwortete er: ›Ja, wer soll die Stunden geben? Man könnte einen Versuch machen. Aber es ist im Etat nichts bewilligt. Ich kann keinen Lehrer aus seiner festen Tätigkeit holen für ein solches Experiment.‹ Ich sagte, daß selbstverständlich ich die Stunden geben würde. Am nächsten Tag setzte er eine Notiz in die Zeitung, man wolle versuchsweise Fortbildungskurse für Mädchen einrichten bei genügender Beteiligung. Es meldeten sich achtzig Schülerinnen. Vierzehn Tage nach jenem Gespräch fing ich die Stunden an mit einem selbstgemachten Lehrplan, nur das Rechnen traute ich mir denn doch nicht zu. Wir mußten gleich zwei Parallelklassen bilden. Ich sonderte sie auf wunderliche Weise aus. Eine Anekdote aus Hebels *Schatzkästlein* wurde zweimal vorgelesen und dann schriftlich nacherzählt. Daran konnte man die Aufnahmefähigkeit gut feststellen.«

Die Handelskammer bewilligt das Geld. Der Unterricht umfaßt nicht nur Deutsch und Rechnen, die Schülerinnen lernen unter anderem Staatsbürgerkunde, Wirtschaftskunde und Handelsgeographie, sie machen französische Übersetzungen, analysieren die Wirkung von Annoncen und besichtigen mit den Lehrerinnen örtliche Industriebetriebe. Einige Jahre nach der Schulgründung schreibt Elly Knapp: »In 8 Tagen fängt meine Schule (nach den Osterferien) an, ich fange an, mich sehr dar-

auf zu freuen. Hauptsächlich seit eine frühere Schülerin bei mir war, reizend anhänglich und so lang Andeutungen gemacht hat, bis ich sie fragte, ob sie mit den anderen aus dem Kursus alle 14 Tage abends zu mir kommen wolle zum Lesen und Schwätzen. Da war sie begeistert und sagte, das hätten sie sich alle so sehr gewünscht, ›so sei es immer in den Geschichten, wenn man für seine Lehrerin schwärmt‹. Die Begründung ist doch schön, gelt? Was soll ich mit den Mädels lesen? Mit verteilten Rollen womöglich. In dem neuen Kursus habe ich 9 Stunden übernommen. Dann will ich mit einer Anzahl von Freundinnen und Bekannten so Kurse machen, ähnlich wie Ali (Alice) Salomon es tut. Eine Reihe hat schon mit großer Freude zugesagt, ich bin neugierig, ob's gelingt.«
Als Elly im Jahre 1907 – wegen ihrer Übersiedlung nach Berlin – die Schule verläßt, erhält sie vom Regierungsrat für Handel im Ministerium einen, wie sie es nennt, »Lob- und Preisbrief« für ihre Arbeit. Die »Fortbildungsschule für Mädchen« wird später zur Handelsschule. Doch von dieser Entwicklung kann Elly Knapp selbstverständlich noch nichts ahnen.

Fürs erste arbeitet sie an ihrer ganz persönlichen Unabhängigkeit. In den Osterferien 1905 geht es zunächst zu Tante Lella nach Basel und dann – allein! – weiter nach Locarno. Am 3. April schreibt sie ihrem Vater von dort:
»Also ich bin im *Hotel du Parc* abgestiegen … Dort habe ich nun mit einem jungen Kieler Mädchen Freundschaft geschlossen, die starr ist über meine Selbständigkeit …«

Am 19. April ist Elly bei ihrer Schwester Marianne in München, die dort eine Kunstakademie besucht. An diesem Tage geht ein folgenschwerer Brief an den Vater:
»Nun muß ich Dir meinen Plan für den Sommer sagen. Wenn Marianne zu Hause ist und sich mein Zimmer als Atelier einrichtet, so kann ich sehr gut weg. Ich möchte am liebsten ein

wenig ordentlich die Sachen lernen, die ich bisher nur gelehrt habe. Und deshalb habe ich den Wunsch, das Sommersemester in Freiburg zu verbringen. Da darf man hören und im Seminar arbeiten, ohne immatrikuliert zu sein, nur mit dem Lehrerinnenexamen. … Die Freiburger Professoren, mit denen ich in Locarno zusammen war, haben mir auch zugeredet. Meine Schule kann sehr gut jemand anders vertretungsweise übernehmen, denn dies Jahr wird der Kursus noch provisorisch weitergeführt, von nächsten Ostern ab wird es ganz anders eingerichtet. Bitte schreib mir bald, was Du zu diesem Plan sagst und ob es Dir recht ist. … Ich habe es mir während der Reise sehr genau überlegt und bin überzeugt, daß es aus allerhand Gründen das Beste ist.«

Elly hat Glück – dem Vater ist es recht!

KAPITEL 2

Freiburg und Berlin 1905–1906

»Ich stehe in der Sonne und fühle, wie meine Flügel wachsen«

Elly Knapps Zielstrebigkeit steht ihrer Neigung zu schnellen Entschlüssen in nichts nach. Nur dreizehn Tage liegen zwischen ihrer kühn formulierten Absicht und der dann energisch vorangetriebenen Aufnahme des Gaststudiums. Und ein Jahr, ein auf- und anregendes Jahr, vergeht von ihrem Eintreffen in Freiburg bis zur vorübergehenden Rückkehr nach Straßburg.
Elly schreibt häufig, oft täglich. Alle Daheimgebliebenen versorgt sie mit lebhaftesten, detailgetreuen Informationen. Ihrer gespannten Aufmerksamkeit entgeht fast nichts.
»... In der Pension Zahn«, erfährt der Vater, »war grad noch ein kleines Zimmer nach dem Garten hinaus frei. Es ist hier alles so überfüllt, daß schon Studenten wieder weggefahren sind, um in Basel zu studieren. Jetzt habe ich mir das Zimmer einigermaßen gemütlich eingerichtet, ... den großen, festen Küchentisch, den ich mir ausgebeten hatte, mit wunderbarem rotem Wachstuch überzogen und mir einen Probeband der *Jugend* gekauft, zerschnitten und an die Wände verteilt. Heute früh habe ich also die ersten Kollegs gehört ... sehr interessant. Es war nur noch ein anderes Weib da, eine Amerikanerin.«
»Nun habe ich meine Arbeit. Und zwar soll ich ... über die städtischen Arbeiter einen Vortrag halten: *Die Gemeinde als Arbeitgeber.* ... Ich wollte eigentlich mal etwas anderes, was ich noch gar nicht kenne, irgendwas aus der Geschichte des Sozialismus.« Dieser Wunsch ist verständlich. Schon im Juni erreicht wiederum den Vater die Nachricht: »Eben habe ich das zweite

Kapitel meiner Arbeit, das über die Arbeitszeit, im Reinen fertig ... Es geht im Augenblick herrlich voran und macht mir sehr viel Freude.«

Ein wenig Stolz und »meine geschwollene Eitelkeit« sprechen aus anderen Freiburger Briefen. Einer Freundin vertraut Elly Knapp im Juli an: »Hier reden mir alle sehr zu, den Doktor zu machen, das tue ich aber sicher nicht. ... Es genügt mir vollständig, wenn ich nur Volkswirtschaft gelernt habe und meine Stunden dann noch besser und weitgehender wieder aufnehme.«

Auch Walter Leoni bekommt Post; nach einer gelungenen Seminararbeit für Professor Fuchs und dem damit verbundenen eineinhalbstündigen Vortrag berichtet sie ihm ebenso enthusiastisch wie ehrlich:

»Fuchs möchte die Arbeit irgendwo veröffentlicht sehen ... Ein rheinischer Kaplan (Dr. Heinrich Braun, später Reichsarbeitsminister) wartete unten auf mich und wollte sie für seine *Sozialkultur* haben ... Natürlich war ich selig über das Gelobtwerden ... Aber im Grunde weiß ich, daß an der ganzen Arbeit nichts Eigenes ist, daß ich teils ohne Anführungsstriche abgeschrieben habe ... Waren meine volkswirtschaftlichen Kenntnisse bisher einzelne Inseln gewesen, so wachsen sie nun langsam zusammen.«

Natürlich kommen neben der Arbeit die menschlichen Kontakte nicht zu kurz, und so fügt Elly im gleichen Brief noch hinzu:

»... Meine Zeit war geteilt zwischen theoretischer und praktischer Sozialpolitik. Die praktische bestand in einer über mir wohnenden Schaffnersfrau, welche Gehirnerschütterung hatte und deren Pflege mich sehr viel Zeit gekostet hat. (Als) ich den in Hemdsärmeln und Bartbinde in schweren Stiefeln im Krankenzimmer herumstapfenden Abvermieter hinausgeworfen hatte, war ich viel zufriedener …« Hier wird es deutlich, Elly ist selig, tatkräftig und energisch, ganz in ihrem Element. Wie ein trockener Schwamm das Wasser, saugt sie die vielfältigen Eindrücke auf. Und auch das soll Leoni wissen: »Ich komme mir so bevorzugt vor. Ich stehe in der Sonne und fühle, wie meine Flügel wachsen …«

Dabei war dem Aufenthalt in Locarno und diesem sommerlich-freudig gestimmten Freiburger Semester – wandert sie eigentlich mehr im Schwarzwald oder studiert sie wirklich so eifrig? – ein krisenhafter Winter vorausgegangen. Trotz ausgesprochenem Arbeitseifer war manches unzulänglich geblieben. Das allgemeine Unbefriedigtsein hatte sich in einer längeren Krankheit niedergeschlagen. Hier in Freiburg, unter gleichgesinnten jungen Studenten, fühlt Elly sich so frei, so leicht wie ein Vogel und unbeschwert, zum ersten Mal unabhängig. Ihr Wissensdurst, ihr Lebenshunger sind noch lange nicht gestillt. Warum nicht ein zweites Semester? Warum nicht wagemutig noch einen Schritt weitergehen? – Eine Megastadt, eine Metropole, laut und lebendig, schillernd bunt, täglich wachsend – mit zwei Millionen Einwohnern, unvorstellbar! – wäre jetzt genau das richtige für Elly Knapp! Und? Ja, auch Friedrich Naumann wartet dort auf sie. Am 12. Oktober 1905 fällt die Entscheidung; vier Tage noch, dann hält sie ihr Gesicht gegen den Fahrtwind, aus dem halbgeöffneten Eisenbahnfenster, wischt sich Rußflocken von der Haut. Langsamer, immer langsamer wird die Fahrt, erwartungsfroh und ein wenig bange zugleich fällt ihr Blick auf die ersten großen Häuser von Berlin.

Umwerfend diese Hektik, jeden Tag gibt es aufregend Neues zu sehen und zu erleben. Inzwischen ist die donnernde Hochbahnfahrt über luftige Viadukte ein heimliches Vergnügen, während die atemberaubende Fahrt mit der neuen Unter-

grundbahn noch geübt werden muß. Dicht an dicht sitzen sich die Fahrgäste in langen Bankreihen gegenüber. Elly macht ein betont unbeteiligtes Gesicht und hofft, daß niemand ihre heimliche Unsicherheit bemerkt. Das letzte Wegstück will sie allerdings laufen. Einfach unglaublich dieses vorwärtsschiebende, dieses drängelnde Menschengewimmel auf Berlins Straßen und Plätzen. Alle, die Elly entgegenkommen, haben frostige rote Wangen, schützen sich mit Hüten, Mützen, großen Umschlagtüchern und hochgeschlagenen Mantelkragen vor dem durchdringenden Ostwind. Gut, daß sie selbst heute warm genug angezogen ist. Mein Gott, nach diesem wochenlangen, ungemütlichen Nieselwetter ist der klirrendkalte Dezembertag eine richtige Wohltat. Elly Knapp hebt den langen, auf Figur gearbeiteten Wollmantel vorne etwas an, tritt vom Trottoir auf die Fahrbahn und sucht sich zwischen Automobilen, Droschken, Pferdebahnen einen Weg über die Potsdamer Straße. Hochbeladene Fuhrwerke schwanken bedenklich, wenn die Kutscher in letzter Sekunde ausweichen. Mit lautem Klingeln macht sich eine Straßenbahn bemerkbar: 35 Linien der Elektrischen kreuzen den Potsdamer Platz, 328 Züge stündlich. Den Verkehrsschupo, der hier und an der Friedrichstraße mit einem Trompetensignal den Verkehr regeln soll, hat Elly bisher noch nicht gesehen. »Eenen Jroschen oder zwee Sechser«, fordert lautstark ein Händler, der seine Kreisel und laufenden Mäuse auf dem gegenüberliegenden Gehweg anpreist, berlinisch kessen Sprachwitz gibt's gratis dazu. Um den Tanzbär macht sie lieber einen Bogen, der ist ihr trotz Nasenring und Kette nicht geheuer. »Armes Tier, da geht es mir besser«, murmelt Elly vor sich hin und macht schnell, daß sie Abstand gewinnt.
Eilig hat sie es nun wirklich. Die Reichstagsdebatte hatte viel länger gedauert als erwartet. Sozialpolitische Studien, das hatte vor einigen Tagen ihr Professor herausfordernd betont, lebensnahe sozialpolitische Studien nämlich, betreibe man nur außerhalb der Universität. Und weil sie sich von August Bebel[14],

dem heftig umstrittenen Politiker, unbedingt ein eigenes Bild machen wollte, war sie der eindringlichen Aufforderung ihres Universitätslehrers heute gefolgt. Darum also kommt sie jetzt direkt vom Parlament. Wie hatte Bebel die Sozialdemokraten genannt? – Speerspitze der Arbeiterschaft! Und die Gewerkschaften? – Eine Säule der Arbeiterbewegung! Elly schwirrt noch immer der Kopf. Würde sie sagen, sie hätte alles verstanden, müßte sie lügen. Doch wie ein »Staatsfeind« sah Bebel nun wirklich nicht aus, »... hat ja einen entzückenden Kopf, spricht auch gut«, aber »... hinreißend war es nicht«. Nun, Friedrich Naumann wird ihr, da ist sie ganz sicher, alles erklären können. Hoffentlich kommt der väterliche Freund bald von seiner – wie man hört außerordentlich erfolgreichen – Vortragsreise zurück nach Berlin. Ob er bei den Landtagswahlen im nächsten Jahr wirklich eine Chance hat, fragt sich Elly und ist schon sehr gespannt, wie man sie im Naumann-Kreis aufnehmen wird.

Während Elly Knapp ganz in Gedanken, nicht nach rechts und links blickend, vorwärtsstrebt, fällt ihr der spontane Besuch in der *Hilfe*-Redaktion wieder ein. Eugen Katz, fürs Politische zuständig, schien wegen des so unkompliziert hereingeschneiten Damenbesuchs leicht irritiert. Jedesmal, wenn sie ihn freundlich anlächelte, wurde der junge Redakteur ganz verlegen. Und als sie ihn neugierig nach Naumanns Arbeit ausfragte, brachte er zunächst keinen zusammenhängenden Satz heraus. Ein gewisser Theodor Heuss, erfuhr sie allerdings, mache bei der *Hilfe* das Kulturelle. Schade, daß sie ihn nicht angetroffen hatte. Ein Schwabe, sehr begabt, von Naumann hochgeschätzt, so hatte Katz ihn geschildert. Wäre doch zu schön, in Berlin einen heimatlich südwestlichen Menschen zu treffen. In der Redaktion wurde auch vermutet, daß sie beim nächsten Naumann-Treffen nicht nur den engeren sozialliberal gesinnten Freundeskreis, sondern auch einen ambitionierten, ganz reizenden Auslandsmissionar kennenlernen könne. Ein

Glücksfall, werde dieser Wohltäter doch in Berlin von Salon zu Salon weitergereicht. Nun wartet Elly ganz ungeduldig auf Naumanns Rückkehr und dessen Einladung.

Unvermittelt und ganz atemlos vom raschen Gehen schreckt sie auf, der kurze Blick auf die Normaluhr am Potsdamer Platz beruhigt: noch eine Viertelstunde bis 16 Uhr. Wie war sie vor einer Woche weitergegangen? – Das Palast-Hotel erkennt sie wieder, noch ein Stück die Leipziger, dritte Straße links einbiegen, beim zweiten Vorderhaus nach der Ecke ist es endlich geschafft. Zum Seminar bei Professor Jastrow darf sie keinesfalls verspätet kommen. Schrecklich, wenn der mühsam erweckte gute Eindruck durch einen solchen Fauxpas zunichte gemacht würde! Der Seminarbesuch bei Jastrow war nämlich ihr größter Wunsch und die Aufnahme eine Sache für sich:

»Nun«? fragt Professor Jastrow und blickt von seinem Redemanuskript gar nicht erst auf. Er hat wenig Zeit und liebt es ganz und gar nicht, von Studenten gestört zu werden. Seine Lehrveranstaltungen lassen ihm ohnehin kaum Zeit für die Stadtratsarbeit in Charlottenburg. Doch gerade die hält er für unglaublich wichtig. Brennende Probleme nicht nur theoretisch, nein, ganz praktisch zu lösen, darauf kommt es in Wirklichkeit an. Wieder ein Student, vermutet er ärgerlich, der noch ins Seminar aufgenommen werden will. Langsam müßte sich herumgesprochen haben, daß er inzwischen schon mehr als zehn gnadenlos abgewiesen hat. Bei diesen Kandidaten, modernen jungen Menschen wie sie meinen, hat er oft das Gefühl, sie redeten von der Sozialpolitik wie die Jungfrau vom Kind. In seinem engeren Schülerkreis – da ist er unbeugsam – werden nur solche Hörer geduldet, die praktisch kennen, wovon sie theoretisch reden. »Mein Seminar ist voll, mehr als zwölf nehme ich nicht!« knurrt er deshalb ungehalten, stur den Blick aufs Papier geheftet.

»Ja, eigentlich möchte ich …« haucht es ihm entgegen. Er traut seinen Ohren nicht, hebt bei dieser zaghaften Einleitung überrascht den Kopf und muß feststellen, daß seine Befürchtungen noch übertroffen werden. Es ist gar kein Student, die schüchterne Bitte kommt von einer der wenigen Studentinnen, die sich zu ihm verirren. Sein Erstaunen nimmt noch zu, denn diese hier will offensichtlich gar nicht in sein Seminar, sieht nicht einmal so unattraktiv und sackartig reformbekleidet aus. Sie bittet lediglich, und das hübsch bescheiden, um Unterstützung bei der Suche nach einer geeigneten Fortbildungsschule für Mädchen. Nicht nur im Studium, nein, auch im Alltag möchte sie dazulernen. Sie sei bereits Lehrerin, habe – er kann es kaum glauben – mitgeholfen, ein ähnliches Institut zu gründen, fände allerdings Hospitationen unumgänglich, um so die neuen Unterrichtsmethoden in Berlin kennenzulernen. Er als Stadtrat wisse doch sicher einen Weg.
Selbstverständlich – und Elly lacht bei der Erinnerung an dieses Gespräch laut auf, mitten im Menschengewimmel – wußte Professor Jastrow Rat, gab ihr sogar ein Empfehlungsschreiben an den Schulrat. Ob er ihr nicht noch Berichte über die Lohnverhältnisse der städtischen Arbeiter in Charlottenburg besorgen könne, hatte sie dann, zugegeben recht scheinheilig, gefragt. Das interessiere sie brennend. Selbstverständlich konnte er, denn auch dieses Problem verfolgt er ja mit Leidenschaft.
»Sagen Sie, Fräulein, hätten Sie nicht Lust in mein Seminar zu kommen?« hatte er zum Schluß vorgeschlagen. »Eigentlich ist es schon voll; weil Sie sich aber so wohltuend von denen unterscheiden, die über die soziale Frage nur klug daherreden …« – Es hatte funktioniert! Sie war tatsächlich angenommen worden! Wie gut, daß man im väterlichen Haus so manche Information über die Vorlieben der Professorenkollegen mitbekommen und vor allem behalten hat. Wie gut, daß Professor Jastrow nicht weiß, daß sie die Tochter des Friedrich Georg

Knapp in Straßburg ist. Wie gut aber auch, daß sie nicht lügen mußte, nur ein wenig, nun ja, taktieren.

Punkt 16 Uhr erreicht Elly die zweiflügelige Tür des großen Bürgerhauses. Der Portiersfrau, die liebevoll Schnörkel um Schnörkel im eisernen Treppengeländer staubwischt, ruft sie einen kurzen Gruß zu und hastet die breiten Marmorstufen hinauf. Schnell noch ein paar Haarsträhnen ordnen und den Türklopfer betätigen sind eins, bevor sie von der Frau des Professors freundlich begrüßt wird. Tee, Butterbrötchen und Kuchen stehen schon auf dem Tisch, zwölf hungrige junge Herren und Elly greifen dankbar zu.
Im Brief vom 28. November berichtet sie all das wie geplant dem Vater und fährt dann fort: »Jastrow steht über allen anderen, was Lehrtalent anbetrifft. … So entwickelt er die ganze Sache durch Fragen. … Schließlich fragte er mich nach den Verhältnissen (der städtischen Selbstverwaltung) bei uns. Natürlich habe ich meine Verschwägerung mit Dominicus dabei sehr gut gebrauchen können und habe geglänzt. … Sein Seminar war so interessant, daß ich nachher fast nicht geschlafen habe. Nächstes Mal ist das Referat über Arbeitsnachweis. Ich lerne schon dafür.«

Ein Besuch der Zentralstelle für Arbeitsnachweis bietet dazu die bestmögliche Gelegenheit. Elly ist überwältigt, genaugenommen entsetzt. Das hatte sie nicht erwartet: fast 1000 Sitzplätze, so kommt es ihr vor, in einem Raum. Voll besetzt von Hilfsarbeitern, alle nach Branchen eingeteilt. Manche hocken still da und starren vor sich hin, andere führen heftige Reden. Die meisten sind froh, sich aufwärmen zu können und für fünf Pfennig ein einfaches Mittagessen zu bekommen. Die eine oder andere Mahlzeit verschwindet heimlich im mitgebrachten Eßgeschirr. Frau und Kinder werden es sich teilen müssen. Wer möchte, nimmt ein warmes Brausebad; Zeit haben die

Arbeitslosen mehr als genug. Alle zehn Minuten erscheint ein Beamter mit seiner Liste und verkündet laut die eingelaufenen Nachfragen von Betrieben. In anderen, kleineren Räumen warten die gelernten Arbeiter und, davon nochmals getrennt, die Jugendlichen. 60, vielleicht auch mehr, Vierzehn- bis Sechzehnjährige, wird ihr berichtet, sind täglich »vorrätig«. Am längsten bleibt Elly Knapp in der »weiblichen Abteilung«. Weit über 100 Frauen und Mädchen stricken, lesen oder unterhalten sich, blicken nur erwartungsvoll auf, wenn das Telefon durchdringend läutet: Eine Fabrik sucht zwei Arbeiterinnen, die schon Flaschen etikettiert haben, zehn bis elf Mark Lohn in der Woche. Arbeitszeit von sechs Uhr morgens bis sieben Uhr abends. Viele melden sich, zwei werden genommen. Resigniert sinken die anderen auf ihre harten Holzbänke zurück. Stolz zeigt die junge Beamtin eine Statistik vor und freut sich, daß es ihr durch geschickte Verhandlungen im letzten Jahr gelungen ist, den Lohn der Arbeiterinnen von durchschnittlich neun auf zehn Mark zu bringen. Sie kennt jede Frau genau und kann sie ihren Fähigkeiten entsprechend »anbieten«.

Elly wundert sich über gut gekleidete, meist jüngere Frauen, die sich um die weiblichen Arbeitssuchenden kümmern, sie beraten und auf berufsbegleitende Fortbildung ansprechen. Die meisten winken müde ab: »Ach Jott nee, laß man jut sein. Dafür hat unsereiner keene Zeit nich. Mein Oller spuckt seit'n Sommer Blut, und icke maloch mir für ihn und die Jören ooch noch tot. Und allet nur für Klappstullen mit Faßschmalz und Muckefuck.« Manche reagieren aggressiv: »Nu kiekt Euch die feinen Klamotten an. Die Damen sollten besser da bleib'n wo se hinjehörn, bei de feinen Leute nämlich. Habt Ihr ne Ahnung von't Leben!«

»Die Mädchen«, hört Elly plötzlich eine halblaute Stimme neben sich, »vor allem die jungen Mädchen müssen wir überzeugen.« Erstaunt blickt sie zur Seite. Lustige Sommersprossen fallen ihr als erstes auf, die junge Frau mit den ungebändigten kastanienbraunen Lockenkringeln reicht ihr die Hand und ergänzt nach Ellys fragendem Blick, daß sie zu den ehrenamtlichen Helferinnen der »Frauen- und Mädchengruppen« von Alice Salomon gehöre. Alice Salomon? – Elly ist überrascht. So ein Zufall! Die hatte sie doch vor wenigen Monaten persönlich kennengelernt; sogar für den nächsten Jahresbericht hatte sie die Begegnung vorsorglich notiert:

»Im Wintersemester ging ich dann nach Berlin. Vorher begleitete ich meinen Vater auf die Tagung des ›Vereins für Sozialpolitik‹ nach Mannheim. Dort war der große Zusammenstoß zwischen dem alten Industriellenführer Kirdorf (dem Gründer des Rheinisch-Westfälischen Kohlensyndikats und eingefleischten Gegner der Gewerkschaften) und Friedrich Naumann, dem alle Jungen frenetischen Beifall schenkten. ... Es handelte sich immer wieder darum, daß der Staat nicht dulden könne, wenn die großen Industrie-Verbände an Macht so zunähmen, daß sie gleichsam einen Staat im Staate bildeten. Auf einer Fahrt im Mannheimer Hafen mit den Teilnehmern der Tagung zeigte man mir Alice Salomon aus Berlin, mit dem Bemerken, sie sei eine bedeutende Führerin der Frauenbewegung. Das Wort hatte ich noch kaum gehört. Ich dachte immerfort darüber nach, was man wohl mit einer solchen Frau reden könne. Es fiel mir aber gar nichts Kluges ein. Sie kam plötzlich auf mich zu, und als sie hörte, daß ich, um besser in der sozialen Arbeit voranzukommen, nach Berlin wolle, lud sie mich aufs herzlichste ein, sie gleich aufzusuchen.«

All das erfährt auch Alice Salomons Mitstreiterin. Sie ist begeistert. Elly muß ihr sofort versprechen, die Einladung auf jeden Fall anzunehmen. Ein von der Salomon eingerichteter Kurs hätte auch sie hierhergebracht. Alice sei wirklich ganz reizend. Unglaublich aktiv. In allernächster Zeit werde ihr endlich der Doktortitel verliehen – ein Skandal: zweieinhalb Jahre nach der Beendigung ihrer hochgelobten Dissertation. Irgendein Prinzipienreiter habe bisher ohne triftigen Grund die Erlaubnis

verweigert: ein Professor, nicht einmal von der Examensfakultät, aber erklärter Gegner des Frauenstudiums. Erst jetzt, nach langem Zureden, habe der Rektor dessen widerwillige Zustimmung erwirkt.
Elly ist skeptisch. Sie, beim Kampf in der Frauenbewegung, mit Blaustrümpfen zusammenarbeitend ... das erscheint ihr doch etwas übertrieben. Ist sie ihren Weg nicht ganz allein gegangen, hat es ohne Hilfe geschafft? Warum sollte das anderen in ihrer Lage nicht auch gelingen, auch ohne diese, diese ...? Ausnahmsweise fehlen Elly Knapp einmal die richtigen Worte, es ist eigentlich mehr ein Gefühl, das sie zurückhält. Dabei scheint sie zu vergessen, daß andere Frauen eben nicht »in ihrer Lage«, sondern in einer viel schlechteren Ausgangsposition sind. Zu einem Zugeständnis ist Elly Knapp jedoch bereit: Alice Salomon muß man bewundern. Ehrenamtliche und berufsmäßige Sozialfürsorge – so scheint es auch ihr – bekommen durch die neuen Kurse ein solides Fundament. Nun gut, Alice Salomon wird sie besuchen. Doch sonst, ... sie weiß nicht recht und behält die »Frauenfrage« vorerst kritisch prüfend im Auge: »Professor Sering hatte vor wenigen Tagen (im Dezember 1905) seine Studentinnen eingeladen ... Es war eine echt Berliner Gesellschaft, hier ist immer eine Sache ganz ausschließliches Modethema. Im Augenblick ist es der Mutterschutz. Es hatte so etwas Krampfhaftes an sich, wenn bei Serings in drei Ecken je eine Gruppe saß, von denen jede über uneheliche Kinder redete, wobei die Damen immer viel radikaler sind als die Herren. Sie sind dabei alles sehr brave und ehrbare Damen, aber man ist hier nun mal ›gestört‹ auf dieses Thema und es ist entsetzlich spießig, es sonderbar zu finden. Für mich hat es so was furchtbar Komisches, wenn die gebildeten Leute so reden wie die Blinden von der Farbe ...«

Elly Knapps Meinung zu frauenbewegten Zeitgenossinnen bleibt immer zwiespältig. 1918, in einem Artikel für die *Vossi-*

sche Zeitung in Berlin, wird sie Frauenrechtlerinnen ihrer eigenen Generation als »... mutig und leicht verbittert, nicht mehr mit dem Mann, sondern gegen ihn um weibliche Freiheit und Bildung, sittliche und wirtschaftliche Selbständigkeit und Gleichberechtigung kämpfend« charakterisieren und zugeben – nicht ohne ironische Untertöne –, daß es »diesem ästhetisch unerfreulichen, moralisch hochstehenden Typus doch geglückt (sei), geradezu unerhörte Erfolge zu erringen«. Ihre eigenen Erfahrungen gewissermaßen aufgreifend und eindeutig Sympathien verteilend, fährt sie dann fort: »Welcher Gegensatz ... zu dem Bürgermädchen, das die Frauenbewegung kaum dem Namen nach kennt und doch, sicher auf eigenen Füßen stehend, sich Broterwerb und Lebensfreude selbständig sucht ...« Für unbedingt erforderlich hält Elly Knapp dennoch eine »... Wandlung und Läuterung der politischen Frau von romantischer Begeisterung über verbittertes Sichdurchsetzen zur sachlichen Schulung und (zum) sozialen Verantwortungsgefühl.« Eine Maxime also, der Alice Salomon, nicht nur in Ellys Augen, schon zu Beginn des Jahrhunderts konsequent gerecht wird und darum ihre uneingeschränkte Unterstützung verdient.

Und 1908, in der Gewißheit ihrer bevorstehenden Heirat, kontert Elly Knapp ebenfalls, spöttisch witzelnd, Naumanns angedeuteten Vorwurf, die Frauenfrage nicht ernst genug zu nehmen: »Für mich persönlich wäre nun der wichtigste Teil der ›Frauenfrage‹, über die ich manchmal mit Ihnen diskutiert habe, gelöst. Ich meine damit nicht gerade die Frage: ›Wen werde ich heiraten‹, sondern die: ›Wie kann ich mich in die Lage versetzen, abzuwarten, bis ich nach inneren, nur inneren Gründen heiraten kann?‹ Die Frauenvereine sollten eigentlich ihren Mitgliedern so eine Art von Streikgeldern geben, um sie vor den Geld- und Versorgungsheiraten zu bewahren! Aber das sind nun die ›Mädchenfragen‹ innerhalb der Frauenfrage.«

Theodor Heuss, dem diese Heirat damals ins Haus steht, hält es, Jahrzehnte später formuliert, für »falsch, grob zu sagen, das, was man Frauenfrage nannte, sei Elly Knapp gleichgültig gewesen. Aber das Dogmatische, das in jener Zeit herausgearbeitet wurde, interessierte sie gar nicht; sie fühlte sich hier von einem Menschen um seiner Art willen angezogen, dort war es einerlei, welche ›Verdienste‹ sich an einen Namen knüpften. Das habe ich ihr später manchmal zum mahnenden Vorwurf gemacht: sie sei, zweite Generation, gegenüber den Vorkämpferinnen undankbar; sie meinte dann: ›Vielleicht …‹. Alles Doktrinäre lag ihrem Naturell fern, aber vor einer unmittelbaren und fordernden Aufgabe entzündeten sich Pflichtsinn und Eifer.«
Fürs erste aber hat das Jahr 1906 noch gar nicht begonnen. Zwischen dem Antrittsbesuch bei Alice Salomon und Ellys »pflichtbewußt-eifrigem« Engagement vergeht also noch etwas Zeit. Viel näher liegt da der sehnlichst erwartete Besuch bei Friedrich Naumann. Vor zwei Tagen hatte Elly Knapp die Einladung für den kommenden Sonntagabend erhalten.

Gemütlich dichtgedrängt sitzt man in Naumanns guter Stube um den kleinen runden Tisch. Wer sein Gegenüber genauer sehen will, muß um die Hängelampe herumschauen. In der lebhaften Unterhaltung wechselt alle paar Minuten der meist politische Gesprächsstoff. Elly ist fasziniert, alles ist noch aufregender, als sie erwartet hatte. Gerade liest Naumann den für die *Hilfe* bestimmten Bericht von Paul Rohrbach vor. Der Regierungskommissar in Südwestafrika schreibt mit viel Sachverstand über die furchtbaren Folgen der Hereroaufstände. Vorsichtig läßt Rohrbach dann sein Verständnis für die »Eingeborenen« durchblicken, daß seiner Meinung nach die koloniale Erschließung über das Ziel hinausschieße. Zwar habe der Bremer Kaufmann Lüderitz die Bucht an der Oranjemündung von Namahäuptlingen gekauft. Aber dürfe man wirklich das

Schutzgebiet Deutsch Südwest einfach nach Norden und Osten ausdehnen? Elly hört aufmerksam zu. Wieder etwas, wovon sie viel zu wenig weiß. Darüber hätte sie liebend gerne mehr erfahren, doch Adolf Damaschke hat sich inzwischen in Positur gesetzt und verbreitet lautstark seine Thesen zur Bodenreform. Auch das ist Neuland für sie, wenn auch die anderen Gäste etwas gequält aussehen – offensichtlich hören sie es nicht zum ersten Mal. Naumann geht es wohl ähnlich, denn unauffällig spielt er Hellmut von Gerlach den Gesprächsball zu, als sich Damaschke gar nicht von der in seinen Augen großartigen Idee eines »Jahrbuches der Bodenreform« lösen kann. Gerlach, der kleine, bewegliche Mann mit dem dunklen Spitzbärtchen war Elly gleich aufgefallen. Witzig-polemisch hatte er zu Beginn des Abends Jägerlatein aus seinen preußischen Junkerkreisen zum besten gegeben und sich gleichzeitig eifrig Rotwein nachgeschenkt. Jetzt aber besteht Explosionsgefahr, mit einem Stakkato von Worten widerlegt er Damaschkes Thesen. Elly zieht unbewußt den Kopf ein und ist erleichtert, als Naumann den Redestrom des Leitartiklers der *Welt am Montag* etwas bremst. Er solle nicht alles so schwarz-weiß sehen. Und überhaupt, man wolle doch endlich dem Hauptgast des Abends Gelegenheit geben, seine Erlebnisse vorzutragen. Er, Naumann, kenne den Herrn von früher. Der so freundlich angekündigte Missionar läßt sich nicht lange bitten. Was nun folgt, sind in epischer Breite ausgewalzte Kolonialgeschichten. Mitunter scheint es schwierig, Phantastisches von Phantasievollem zu trennen. Nur Elly hat gar keine Schwierigkeiten, sich auf alles einzulassen. Hingerissen lauscht sie, folgt dem offensichtlich Vielgereisten in ferne Welten. Etwas unverständlich bleiben freilich auch ihr die als außerordentlich wirksam dargestellten sozialpädagogischen Experimente. Wie, so fragt sie sich, lassen sich die Schilderungen von brav-naiven Naturvölkern mit den von Gerlach erwähnten, selbstbewußten Hereroaufständen in Einklang bringen? – Elly nimmt eifrig

Anteil, will alles genau wissen, immer wieder stellt sie Zwischenfragen, merkt kaum, daß Naumann – wie alle anderen – besonders dann erstaunlich verhalten bleibt, als der Missionar letztendlich auf Spenden zu sprechen kommt. Sie bemerkt auch nicht, daß ihre enthusiastische Teilnahme des Propheten eigenen Ruhm von Mal zu Mal steigert.
Obwohl Ellys Blicke meist wie gebannt an den Lippen des Missionars hängen, sieht sie aus den Augenwinkeln, daß Heuss von der *Hilfe* ihr Interesse offenbar absolut nicht teilt. Einmal aufmerksam geworden, mustert sie den jungen Mann etwas genauer, immer bemüht, die Hängelampe und den Kopf von Eugen Katz als Deckung zu benutzen. Eigentlich unverschämt, denkt sie, sich so demonstrativ gleichgültig zu zeigen. Gleichgültig ist nicht einmal das richtige Wort, geradezu ostentative Abneigung und Skepsis liest Elly aus dem viel zu betont unbeteiligten Gesichtsausdruck. Und überhaupt, diesen Dr. Theodor Heuss hatte sie sich ganz anders vorgestellt. Scheint so, daß er sich nicht nur für den Kulturteil der Zeitung, sondern auch fürs Künstlerische überhaupt zuständig fühlt. Seine unkonventionelle Kleidung – sie kann sich nicht helfen – hat etwas, fast möchte sie meinen gewollt, Abweichendes. Nicht, daß sie in Kleiderfragen besonders heikel wäre, aber mit weniger kühner Ausstattung wäre dieser junge Mann eindeutig besser beraten. Schon bei seinem Eintreffen war Elly der breitkrempige Hut, auf für ihren Geschmack zu langem Haar, unangenehm aufgefallen. Wenn auch – ein eigenartiger Kontrast – die altmodisch hochgeschlossene Weste unter dem steifen weißen Kragen eher auf Vikar schließen läßt, so verweist die Fußbekleidung wieder ins eindeutig Künstlerische. Direkt peinlich berührt, konnte sie die eigenartig spitzen, gelben! Stiefel gar nicht aus den Augen lassen. Nein, stellt Elly bei sich fest, Staat kann Naumann mit diesem Menschen wirklich nicht machen. Auch kein Vergleich mit der klassischen Eleganz eines Walter Leoni in Straßburg! Vielversprechend hin, vielversprechend her. Dazu diese fast

arrogante Zurückhaltung, kein Wort hat er bisher gesprochen. Schade! Ein südwestlicher Mensch hatte ihr in Berlin bisher gefehlt. – Leicht irritiert über ihre plötzliche Geistesabwesenheit hatte der Missionsprediger Elly bereits mehrmals durchdringend angesehen. Mit Erfolg, denn sie ist schon wieder ganz bei der guten Sache.

Ein kräftiger, wenn auch versteckter Rippenstoß bringt Theodor Heuss fast aus dem Gleichgewicht. Kollege Katz muß gemerkt haben, daß ihn die hochfliegenden Ausführungen des angeblichen Geistlichen absolut nicht überzeugen. Nun will er ihn wohl daran erinnern, seine Mimik wieder unter Kontrolle zu bringen. Bei aller Verehrung für Naumann, sinniert Theodor, wäre er doch neugierig, welchen Narren sein Vorbild in fast allen Dingen an diesem angeblich weltläufigen Salonlöwen gefressen hat. Dessen langatmige Selbstbeweihräucherung erinnert fatal an Geschichten eines orientalischen Märchenerzählers. Doch während Naumann seine gutgläubige Einladung inzwischen bereut, zeigt diese junge Dame aus Straßburg einen ihm völlig unverständlichen Überschwang an Gefühlen. Wenn das so weitergeht, finden die nebulösen Ausführungen nie ihr wohlverdientes Ende. Wie hatte Friedrich Naumann die Tochter von Professor Knapp – ein Freund seines verehrten Lehrers Brentano – beschrieben? Heiter, warmherzig, aufgeschlossen und von großer innerer Unabhängigkeit!? Er will nicht gleich urteilen, vielleicht fehlt ihr einfach Gelassenheit und besonnen abwägende Distanz.
Was den wunderlichen Pfarrer angeht, wird Theodor Heuss recht behalten: »... denn jener Mann, das ergab sich nach ein paar Jahren, war ein Irrlicht gewesen (weder Pfarrer noch Missionar), das im Kriminellen erlosch ...«; und Elly gab ihre Fehleinschätzung später gerne zu: »Theodor Heuss hat seither öfters bewiesen, daß er recht behielt ... Wir schlossen bald Freundschaft.«

Elly Knapp und Theodor Heuss 1906

Gute Freunde wurden sie tatsächlich, auch wenn sich Elly Knapp von dem »Vielversprechenden« zunächst recht wenig verspricht; aber im Umfeld von Naumann und seiner *Hilfe* können sie sich gar nicht aus dem Weg gehen und kommen sich schließlich näher. »Am meisten«, stellt Elly im Mai 1906 fest, »bin ich jetzt in einem Kreis, der ganz anders ist. Mit Heuss, Stotz (Grafiker und enger Freund Theodors aus Heilbronn) und *Flaischlein* (schwäbischer Poet) sitzen wir ... zusammen, singen schwäbische Lieder und protestieren gegen Berlin oder machen wundervolle Spaziergänge am Müggelsee und bei Tegel.«

»Ich glaube« – bekennt Theodor Heuss – »wir *alle* haben damals für Elly geschwärmt; sie war in der heiteren Anmut ihres Wesens der willigste Kamerad für die kleinen Abenteuer der Geselligkeit, rechnete es aber zu ihren Lernpflichten, die politischen Versammlungen mit uns zu besuchen. ... Die innere Sicherheit, mit der Elly uns allen überlegen war – jetzt ganz Dame, jetzt ausgelassener Spielkamerad, jetzt bieder besorgte Gastgeberin bei einem bescheidenen Budenabendessen –, war das Geschenk ihres väterlichen Hauses ...«

»Wir haben es beide immer als die sinnvollste Fügung des Schicksals empfunden, daß wir uns im Hause von Naumann begegnet waren, der den Funken in verwandte junge Seelen geworfen hatte; die gleiche liebende Verehrung zu seinem Menschtum wurde die erste Bindung ...«

»Als das Semester zu Ende ging, gab es ein schönes Abschiedsfest ... und dann begann, um die Freundschaft zu festigen, eine anlaßreiche Briefschreiberei.«

Eigentlich hatte Elly im folgenden Vierteljahr ihre nationalökonomischen Studien noch intensivieren wollen, dagegen spricht jedoch ein, ihren ganzen Ehrgeiz herausforderndes Unterfangen: »Gegen Ende des Semesters vergaß ich alle Theorie, versäumte die meisten Vorlesungen und lebte nur noch für die Heimarbeitsausstellung, die als erste ihrer Art in der alten

Bibliothek stattfand. Ganz Deutschland wurde damals überrascht von der Enthüllung der Not, der schlechten Löhne, der langen Arbeitszeit, der Ausbeutung der Kinder. … Die Gewerkschaften aller Richtungen waren die Aussteller. Ich wurde als eine Art freiwilliger Adjutant von einem zum anderen geschickt und lernte unglaublich viele Menschen und Zustände kennen.«

Um zu Fuß in den Norden Berlins und letztlich zum Engelufer 12 zu gelangen, kann Elly Knapp den tristen Arbeitervororten nicht ausweichen. Grau an Grau, schier endlos, reihen sich die Mietskasernen aneinander. Es hat sogar den Anschein, als spiegele sich das entmutigende Bild dieser Straßen in den Gesichtern und Gebärden der Menschen wider. Die alte Frau, die mit Korbwaren hausieren geht, zerrt ihren Hund hinter sich her. Der, am wackligen Leiterwägelchen angeschirrt, bringt das Gespann kaum voran … An Bolles Milchwagen Nummer 137 warten hohlwangige Mütter auf bläuliche Magermilch aus dem Zapfhahn … Frauen um Frauen verlassen die Häuser, finden sich zusammen, alle tragen blechernes Eßgeschirr, Mittagessen für ihre im Fabrikhof wartenden Männer. Tiefgebückt schlurft ein Weiblein vorbei, mit schweren Briketts im Holztragegestell. – Elly ist betroffen, möchte auf die Menschen zugehen, fragen, helfen. Besser sie hält sich zurück, ihre Anteilnahme könnte als unangebrachte Neugier ausgelegt werden. Und, sie ist nicht allein. Margarethe Behm (später deutschnationale Abgeordnete) begleitet sie bei der Recherche für eine sozialpolitische Seminararbeit. Seit fast einer Stunde ist Elly mit ihrer kompetenten Begleiterin zum Gewerkschaftshaus unterwegs, folgt, so gut es geht, deren Redestrom und stellt bei sich fest, daß Margarethe fast noch schneller spricht als sie läuft. Lebhafte Gestik unterstreicht ihre Kommentare über die Gründung des Christlichen Gewerkvereins der Heimarbeiterinnen. Zum Verzweifeln sei es gewesen, fast unmöglich, Vertrauen zu gewinnen. Alice Salomon hatte ja gewarnt: Nur übermenschliche Überredungskunst und Beharrlichkeit bringe Heimarbeiterinnen unter einen Hut. Und wirklich, allen hatte die berechtigte Angst um ihre lebensnotwendige Arbeit den Mund verschlossen. Warum die eingeschüchterten Frauen schließlich doch den Mut fanden, sich freiwillig in Selbsthilfegruppen zusammenzuschließen? Die Kirchen und – man höre und staune – die Kaiserin höchstpersönlich hatten sich eindeutig auf die Seite der Benachteiligten geschlagen!

Sie sind jetzt beide vor einem Torbogen angekommen, gehen hindurch, noch ein Durchgang, ein dritter folgt. Unwillkürlich legt sich der Kopf in den Nacken, fast glaubt Elly, die steilen Häuserwände treffen oben zusammen. Wie winzig klein das Stückchen Himmel ist! Im Winter erreicht kein Sonnenstrahl den Hinterhof, denn der ist laut Bauvorschrift gerade so groß, daß die Feuerspritze darin wenden kann. Überquellende, stinkende Müllkästen, aufgeweichte Pappkartons, Gerümpel und Handkarren stehen sich gegenseitig im Weg. Ein Spinnennetz von Wäscheleinen verstärkt den trostlosen Eindruck; aus geöffneten Fenstern strömt eine fast unerträgliche Geruchsmischung aus Kohlrüben und Kochwäsche. »Aujust, hab ick dir nich schon tausendmal jesagt, du soll's dir nich mit'n Hintern auf'n kalt'n Boden setzen! Und sag der Lene, se soll Vattern aus de Budike hol'n!« tönt eine schrille Frauenstimme von irgendwo ganz oben, während Elly neben dem so ermahnten kleinen Steppke auch die enggedrängt im Eck hockenden Kinder entdeckt: viel zu dünn angezogen, vorne aufgeschnittene Schuhe, schmale, blasse und irgendwie alte Gesichter. Alle starren auf einen kleinen Spatz; den Fängen der mageren Katze konnte der vor Schreck und Kälte zitternde Vogel im letzten Moment entkommen. »Laß mir ooch mal ran«, drängelt sich ein lang aufgeschossenes Mädchen mit straff geflochtenen, dünnen Zöpfen von hinten vor – zu spät, denn gerade macht sich der Vogel auf den scheinbar endlos langen Fluchtweg zum

Licht. »Macht ooch nischt, ick muß sowieso rauf, Streichholzschachteln kleb'n.« »Nee, erst Vattern holen«, gibt August die mütterliche Anweisung weiter und macht sich zusammen mit der großen Schwester auf den unangenehmen Weg.
Nach dem Anschauungsunterricht folgt weitere Aufklärungsarbeit. Das junge Mädchen, Lene also, bekomme für tausend geklebte Reklame-Streichholzschachteln ganze 1,50 Mark. Ihre Mutter nähe von morgens bis abends Filzpantoffeln, August schneide Fäden zurecht und sortiere nach Größen in Kartons, klebe Etiketten darauf, der Vater ... Die Behm redet sich richtig in Rage. Und ehe beide das Ziel ihres Fußmarsches, das Gewerkschaftshaus am Engelufer, erreicht haben, ist Elly noch detaillierter über die erschreckenden Lebens- und Arbeitsbedingungen vieler Frauen – nicht nur in Berlin – unterrichtet, hat sie erfahren, was die geplante Heimarbeitsausstellung bezweckt.

Im ersten Jahrzehnt des zwanzigsten Jahrhunderts leben große Bevölkerungsteile in menschenunwürdigen Verhältnissen. Unterschiedlichste Organisationen, Institutionen und Parteien sind zwar bemüht, das Elend aufzudecken und zu bekämpfen, doch fehlt es oft an den nötigen gesetzlichen Maßnahmen. Durch Besuche und Berichte von meist ehrenamtlichen Fürsorgerinnen wird die weitverbreitete Not allmählich publik. Während die organisierten Arbeiter beginnen, ihren sozialen Status in der rasch wachsenden Industriegesellschaft zu verbessern, fügen sich vor allem die angepaßteren Frauen ergeben in vermeintlich unabwendbar schlechte Arbeitsbedingungen. Junge Fabrikarbeiterinnen, vielfach vom Lande, ohne Freunde und Familie in der Großstadt, leben schlecht ernährt als Untermieterinnen in ohnehin zu kleinen Wohnungen, teilen sich mitunter zu zweit ein Bett. Lange Arbeitszeiten und niedrige Löhne, kaum Gelegenheit zu normaler Entspannung und Erholung führen zum Raubbau an Körper und Seele. Noch härter trifft es die Mütter. Ob alleinstehend oder verheiratet, fast jede Frau der unteren Bevölkerungsschichten muß entweder ganz oder teilweise den Lebensunterhalt bestreiten. Um die Kinder nicht unbeaufsichtigt der Verwahrlosung preiszugeben, arbeiten sie daheim. Von morgens bis in die späte Nacht sitzen sie an Nähmaschinen, sticheln mit der Hand, kleben, verpacken oder bemalen, müssen das Pensum irgendwie schaffen. Dabei gelingt es ihnen und den mithelfenden Kindern kaum, auch nur das Existenzminimum zu verdienen. Und als schamhaft versteckter Nebenerwerb findet Heimarbeit auch Eingang in das Kleinbürgertum, wo offene Armut nur durch uneingestandene Dürftigkeit ersetzt ist. Oft weniger als eine Mark täglich, circa 25 Mark im Monat, verdienen Heimarbeiterinnen mit dem produzierten Spielzeug und Schmuck, den Kurzwaren, Kartonagen oder Hemdenmanschetten, der Militäruniform, den Süßigkeiten, dem Kleiderbügel oder den grün bemalten, trockenen Palmblättern. Die ganz besondere Ungerechtigkeit besteht darin, daß eine Fabrikarbeiterin etwa 50 Mark nach Hause tragen kann und Männer für gleiche Arbeit mehr als das Doppelte bekommen. Aber selbst das ist nicht ausreichend, müßten sonst so viele Frauen Heimarbeit übernehmen? Allein winzige Stube und Küche kosten 20 Mark Miete im Monat. Schlafburschen werden aufgenommen, große Kinder liegen zu zweit und zu dritt in einem Bett, Kleinkinder zwischen Eltern oder Großeltern. Mehr als zehn Personen in zwei kleinen Zimmern sind keine Ausnahme. Dazu die täglich neue Frage: wie bekomme ich die große Familie satt? Ein Brot kostet 50 Pfennige, ein Ei drei Pfennige, ein Pfund Fleisch 80 Pfennige. – Doch solange skrupellose Auftraggeber von diesem schier unerschöpflichen Armenreservoir profitieren können, wird sich an der Lohnsituation für Heimarbeiterinnen wenig ändern.

Die Berliner Ausstellung, das sieht Elly ein, soll auf ungezählte Heimarbeitsprodukte hinweisen, vor allem jedoch unmenschliche Arbeitsbedingungen und Hungerlöhne öffentlich anprangern. Solange die Ausbeutung nicht öffentlich Anstoß erregt, solange Zeitungsredakteure keine Notiz davon nehmen, solange ist Heimarbeit auch kein politisches Thema. – Aber das, und davon geht Margarete Behm aus, wird und muß sich jetzt ändern. Mit fragendem Gesichtsausdruck sieht sie auf, jede helfende Hand, ist dort abzulesen, und jeder kluge Kopf werden da gebraucht. Eine ausdrücklichere Bitte hat sich schon erübrigt. Elly ist überzeugt und ab sofort dabei!

Friedrich Naumann und Alice Salomon eröffnen im Januar 1906 die Ausstellung. Ein nicht abreißender Strom von Besuchern beginnt. Unvorstellbar, Elly kann es nicht fassen! Sie selbst hat gestern Friedrich Naumann hier durch die Ausstellung geführt. »Gelt, das klingt nach Größenwahn?« Zwei Stunden war sie mit ihm herumgegangen. So oft hatte sie mit den Gewerkschaftlern geredet, so oft die einzelnen Säle besucht und beaufsichtigt, daß sie sich wirklich gut auskennt. Gerade zieht sie wieder mit einem ganzen Rattenschwanz neugierig Fragender durch die vielen Räume, zeigt hier für drei Pfennig Stundenlohn bezogene Knöpfe und dort Schachteln, die hauptsächlich von kleinen Kinderhänden gefaltet und geklebt wurden. »Kinderarbeit ... wie furchtbar!«, die Besucher sind empört. Trotzdem, langsam erlahmt deren Aufmerksamkeit. Für Elly kein Problem. Am nächsten Stand bietet sich Gelegenheit, eine aufmunternde Anekdote einzuflechten: »Sehen Sie die niedlichen Marzipanschweinchen? Könnten Sie sich vorstellen, daß nicht nur deren Herstellung, sondern auch der Genuß gesundheitsschädlich sein könnte? Nein? Also, das ist so: In Süddeutschland habe ich einmal eine Bonbonfabrik besucht und miterlebt, wie Kinder auf der Straße hinter einer Arbeiterin herliefen, die daheim Süßigkeiten in Papier einwickelt. Sie wollten von ihr eines der Gutsle haben. ›Nein, die sind abgezählt‹ wurden die Kinder zunächst abgewiesen. Als die aber gar nicht nachließen mit ihrem flehenden Bitten und Betteln, hatte die Frau ein Herz. ›Nun gut, ein bißle schlotzen dürft ihr schon!‹« In das laute Gelächter der Zuhörer hinein, wird Elly angesprochen. »Guten Tag Fräulein Knapp.« Sie dreht sich erstaunt um. Vor ihr steht ein alter Straßburger Bekannter, ehemaliger Schüler des Vaters. Privatsekretär sei er inzwischen, von Baron Heyl, dem Lederindustriellen und Reichstagsmitglied. Sie müsse ihm helfen. Worum es geht? – Das hat Elly Knapp dann so wiedergegeben:

»Heyl gehört zu den ärgsten Feinden der Gewerkschaften, deshalb fragte er keinen der Leute um Auskunft (über Heimarbeit), die wirklich die Sache verstehen, sondern wollte mich sprechen, weil er mich für harmlos hielt. Wenn der wüßte, daß ich mich gleich bei Naumann erkundigt habe, was ich am stärksten hervorheben soll. ... Heute morgen habe ich dann auf der Börse die Reichstagsverhandlungen von 1899 gelesen, in denen Heyl schon einmal einen Antrag gemacht hat. Um drei Uhr ging ich in den Reichstag. ... Als er mich sah, war er liebenswürdig erschrocken und wollte das Gespräch gar nicht anfangen. Er habe nicht geahnt, daß ich noch so jung sei. Ich sagte ihm, daß ich gewiß nicht auf vielen Gebieten genau Bescheid wisse, aber diese Materie sei mir wirklich klar. ... Dann fing er an zu reden von seinem alten Antrag. Als er merkte, daß ich den gut kannte, imponierte ihm das sehr. ... Sobald ich zu Wort kam, sagte ich ihm ... Es geht nicht, wenn man nicht an der Wurzel anfängt, an der Lohnhöhe. Aber sobald man das Wort ›Minimallohn‹ gebraucht, zuckt er zusammen. ›Dann‹ sagt er, ›sind wir mitten im Zukunftsstaat; wenn diese Arbeiterinnen organisiert sind, dann werden die Weiber zu Hyänen‹. Ich versuchte, ihm die Christlichen Gewerkschaften als die harmlosen hinzustellen. Aber es half nichts. Bei dem Wort ›Organisation‹ fängt die Nervosität an. Erfolg hatte ich mit anderen Punkten ... Ferner hat ihm meine Schilderung der Lahrer Kartonagenfabrikation, die zum größten Teil Kinderarbeit ist, Eindruck gemacht. Das Wort ›Kinderarbeit‹ verfehlt seine Wirkung überhaupt nie. …« – Am nächsten Tag spricht Heyl im Reichstag über Heimarbeit und schickt Elly das Stenogramm mit dem Vermerk »Ihre Rede«. In der Zeitung kann man lesen: »Auch Heyl zu Herrnsheim hat lichte Momente.«

Nicht nur das läßt Hoffnung aufkeimen, die ganze Ausstellung wird ein Riesenerfolg. Die Wellen der gesellschaftlichen Empörung schlagen hoch. Wie erwartet greift die gesamte Presse das Thema auf. Politiker werden unter diesem Druck aktiv: 1911 erläßt der Reichstag das Heimarbeiterinnengesetz mit zahlreichen Schutzvorschriften. Die Arbeitsplätze sind ab da der Gewerbeaufsicht unterstellt.

Mitte Februar hält Elly bei Alice Salomon vor dreißig Frauen ein einstündiges Referat über Kartelle und Trusts. Gleich wird sie zu einem neuen Vortrag aufgefordert und gebeten, in Freiburg über Heimarbeit zu sprechen. Natürlich sagt sie freudig zu. Als Elly Knapp im April nach Straßburg zurückkehrt und ihren Unterricht an der Fortbildungsschule wieder aufnimmt, zeichnet sich also eine weitere – für eine 25 Jahre junge Frau fast sensationelle – Karriere ab. Bald reicht der Wirkungskreis weit über das Elsaß hinaus, sie ist »zur Wanderrednerin avanciert«.

Nicht nur beruflich geht es steil bergauf. Auch Herzensdinge kommen in Bewegung. Vor lauter engagierter Betriebsamkeit war es der sonst so einfühlsamen Elly anscheinend völlig entgangen, daß in Berlin ein junger Mann zurückblieb, der für sich schon lange beschlossen hatte, dem Fräulein Knapp in Straßburg – bei allem nötigen Respekt – behutsam, aber nachhaltig den Hof zu machen.

KAPITEL 3

Straßburg 1906–1908

»Sie haben, Teure, eine große Macht über Menschen«

Wie ist es nur möglich? Als wäre sie nie fortgewesen, so vertraut wirken die engen Straßburger Gassen und gepflegten Alleen im Licht der strahlend sonnigen, allerletzten Märztage. Die äußere Eingewöhnung war wirklich nicht schwergefallen. Über Nacht sind die winterlich kahlen Zweige der Obstbäume übersät mit Tupfen pastellfarbener Blüten, die sich vor einem tiefblauen Himmel entfalten. Sind wirklich erst drei Wochen vergangen, seit die übermütigen Freunde beim sonntäglichen Ausflug an den Wannsee mit wässerigen Schneebällen nach ihr geworfen … und getroffen hatten? Welch reizende Geste, als Heuss ihr – sich quasi entschuldigend – Forsythienzweige pflückte, die unter Schneehäubchen erste gelbe Vorfrühlingsfarbe bekannten. Und hier? »Hier ist's wonnig, Birnen, Aprikosen, alles dick in Blüte und schon fast zu heiß. Ich gehöre hierher und nicht nach Berlin! … Jeder Gang durch die Straßen ist ein Genuß.« Sicher, das Elsaß ist ihr Zuhause; doch, ganz ohne wissentliches Zutun, wandern die Gedanken zurück. Das vergangene Jahr war »unglaublich reich«. Das stimmt. Nicht nur, doch besonders aus diesem Erfahrungs- und Erlebnisreichtum, dem durch Theorie und Praxis frisch ergänzten Wissensschatz, schöpft die junge Elly Knapp ihr schon bisher erstaunliches, in Folge mitunter uneingeschränktes Selbstvertrauen. Verbietet sich von daher für die Fünfundzwanzigjährige nicht um so mehr ein glatter, nahtloser Übergang zur beruflichen und privaten Tagesordnung?

Marianne, die Schwester, setzt nach ihrer Rückkehr aus München deutliche Akzente. Verständlich, denn sie ist ununterbrochen mit Hochzeitsvorbereitungen und Aussteuer beschäftigt. Trotz gewisser Bedenken hatte der Vater den zukünftigen Schwiegersohn endlich akzeptiert. Und so wird Marianne dem jüdischen Privatdozenten der chemischen Physiologie, Ernst Lesser, nach Halle folgen. Für Elly ein Grund mehr, die eigene Lebensplanung zu überdenken: Marianne bald verheiratet … und sie selbst? Das Wiedersehen mit Walter Leoni war irritierend gewesen. Seine freundliche Unverbindlichkeit, die spürbare innere Distanz – insgeheim weiß sie um die Aussichtslosigkeit. Was aber wird kommen? Erfüllung im Beruf und sozialen Engagement oder als Ehefrau – Hausfrau – Mutter? Wie sollte es nach ihren Vorstellungen denn sein? So oder so? Nein, so *und* so! Denn insgeheim wünscht sich Elly beides: Individualität und Unabhängigkeit ebenso wie einen festen Platz in der bürgerlichen Gesellschaft, mit ganz privatem Ehe- und Familienglück. Verlangt sie da zuviel, gar Unmögliches? Wirklich *unmöglich* wäre es für eine junge Frau aus gutem Hause um die Jahrhundertwende natürlich nicht, sich für Heirat, Kinder *und* Beruf zu entscheiden. Aber ganz bestimmt *ungewöhnlich* und in der Regel nicht ohne erhebliche Anfeindungen und Widerstände zu realisieren. Da bleiben qualifizierte Frauen, solche, die über den häuslichen Tellerrand schauen wollen, besser von vornherein ledig und nehmen eine andere Diskriminierung billigend in Kauf. Späte Mädchen, alte Jungfern, Blaustrümpfe – das weiß auch die kluge Elly Knapp – sind vielen suspekt, auf sie zielen unverblümter Spott und bitterböse Karikatur.

In 14 Tagen ist Ostern; den Besuch in Basel will Elly nutzen, um mit sich ins reine zu kommen, um ihre Zukunftsplanung voranzubringen. Sicher ergibt sich dort eine günstige Gelegenheit, Tante Lella zu einem ausführlichen Gespräch von der

Großfamilie zu separieren. Die gemeinsamen Spaziergänge im Obstgarten, am Rebhang, vertraulich Arm in Arm, haben lange Tradition und meist den gewünschten Effekt. Wenn Elly ganz ehrlich ist, dann erwartet sie vom Mamli solche Ratschläge, die dem eigenen Wunschdenken am nächsten kämen: nichts zu überstürzen, die Freiheit noch ein wenig zu genießen, die sich bietenden Zukunftschancen mit beiden Händen zu ergreifen, die begonnenen Studien für sich fortzusetzen, weiter in der Fortbildungsschule zu unterrichten, die Sozialarbeit zu intensivieren, sich in der Welt umzusehen und ihre Vortragsveranstaltungen auszuweiten, sich mutig weiter vorzuwagen und ... ansonsten in Ruhe abzuwarten. So lange zu warten, bis sie den Menschen findet, dem sie liebend fest vertrauen kann, der ihr, aufgeschlossen im Geist der neuen Zeit, keinen der vielen möglichen Lebenswege verstellt.

Zur gleichen späten Stunde, als Elly Knapp in Straßburg ihren Zukunftsvisionen nachhängt, befindet sich 600 Kilometer nordöstlich – in Berlin-Friedenau – Theodor Heuss auf dem Heimweg. Er hatte sich spät, dennoch als erster verabschiedet. Obwohl sich die Freunde mit witzig formulierten Geistesblitzen jeweils zu übertrumpfen suchten, fand er heute abend wenig Gefallen an feinsinnigen Diskussionsbeiträgen, gewürzt mit einer beträchtlichen Portion Selbstironie. Viel zu sehr beschäftigt ihn das Entwirren seines Gedankenknäuels. Die Seelenbalance, das innere Gleichgewicht – gewöhnlich legt er darauf größten Wert – sind erheblich gestört, und zwar seit dem Tag, an dem Elly Knapp Berlin verließ. Warum hatte er auch so lange gewartet, weshalb seine Gefühle nicht deutlicher gezeigt? »Mitunter«, sinniert Theodor, »ist es durchaus kein Vergnügen, 22 Jahre alt zu sein und außer einer kleinen Cousine noch kein Mädel geküßt zu haben. Man kommt sich dabei dann bisweilen noch so arg dumm und dackelhaft vor.« Was in der persönlichen Begegnung so schwer fiel, wird und muß schriftlich gelingen: mit ehrlichen Worten überzeugen, ohne stilistische Schnörkel, endlich aufhören, mit Andeutungen und halb eingestandenen Gefühlen kunstvoll zu jonglieren. Er muß sich ganz einfach deutlich erklären. Und: allzuviel Respekt vor Elly, der Stellung ihres Vaters oder gar persönliche Bescheidenheit muß er sich wirklich nicht abverlangen. Hatte er nicht schon Artikel für die *Neckar-Zeitung* geschrieben? War er nicht der jüngste Doktor seiner Fakultät; hat er nicht eine, wenn auch bescheiden dotierte, Festanstellung bei der *Hilfe*? Bestärkt Naumann ihn nicht in den politischen und literarischen Ambitionen? – Nur die drei Jahre, die er jünger ist als Elly, die kann er beim besten Willen nicht aufholen. Was, wenn sie dieses Manko ernsthaft bemängelt? »Nun gut«, wird er ihr zu bedenken geben, »ich leide noch an der Jugend, aber das ist eine Krankheit, die jeden Tag ihrer Genesung entgegengeht ...« Ja, sie werden die Bedenken ganz einfach gemeinsam weglachen!

Manches weiß Elly Knapp vom Leben und Denken dieses Schwaben. Vieles wird sie erst nach und nach erfahren. Das in politisch-sozialer Absicht absolvierte staatswissenschaftliche Studium in München – vorzugsweise beim Kathedersozialisten Professor Lujo Brentano – hat Theodor Heuss mit einem glänzenden Examen und einer Doktorarbeit abgeschlossen. Seit einem halben Jahr trägt er mit verhaltenem Stolz diesen Titel, und vor einem dreiviertel Jahr begann der Weg des wohlbestallten Redakteurs. Pensionsberechtigter Staatsbeamter war – sehr zum Leidwesen der Mutter – keine ernsthaft überlegte Alternative. Heuss' liberale und freisinnige Haltung begründete der kluge, überaus streitbare und württembergisch-patriotische Vater Louis, ein alle Konventionen strikt ablehnender Regierungsbaumeister für Straßenwesen in Heilbronn. Seit den Münchener Studientagen ist Theodor Heuss bestrebt, jeden noch so geringen Anflug kleinstädtischer patinierter Bürgerlichkeit abzustreifen: Kunstreisen ins europäische Ausland, sozialliberale Wahlkampagnen und Politik, Emanzipation von wilhelminischen Konventionen, Glaube an Ästhetik, Fortschritt und Moderne, Abschied von Gehrock und Zylinder, Aufbruchstimmung im Berliner Weltstadtflair ... das ist seine Welt, das ist sein Weg.

Ein Blick auf die Taschenuhr: aus dem 31. März 1906 ist schon vor mehr als einer Stunde der 1. April geworden. Prüfend sieht Theodor auf die eng beschriebenen Papierbögen. Soll er den Brief abschicken, ist der rechte Ton getroffen? Ein letztes Mal vor dem Schlafengehen überprüft er die ihm wesentlichsten Passagen:
»Liebe Elly, ... Ihr Weggehen hat doch in das geruhige bürgerliche und seelische Leben der letzten Wochen einen sehr empfindlichen Riß gemacht, daß mir vorderhand nur der Versuch bleibt, ihn mit Papier zuzukleben. ... Aber Sie dürfen nicht glauben, es sei die peinliche Besuchsdankbrief-Phrase, wenn ich Ihnen schreiben muß, wie herzlich froh ich dieser gemeinsamen Wochen geworden bin und welch stille und starke Freude ich über unsere Freundschaft empfinde. Das nächste Glas guten Weines weih' ich ihrer Dauer. ... Denn Sie wissen: ich habe Frauen gegenüber nicht das Talent der raschen Annäherung, aber wo ich Menschen gefunden, die ich liebe, will ich mir treue Zuneigung ertrotzen oder erwecken . ... Ich empfinde es als eine Notwendigkeit, am Anfang der Korrespondenz ... gewissermaßen eine Tonhöhe, eine Klangfarbe auszugeben. Und nun erwarte ich die Resonanz. ... daß wir Heimweh nach Ihnen haben, nach Ihrem Lachen, ... Ihrem fröhlichen und ergänzenden Mit-Tun, Dabei-Sein ...« – Doch, so ist es recht und so bleibt es! Noch der Schluß und die Unterschrift. Formell Theodor oder wie gewohnt ganz freundlich-schwäbisch »Dorle«? Also, ohne langes Überlegen: »... und ich werde mich zu einem schönen Schlafen und seligem und farbigem Frühlingsträumen niederlegen. Darum für

heute: Leben Sie wohl und finden Sie sich bald wieder daheim zurecht. Dann bekommt auch die Erinnerung an diese Tage der gemeinsamen Fröhlichkeit und des Ernstes ein solides Fundament ... Herzlichst Ihr Dorle.«

Elly hält den Brief in Händen, ist gerührt, verwirrt, geschmeichelt auch. Gleich beide *Hilfe*-Redakteure verliebt in sie? Denn gerade hatte sie einen ähnlich lautenden Freundschaftsbeweis gelesen, den von Eugen Katz, und ihm gerade geantwortet, in wohlgesetzten Worten. War beim armen Katz die Reaktion spontan und wenig schonend, scheint ihr für die Retoure an Heuss eine vorsichtigere Formulierung angemessen: »Passen Sie auf, wir werden noch manches Schöne zusammen erleben«, so oder ähnlich müßte es klingen. Vielleicht abgeschwächt durch die Überlegung: »Nun wird diese eifrige Schreiberei wohl etwas gemächlicher werden.« Als Gruß einfach »Elly Knapp«? Klingt doch distanzierter als der alleinige Vorname. Denn um gewisse Distanz ist sie fürs erste krampfhaft bemüht. Oder »Elly Knapp« mit »herzlichst Ihre«? Das ist es, das trifft den richtigen Ton. Und hier gefüllt mit ein wenig Kritik an seinem letzten Hilfeartikel, da ein bißchen spöttische Ironie, dort liebenswürdige Alltagsplaudereien – so wird es vom Berliner Adressaten hoffentlich richtig verstanden, werden die Zeilen dessen angestiegenen Gefühlspegel zum Absinken bringen.

Von der Redaktion pünktlichst heimstreben und nach der zweimal täglich ausgetragenen Post schauen, war seit drei Tagen die leichtere Übung. Das immer bangere Warten schon weniger. Exakt hatte Theodor Heuss nachgerechnet: am 1. April morgens abgeschickt, am 2. April in Straßburg angekommen, am 2. gleich geantwortet und heute, am 3., frühestmöglich in Berlin. Tatsächlich, die postwendende Antwort liegt auf dem Tisch. Kurze Zeit später überfliegt er den einzigen Briefbogen. Welche Saiten will Elly damit zum Klingen bringen, ist das ihre Resonanz, ist das ihre Vorgabe für Tonhöhe und Klangfarbe der Korrespondenz? Unverbindliche Salonmusik! … mehr fällt ihm dazu nicht ein. Schwankend zwischen Resignation und trotziger Herausforderung wird sein Blick immer wieder von einem einzigen Satz gefesselt: »Passen Sie auf«, er zwingt sich, nur diesen einen Satz zu lesen, »wir werden noch manches Schöne zusammen erleben.« Schwaben sind ebenso großmütig wie starrsinnig. Aber eine ganze Woche, mindestens, läßt er sie zur Strafe zappeln.

Im Knappschen Haus gibt es zur Zeit nur zwei Themen – Mariannes Aussteuer und die Immobilienerbschaft in Tiflis. Elly interessiert beides nicht. Seit acht Tagen wartet sie auf ein Lebenszeichen aus Berlin! Schreibt sie ihm ein zweites Mal, ist das überhaupt schicklich? Oder soll sie noch warten. Am Dienstag bereits steht die Historikertagung in Stuttgart auf dem Programm, und von da geht es direkt nach Basel. Eigentlich hatte er recht lieb geschrieben, leicht wird ihm das Geständnis nicht gefallen sein. Ellys schlechtes Gewissen wird zur Plage und die Warterei unerträglich. Etwas weniger lapidar und um Grade herzlicher hätte die Antwort – auch eingedenk der vielen gemeinsamen Berliner Erlebnisse – ausfallen können. Die Entscheidung ist gefallen. Kommt wider Erwarten doch Post vom Dorle, kann sie das Mädchen nachschicken. Und die vorsichtshalber mitgeteilte Urlaubsadresse ist ein unverfänglicher Aufhänger für ihren in gewisser Weise Abbitte leistenden Brief.

Die Sätze hatte sie längst im Kopf hin und her gewendet, wie von selbst gleitet der Federhalter übers Papier: »… ich bin so betrübt, daß ich noch keine Antwort von Ihnen habe … Wenn Sie lieb sind, schreiben Sie eine Karte nach Basel, Kanonengasse 21, Frau Dr. Geiger … Mir scheint eine Ewigkeit, daß ich nicht mehr von Euch weiß … und mich nicht vergessen …«

Endlich, der nachgesandte Brief und eine nach Basel adressierte Osterkarte – die Überraschung ist geglückt. Tante Lellas Söhne, die Cousins, hatten mit unpassenden Bemerkungen nicht gespart. Ein wenig verlegen, aber insgeheim erleichtert hatte sie sich rasch auf die Bank im hintersten Garteneck geflüchtet. Fünf engbeschriebene Seiten liegen vor ihr.
»Die erwünschte und notwendige Abgewöhnung«, liest Elly gespannt, »geht nicht sehr rasch; aber ich bin jetzt daran, in dem großen Haus meiner Erinnerung ein schönes, heiteres und sonniges Zimmer anzubauen, in dem wir uns von Zeit zu Zeit die Hand geben und Grüß Gott sagen können …« Eine eigens für ihn angefertigte Photographie wünscht sich Theodor Heuss, über gemeinsame Lektüre könnten sie sich regelmäßig austauschen, das »Tempo der Korrespondenz« solle von nun an sie bestimmen. Tief bewegt liest Elly zum wiederholten Male: »Sie haben, Teure, eine große Macht über Menschen.«

Bald ziert Elly Knapps Schreibtisch ein von Theodor Heuss als Geschenk übersandtes Kästchen. Briefbogen werden darin verwahrt. Ein goldenes Schnürle hält Dorles Verse hübsch beisammen, vom Blumenstock – Goldlack – farblich vorteilhaft ergänzt. Elly ist beeindruckt, wie überzeugend der eifrig dichtende Poet in diesem Genre dilettiert. Immer rascher schwindet der Papiervorrat im Kästchen, stetig steigt das Tempo der Korrespondenz. Bald steht deren noch schnellerer Abfolge lediglich die kaum mehr zu senkende Beförderungsdauer im Postverkehr zwischen Berlin und Straßburg entgegen. Und, nicht zu vergessen, ein hübsches Photoporträt des jungen Herrn Doktor aus Berlin komplettiert das Schreibtischarrangement – von Vater Knapp zwar wohlwollend bemerkt, aber bisher mit keinem Wort kommentiert.

»Sie müssen nach Straßburg kommen … ich werde es in jedem Brief wiederholen«, hatte Elly zuletzt verlangt.

»Sie dürfen sicher sein … wenn es geht zwei oder drei Tage« lautete das prompte Versprechen. »Nichts war mir selbstverständlicher«, erinnert sich Theodor Heuss, »als daß ich im Juni von einem längeren Aufenthalt in Paris über Straßburg zurückfuhr; ich kannte die Stadt, aber jetzt sollte ich sie lieben lernen, indem ich liebenden Augen folgte.«

»Ich bin mir überhaupt über die ganze Sache und mich selbst nicht klar«

Den gemeinsamen Straßburger Tagen folgten im August und September 1906 noch weitere Treffen in Berlin, zur Kunstgewerbeausstellung in Dresden und in Mannheim. Vielleicht waren die daran geknüpften Hoffnungen, die Erwartung, sich noch besser kennenzulernen, die Beziehung festigen und ihre bisher mehr schriftlich formulierten Gefühle in der persönlichen Begegnung ebenfalls freimütig äußern zu können, von beiden Seiten zu hoch gesteckt. So scheint Theodor Heuss der Blick für bestens geeignete Momente mutigen Bekennens erneut verstellt. Kaum wagte er, Ellys Hände zaghaft längere Zeit in den seinen zu halten. Die schüchternen Annäherungsversuche halten einem Vergleich mit seinen ebenso geistreichen wie romantischen Briefen in keiner Weise stand. Ein sich von Mal zu Mal selbstverstärkendes Empfinden von Unsicherheit, die als Hemmnis empfundene »Überlegenheit« von Elly Knapp, konnten durch »jünglingshafte Erhabenheitsblicke« kaum überspielt werden. Kein Wunder, daß der so unerfahren und offensichtlich nur unzulänglich umworbenen Dame gewisse Bedenken kommen: »Sie haben doch die Gabe, besser schreiben als sprechen zu können. Ich nicht.« Mehr und mehr gewinnt der Eindruck Oberhand, sie habe ihn wohl sehr, sehr gern – könne »dem Bub« … aber eher »eine gute Schwester bleiben«. »An was denkst du, Bub?« hatte Elly gefragt, als sie – Hand in Hand am Eisenbahnfenster stehend – beklemmend still in die vorbeifliegende nächtliche Landschaft geblickt hatten. Und seine Antwort? »An nichts, an Gleichgültiges!« Zur Feder hatte er sich wieder flüchten müssen, über »Sonnenschein zum Weiterwachsen« philosophiert, über »versteckte Gärten unserer Seelen«, über »Zuneigung, die in Stille und Stete erwachsen ist«. Zu versteckt und zu still, denkt Elly enttäuscht, hätte er sie damals zärtlich in die Arme genommen, ihr Haar gestreichelt … dann hätte sich nicht von Stunde zu Stunde, von Wiedersehen zu Wiedersehen mehr, das wundersam verklärte Bild eines Walter Leoni erneut belebt.

Liebe macht blind – denn hellsichtig kann Theodor Heuss wirklich nicht gewesen sein. Sonst hätten ihn die immer länger werdenden Berichte über diverse aushäusige Aktivitäten oder die wachsenden, neutral erzählenden Passagen in Ellys Briefen rechtzeitig gewarnt. »Auf Dresden habe ich hier gar keine Lust«, drohte sie von einer Urlaubsreise. Als »Scherz« bezeichnete sie seine durchaus positiv gedachte Feststellung, die »Sache« mit ihnen beiden finge an, »bedenklich« zu werden. Ihre geringsten Anflüge freundschaftlicher Zuneigung in hoffnungsvoll rosiges Licht tauchend, traf Theodor Heuss die bisher verdrängte Realität wie ein Keulenschlag. Schwarz auf weiß resümiert schließlich das geliebte Straßburger Mädchen sein verzwicktes Verhältnis zu Walter Leoni: »Ob es ›Liebe‹ ist, weiß ich nicht, ich glaube es kaum. Aber innerlich abhängig bin ich noch, so oft ich mich auch frei zu machen versucht habe. Ich bin nie in den neun Jahren überzeugt gewesen, daß dies für mich das volle Glück bedeute. Nie habe ich ein so tiefes, treues, fröhliches Sich-Beisammenfühlen erlebt mit ihm, wie wir es neulich zusammen hatten. Und trotzdem, ich weiß: wenn er mir heut' sagen würde, er braucht mich, würde ich bedingungslos mitgehen. – Ich glaube aber nicht mehr, daß er mich braucht.«

Theodor ist desillusioniert, deprimiert, ja verletzt und … dennoch entschlossen, um ihre Liebe zu kämpfen. Denn mitunter, das weiß er inzwischen, schießt Ellys Spontaneität über das eigentliche Ziel hinaus. Besonders in Zeiten unbewältigter Ängste, seelischer Belastungen und großer Unsicherheiten reagiert Elly impulsiv. Atmosphärischen Störungen folgen dann unweigerlich ihn elektrisierende Entladungen. Im Normalfall äußert sich dieser Charakterzug »nur« in energiegeladener Tatkraft, unter Belastung in mitunter verletzenden Unmutsgewittern. Immer dann, wenn vielschichtige Probleme schnelle Entscheidungen unmöglich machen, kontert Elly mit schulmeisterlicher Kritik, ungehaltenen Formulierungen, ungnädigen Vorhaltungen oder vorschnellem Urteil. Schwebende Konflikte bereiten ihr fast körperliches Unbehagen, führen sogar zu diffusen Krankheitssymptomen. »Ich weiß nicht, ob ich Bauchweh habe oder ein schlechtes Gewissen«, hatte die kleine Elly nach der Missetat geschluchzt – ähnlich reumütig steht auch die erwachsene Elly nach kurzer Besinnung vor angerichteten Scherbenhaufen.
Denkt Theodor Heuss nicht daran, daß die von Elly favorisierten Konfliktlösungsstrategien eher auf Unsicherheit als auf die von ihm gemutmaßte Überlegenheit zurückzuführen sind? Sein Verzeihenkönnen, seine distanzierte Toleranz, das ruhige Beharrungsvermögen, die durch nichts zu erschütternde, liebevolle Werbung weisen ihn als eine in diesen Fragen weitaus reifere Persönlichkeit aus. Aber das wiederum scheint Elly Knapp noch nicht zu erkennen.

Eben hat Walter Leoni das Haus wieder verlassen. Sein Bericht über die Bürgermeisterwahl und das Engagement für *Schwander* hatte die Unterhaltung dominiert. – »Daß er immer einen Druck auf mich ausübt. Ich kann absolut nicht definieren, worin das liegt. Ich bin mir überhaupt über die ganze Sache und mich selbst nicht klar.« – Mit großem Unbehagen sitzt

Elly Knapp vor ihrer selbstgeschaffenen Schreibtischidylle: hübsch gerahmte Photographie vom Dorle, Kästchen und Briefbündel mit Goldkordelzier. Die vom frühen Nebelfrost mit Eiskristallen gefaßten Birkenblätter bewegen sich matt vor der Fensterscheibe hin und her. Ihr helles Farbenspiel hebt sich deutlich vor der dunklen, immergrünen Eibe ab. Merkwürdig, die Bäume erinnern sie plötzlich an Theodors Worte: »Versteckte Gärten unserer Seelen … wir brauchen Sonnenschein zum Weiterwachsen.« Waren die grünen Birkenblätter im Frühling noch Zeichen der Hoffnung auf langanhaltende Sommerfreuden gewesen, welken sie nun dahin, hüllen sich in kalten Reif und gleiten im ersten Sturm zu Boden. Unbeschadet trotzt dagegen die Eibe. Hitze und Trockenheit, Regen, Frost und Herbststürme zeigen keine Wirkung. Ein Symbol für immerwährendes Leben und … für Theodors unermüdliches Werben? Der Blick aus dem Fenster zeigt Elly noch mehr: mit jedem herbstlichen Sterben der Natur verbindet sich unübersehbar die Vorfreude auf neues Grün. Denn wohlverpackt warten Tausende von Knospen, warten geduldig und nie vergebens, warten auf wärmende Frühlingssonne zum Weiterwachsen.

Schon seit langem spürt Elly, daß sie Theodor Heuss gegenüber ungerecht ist. Aus irgendwelchen, undurchsichtigen Gründen hatte sie gar nicht anders gekonnt. Vielleicht ist das Argument Leoni nur ein vorgeschobener Grund. Manches war da zusammengekommen, hatte sie so unsicher gemacht. Ganz langsam kommt Einsicht und Ordnung in die überstrapazierte Gefühlswelt. Theodors wirklich tiefempfundene aufrichtige Liebe ist doch ein großes Geschenk. Sie wollte und will ihn nicht verlieren – ein wenig hinhalten … vielleicht. »Ich habe früher immer gesagt, uns Mädchen ginge es immer so wie den Leuten im Wartesaal beim Zahnarzt. Nur daß wir modernen Frauen dabei nicht mehr die *Fliegenden Blätter* lesen wollen, um die Zeit totzuschlagen, sondern gute Bücher, über denen man

ganz vergißt, daß man eigentlich wartet …« Welche verbalen Attacken hatte sie Heuss in den letzten Wochen zugemutet! Und was war eine der vielen nachsichtigen Reaktionen gewesen? Sie lockert die Goldkordel, bindet das Briefbündel auf und zieht vorsichtig das Blatt vom 18. September hervor:
»Ich weiß ja, daß sich eine große Vernunft hinter all das stellen sollte, und sie steht wohl auch hinter unserer Freundschaft und Liebe. Aber gelt, sie ist keine kalte und strenge Vernunft, sondern sie hat freundliche Augen und lebt in einem geduldigen Warten. Und wenn sie einmal plötzlich unvernünftig würde, brauchen wir bloß zusammenzukommen, und alles ist gut. … Bleibsch mer treu Mädle!!«
Elly greift erst zum Taschentuch und dann zum »Käschtle« mit dem Briefpapier. Aus den vom Theodor immer wieder und unerschrocken errichteten, notdürftigen Behelfsbrücken wird sie, in tätiger Reue, eine dauerhaft tragfähige Verbindung aufbauen. Nicht nur des Freundes wegen ist eine Entscheidung notwendig. Auch sie selbst will und sie muß sich jetzt eindeutig verhalten.
In aller Ruhe und wohlüberlegt läßt sie noch einmal Pro- und Kontraargumente, das Für und Wider einer Ehe im allgemeinen und der mit Theodor Heuss im besonderen Revue passieren: er verehrt sie sehr, ist aufgeschlossen, klug und belesen, kunstbeflissen und geistig unabhängig, bildet durch heitere Gelassenheit einen ruhigen Gegenpol zu ihrem mitunter überschäumenden Temperament, und, nicht zu vergessen, die Übereinstimmung in mannigfaltigen Wertungen und Interessen. Theodor akzeptiert und unterstützt aktiv ihre beruflichen und ehrenamtliche Tätigkeiten, zeigt insbesondere keinerlei erkennbare Ansätze patriarchalischer Dominanz. Doch manches bleibt ernsthaft zu bedenken:
Theodor ist drei Jahre jünger, ein Altersunterschied, der um so deutlicher ausfällt, als die meisten Ehemänner ihren Frauen im Alter voraus sind.

Da ist noch etwas: die von Heuss bevorzugte Art des Sich-Kleidens, und dazu seine betonte Abkehr von überlebten Konventionen. All das bereitet ihr ein gewisses Unbehagen. Ihn so der Verwandtschaft, den Bekannten oder in anderen illustren Kreisen zu präsentieren, übersteigt eigentlich Ellys, in diesen Fragen fast kleinbürgerliche, Schmerzgrenze. Nachbessernde, wie sie es nennt, »Erziehung zur Weltlichkeit« scheint ihr notwendig und angebracht.

Wie – das ist Elly Knapps weiteres grundsätzliches Problem – löst sie in einer Ehe den klassischen Konflikt zwischen Berufstätigkeit und Kinderwunsch? Wäre sie in der Lage, das eine dem andern zu opfern? Die ersten, immer wieder aufflackernden Rückzugsgefechte im Verhältnis zu Theodor fielen ja nicht zufällig mit den ersten positiven Erfahrungen als Vortragsrednerin zusammen. Nach den unbestreitbaren Erfolgen vor großem Publikum waren ihr erneute Bitten um öffentliche Reden eine starke Selbstbestätigung. Selbst ihr Freiburger Hochschullehrer, Professor Gerhard von Schulze-Gävernitz, war einmal erschienen. Dessen überschwengliche Gratulation wurde durch eine Einladung auf sein Landgut im Riesengebirge noch unterstrichen. Sie solle unbedingt wissenschaftlich arbeiten, lautete die schmeichelhafte Empfehlung, und dem Kollegen Knapp wurde auf einer Postkarte mitgeteilt, daß die Tochter das Thema »scharf, klar, anschaulich« bearbeitet habe. Über Monate hinaus ist die gefragte »Wanderrednerin« inzwischen ausgebucht. Vortragsmanuskripte entstehen aus »innerer Dynamik«, freies Sprechen fällt ihr leicht, alles, was sie anfängt, wird »wie von selber gut«. Ganz von selbst und ganz zu Recht stellt sich auch ein gewisser Stolz über das »ausgesprochene Talent« ein. Warum sollte sich Elly die gerade erst gewachsenen Schwingen gleich wieder stutzen lassen? Wenn »irgendein großer Sturm« kommt, will sie »weit die Flügel aufspannen und fliegen« können, denn sie fühlt sich in dieser Zeit wie »ein freier Vogel«.

Und was wird mit dem Vater? Wenn Marianne ihrem Mann nach Halle folgt und Elly in absehbarer Zeit dem Theodor nach Berlin, dann bliebe der jetzt Fünfundsechzigjährige allein in Straßburg zurück. Wer steht Professor Knapp zur Seite, wenn ihm im kommenden Jahr, turnusgemäß, das Rektorat der Universität zufällt? Die Organisation der damit verbundenen großen und kleinen Einladungen, die Bewirtung und charmante Plaudereien mit Gästen aus allerhöchsten Kreisen würden ihn nicht nur schrecklich belasten, sondern genaugenommen ohne Unterstützung der jüngeren Tochter auch völlig überfordern.

Am 8. Januar 1907 sitzt Elly, wie fast alle Tage, an ihrem Schreibtisch. Die Naturbühne vorm Fenster zeigt nach den lebhaften herbstlichen Impressionen ein einheitlich ruhiges Winterszenarium. Unter der in großzügigen Lettern schreibenden Hand ist der heutige brückenschlagende Brief nach Berlin gewachsen. Letztlich hatte sich zwischen den in die Waagschalen geworfenen Überlegungen eine vorläufige Balance, wenn nicht sogar ein leichtes Übergewicht zugunsten einer Heirat eingestellt. Nun sucht sie die rechten Worte, ein anschauliches Bild für Theodor:
»Das Leben ist doch wie ein Wunderknäuel. Man hat nichts zu tun, als zu stricken und das Garn dabei langsam abzuwickeln. Die guten und bösen Dinge kommen dann alle zu ihrer Zeit ans Tageslicht, man läßt sie herausfallen, freut oder ärgert sich daran und strickt weiter. Nur dumme Kinder wickeln ab, ohne zu stricken und bohren in dem Knäuel herum, ob sie auf ein Bonbon stoßen. Und erleben dann immer, daß das ganze Garn dadurch heillos verwickelt wird. – Dies ist meine Lebensauffassung für den Augenblick. Ich habe nie eine dauernde.«

Und dann erfährt Elly Knapp, daß Walter Leoni in aller Form um die Hand einer gemeinsamen Freundin angehalten hat. Die ist zwar weit davon entfernt, ihn zu wollen, doch was Elly angeht, so fühlt sie sich dadurch in ihrer Hinwendung zu Theodor Heuss über alle Maßen bestätigt.

»Gelt, ich werde eine Persönlichkeit?«

Nur drei Wochen nach dem Vortrag vor Armen- und Waisenpflegerinnen erreicht Elly Knapp, völlig überraschend, eine Berufung in die mustergültig organisierte Straßburger Armenverwaltung. Eine große Auszeichnung. Als einzige, noch dazu sehr junge Frau sitzt sie nun in der Bezirkskommission, die einmal wöchentlich, jeweils donnerstags zwischen fünf und acht Uhr abends, über die Vergabe von Dauerunterstützungen entscheidet. Vor der ersten Kommissionssitzung mußte die neue Mitarbeiterin mit Handschlag versprechen, das verantwortungsvolle Amt auf Ehre und Gewissen auszuüben. Doch die Bereitschaft, sich ehrlich und gewissenhaft einzusetzen, war für Elly ohnehin keine Frage.

Jetzt, beim zweiten Treffen, wartet sie gespannt auf neue »Fälle«. Der Vorsitzende bittet den hauptberuflichen Erkundigungsbeamten, die hilfebedürftigsten Notlagen vorzutragen. Eigenartig, stellt Elly bei sich fest, stets sind die gleichen Personenkreise von unverschuldetem Elend betroffen: Witwen und Waisen, die Familien invalider Arbeiter, Dienstboten und kleine Handwerker, die letzteren noch immer ohne Sozialversicherungsschutz. Je größer die Kinderschar, desto weniger reichen die an sich segensreichen Zahlungen der erst seit einigen Jahren existierenden staatlichen Versicherungen. Das Schicksal eines Arbeiters mit Frau und sechs unmündigen Kindern wird heute besonders ausführlich behandelt. Gründliche Inspektionen beim ehemaligen Arbeitgeber, dem Hauswirt, den Nachbarn und der Familie selbst – so der Beamte – hätten ergeben, daß es brave, rechtschaffene Leute seien. Durch eine rheumatische Erkrankung wären die Hände des Schlossers verkrüppelt, jede gewerbliche Arbeit sei schlechthin unmöglich. Frau und Kinder verdienten mit Heimarbeit etwas dazu. Eine Besserung der Lage sei nicht in Sicht. Zu allem Unglück habe der Hauswirt wegen hoher Mietrückstände die Wohnung gekündigt. Nicht nur das Stichwort Heimarbeit macht Elly Knapp hellwach. Und als die Kommissionsmitglieder schon für eine Dauerunterstützung durch die Gemeinde plädieren, hält der weibliche Neuling in ihren Reihen unerwartet energisch dagegen. Elly kann nicht einsehen, daß es für den Familienvater keine Arbeit gibt, bei der gesunde Hände weniger wichtig sind: als Nachtwächter vielleicht oder besser noch als Pförtner in einem Industriebetrieb? Da gäbe es zudem Werkswohnungen, und damit wäre ein weiteres Problem gelöst. Seine Frau könne das Einkommen mit Reinigungs-, Wasch-, Näh- oder Flickarbeiten aufbessern, und für die noch nicht schulpflichtigen Kinder würde sie selbst einen Hortplatz organisieren. Überrascht heben die Herren die Köpfe, so viel Selbstbewußtsein hatten sie der jungen Dame gar nicht zugetraut. Und noch etwas spräche für ihre Lösung, erklärt Elly, sie mögen doch bedenken, daß Dauerhilfeempfänger einen Teil der bürgerlichen Ehrenrechte verlieren, daß sie vor allem nicht wählen dürfen. Diese Schande könne man dem Mann, der Familie, mit ihrem Vorschlag doch ersparen. Von den erheblichen Einsparungen für die Kommune wolle sie gar nicht erst reden. Die Herren Kommissionsmitglieder staunen nicht schlecht; der Vorsitzende gibt ihr sogar unumwunden recht. Am Ende steht fest: eines der achthundert ehrenamtlich tätigen Mitglieder der Armenpflege wird zusätzlich in der schwierigen Übergangszeit Hilfestellung leisten. Eine zeitlich befristete finanzielle Unterstützung soll Ellys sinnvolles Konzept ergänzen.

»Sie glauben gar nicht«, erfährt Theodor Heuss bald darauf, »wie lehrreich diese Verhandlungen sind. Man sieht einmal

den Aufbau unseres Wirtschaftslebens von unten, wo jeder Riß und Fehler im Fundament deutlich wird. … Durch kein Kolleg werden einem Dinge wie Krankenkassen, Altersrenten, Unfallversicherung und ähnliches so klar wie hier.« Wie sehr die Mitarbeit der jungen Lehrerin geschätzt wird, zeigt sich an einer weiteren, ebenfalls vehement in Angriff genommenen Aufgabe: »Ich bin als einzige Frau in eine (andere) Kommission gewählt worden, die ein soziales Handbuch für Straßburg schaffen soll. Damit die vielen Armenpfleger gleich orientiert sind über Krippen, Milchabgabe, Ferienkolonien etc. bin ich … beauftragt, ein kleines Heftchen … zusammenzustellen mit Angabe der wichtigsten solcher Adressen. Das habe ich mit Feuereifer in 14 Tagen fix und fertig gemacht. … Jetzt schreib' ich's nochmal ab und muß bei einigem noch durch persönliche Nachfragen prüfen, ob auch alles in Ordnung ist.«
Armenverwaltung, Arbeitsnachweis, Heimarbeit sind brisante Themen, die immer wieder in der Presse, auch der Berliner *Hilfe* aufgegriffen und deren circa dreitausend Abonnenten nahegebracht werden. Aber Friedrich Naumann gibt nicht nur dieses Monatsheft, sondern auch ein Jahrbuch, *Patria*, heraus. Begabte Autorinnen mit erfüllbaren Honorarwünschen sind Mangelware, besonders solche, die sich über nette Geschichten und Reisebeschreibungen hinaus mit sozialpolitischen Reflexionen an die Öffentlichkeit wagen. Und wer, wie Elly Knapp, über einschlägige Erfahrungen verfügt und bereits wirkungsvolle Vortragsarbeit leistet, ist zur gelegentlichen Mitarbeit an beiden Publikationen natürlich hochwillkommen.

Als Professor Knapp vom Kolleg heimkehrt, steht seine Tochter schon an der Tür, befreit ihn hastig von Hut und Mantel, zieht ihn wortlos ins Wohnzimmer, wedelt kurz mit einem Brief vor seiner Nase, drückt ihn in den Sessel, spannt den völlig Verdatterten nicht länger auf die Folter und liest vor, was Friedrich Naumann schreibt: »Sehr verehrtes Fräulein Knapp! Heute will ich Ihnen erstens etwas schicken (eine Zeichnung vom gemeinsamen Aufenthalt auf dem Schulze-Gävernitzschen Landgut) und zweitens … von Ihnen erbitten … für die nächste Ausgabe unserer *Patria* einen Aufsatz zu schreiben, der bis zum 1. September (1907) in unseren Händen sein muß. Da ich dieses Mal keine andere Dame aufgefordert habe als nur Sie, so scheint es mir ganz unmöglich, eine Absage von Ihnen zu bekommen. Sie können entweder über irgendeinen Teil der weiblichen Heimarbeit schreiben oder auch, wenn Sie das lieber wollen, über die Arbeitsverhältnisse der Stadt Straßburg. … Ich möchte auf jeden Fall eine Zusage haben, ehe ich auf die Reise gehe.« – Nach einigen kleinen Aufsätzen wird das die erste größere Arbeit für den Druck! Elly strahlt, ist mächtig stolz und glücklich … und, das läßt sich ebenfalls nicht übersehen, der Vater ist es auch.

Theodor Heuss weiß zwar von dieser ehrenvollen Aufforderung, bleibt aber erstaunlich reserviert. Einerseits gönnt er seiner Elly wirklich jeden Erfolg. Sie hat schriftstellerisches Talent, ohne Frage. Die schwierige Rezension der Schleiermacher-Briefe oder der novellistische Aufsatz über ihre holländische Studienreise waren wirklich ausgezeichnet. Hätte diese fallweise Mitarbeit nur nicht so unerfreuliche Nebenwirkungen. Seit Elly »schreibt«, verschont sie andere Autoren nicht mit hochdosierter spitzfindiger Kritik. Dabei träfe das Adjektiv gnadenlos den Sachverhalt fast noch besser. Er, als Redakteur des Kulturteils, offensichtlich Ellys erklärtes Spezialgebiet, ist seither ihre bevorzugte Zielscheibe. Aber wie reagiert man auf die Schulmeisterinnenschelte aus Straßburg? Am besten, so Heuss' Erfahrung, gar nicht! Ein Unterfangen, das dem Fräulein Knapp kaum verborgen und durch mahnende Wiederholungstaten nicht ungestraft bleibt. So oder ähnlich klingen ihre geharnischten Kommentare:

»Ich bin ganz unglücklich über alles, was Sie in der letzten *Hilfe* brachten. Erstens sind die Zusammenfassungen, Empfehlungen für den Büchertisch, miserabel. Und dabei ganz unnötig … so persönlich geschrieben, dann ohne Unterschrift. – Es ist unmöglich Dorle. Und die Anpreisung des *Rosendoktor*. Dies Buch ist im ersten Drittel sehr hübsch … Aber die Liebesgeschichte ist doch absoluter Kitsch, Schmarrn und geschmacklos bis dort 'naus. … Dazu alles entstellt von Druckfehlern.«
»Der (Aufsatz zu) Manet war vorzüglich. Dagegen war der Degas schlecht. Unklar; ohne Absätze. Klang wie Notizzettel. Wann kommt einmal eine *Hilfe* ohne Druckfehler. Ich setze einen Preis dafür aus. – Wie könnt Ihr einen Aufsatz nehmen mit der kamelhaften Überschrift ›Der Mensch als Sachgut‹?? Aber Dorle, (zu einem ihrer eigenen Artikel) warum haben Sie denn meinen Namen ausgeschrieben. Es ist so prätentiös! Ich habe mörderisch geschimpft. … Und dann der schöne Druckfehler ›wohllüstig‹, ein köstliches Wort! … wer hat denn (den Artikel) *Meerfahrt* geschrieben? Die Marianne ist ebengrad wütend drüber, ein grauenhafter Kitsch.«
Was Theodor Heuss allerdings mit einem milden Lächeln registriert, ist der Umstand, daß gleich vor der heftig gescholtenen *Meerfahrt* Ellys eigener Beitrag über die *Zwei Fahrten nach Holland* zu lesen ist. Aber der ist, das findet auch er, wirklich um vieles besser.

Besonders heikel wird die Geschichte, als Elly – nach der Heirat – ernsthaft anbietet, fest in der *Hilfe*-Redaktion mitzuarbeiten. Der frischgebackene Ehemann sorgt dann allerdings dafür, daß es beim Angebot bleibt, das er, ebenso weitsichtig wie friedliebend, zunächst vorsichtig überhört und dann gottlob standhaft ignoriert.
Mag sein, daß Elly Knapp ihre Beanstandungen so freimütig äußert, weil sie eigene Leistungen ebenso kritisch beurteilt. »Ich würde«, bekennt sie einmal, »Ihnen arg gern die Vorträge

vorlesen. Es war eigentlich kühn von mir, mir's zuzutrauen. Ich merke an allen Ecken und Enden, wie dünn gesät meine Kenntnisse sind. In vielen Punkten ist das, was ich sage, absolut alles, was ich darüber weiß! Und man sollte doch immer nur fünfzig Prozent von dem sagen, was man zu sagen hat. Das andere muß nur so durchschimmern. Ja, ja!« Für die ersten Vortragsveranstaltungen mag diese Einschätzung noch gegolten haben. Inzwischen attestiert man ihr anschauliche und interessante Darstellung, Einfühlsamkeit und Wendigkeit sowie Stärke in der menschlichen Begegnung. Bis auf den letzten Platz sind die Säle gefüllt, wenn Elly Knapp als Rednerin angekündigt ist. Dabei spricht sie vor ständig wechselnden Personenkreisen: vor Frauenvereinen, Fürsorgerinnen, der Heilsarmee, Handlungsgehilfen, Heimarbeiterinnen und sozialdemokratischen Arbeitern genauso überzeugend wie vor Offizieren oder Studenten- und Studentinnenvereinen. Hätten die Kommunisten sie gerufen, so wäre sie erklärtermaßen auch dorthin gegangen. Elly fährt innerhalb kurzer Zeit nach Freiburg, Saarburg, Lahr, Karlsruhe, Mannheim, Tübingen, Heilbronn, München oder Baden-Baden. Das mit mehr als 50 000 Streckenkilometern schon gut ausgebaute Eisenbahnnetz erleichtert das Reisen ungemein. 80 bis 100 Stundenkilometer erreichen Lokomotiven im Durchschnitt. So kann sie in Straßburg vormittags noch drei Unterrichtsstunden halten, um zwei Uhr mittags eine Teegesellschaft empfangen, ab fünf Uhr nachmittags »Butterbrot-essend und Konversation-machend« im Eisenbahnabteil sitzen, um ab halb neun Uhr abends in Baden-Baden zu sprechen. Nicht selten schläft Elly auf der Heimfahrt im Nachtzug völlig erschöpft ein. Die Vortragsreisende ist nicht nur fleißig, sie denkt auch praktisch. In der Regel werden Auftritte gut entlohnt. Bekommt sie einmal – wie bei »Theodors Sozialwissenschaftlichem Verein in München« – für einen Vortrag nur Spesenerstattung und kein Honorar, so ergibt sich diese einfache Rechnung:

Kostenerstattung für die angebliche Fahrt 1. oder 2. Klasse
– Fahrpreis für die tatsächlich benutzte 3. Klasse
= sich selbst zubemessenes Honorar
(+ tätige Buße auf harten, drittklassigen Holzsitzen, mäßig schlechten Gewissens).

Elly Knapps Gesundheit ist nicht sehr robust. Die mit den zahlreichen Verpflichtungen verbundenen Strapazen wirken sich aus: »Denn ich arbeite so wütend, morgens Schule und nachmittags Vortrag schreiben, daß ich schon ganz elend werde. Ich möchte die vier ersten (von insgesamt acht aufeinanderfolgenden Vorträgen) haben, ehe ich den ersten halte. Nr. 2 habe ich in zwei Tagen geschrieben, 20 Folioseiten! Daraufhin habe ich eine sonderbare Herzpoppelei bekommen. Mein Herz hängt an einem Fädchen und bammelt und zuckt, und ich muß achtgeben, daß es nicht herunterfällt ... Traurige Zustände, nicht, wenn man sich nicht mal 14 Tage schuften leisten kann!« Die warnenden Vorboten bleiben weitgehend unbeachtet. Kaum zu glauben, daß der gleiche, an Theodor Heuss adressierte Brief vom Oktober 1906 dann so endet: »Eigentlich führe ich augenblicklich ein recht ödes Leben. Finden Sie nicht? Man erlebt gar nichts Lustiges mehr. ... nun sitz ich im Philisterland und soll dem Weibervolk Sachen predigen, die sie im besten Fall mißverstehen, und eine Schreibstunde (latein. kleine Buchstaben) hat man mir aufgehalst, und alle Leute finden mich etwas Extraes, weil ich Vorträge halte ›als junges Mädchen‹! Ach Gott, schick mir mal wieder eine Schnur über den Weg, über die man hauen kann!«

Der liebe Gott hat natürlich ein Einsehen und schickt ihr fünf Monate später eine ungewöhnliche Einladung. Nein, der liebe Gott war es eigentlich nicht. Eher Frau Stinnes-Coupienne, die Mutter des Industriellen Hugo Stinnes. Anfang März 1907 sitzt Elly Knapp im Zug von Mülheim an der Ruhr zurück nach Straßburg, kämpft mit der lähmenden Müdigkeit und rekapituliert in Gedanken, wie es zu diesem Besuch kam.

»Gelt, ich werde eine Persönlichkeit?« Ja, das waren ihre Worte, die an einem späten Novembersonntagabend auf dem Umsteigebahnhof Bietigheim an den Dorle gerichtet wurden. Dabei hatte der Tag in Tübingen gar nicht vielversprechend begonnen. Frau Jakob vom einladenden Frauenverein hatte wahnsinnig wichtig getan, »entsetzlich betont gebildet. Und der ganze Vorstand des Vereins wetteiferte … den hohen Stand an Bildung darzutun. ›Ich finde gerade, daß wir modernen Frauen …‹, so fingen alle Sätze an.« Das Wetter wenigstens war »wonnig gewesen« und Ellys Vortrag zum Thema *Sozialpolitik der Unternehmen und Städte* bisher der beste. – »Ich war von einer unverschämten Sicherheit des Auftretens, auch in der Diskussion.« Das fand auch die anwesende Frau Stinnes, ließ sich danach vorstellen, besuchte die unglaublich junge Referentin wenig später mit Blumenstrauß in Straßburg und erschien bei einem weiteren Vortrag zum Thema *Arbeitsnachweis und Wohnungsfrage*. Die Einladung, im nächsten Frühjahr nach Mülheim zu kommen, folgte auf dem Fuße; Frau Stinnes hielt das schon allein wegen eines, bei allem Wohlwollen, von ihr diagnostizierten »Mangels an Praxis« für unumgänglich. Ellys Gegenleistung für ein Veranstaltungs- und Besuchsprogramm im Ruhrgebiet: Vorträge über *Frauenpflichten* und zur *Heimarbeit*.

Vor drei Tagen war sie abends acht Uhr in Mülheim angekommen – bis zehn Uhr vormittags noch Unterricht, um zwölf endlich Abfahrt nach Mülheim. Und nun geht es schon wieder zurück. Elly ist allein im Abteil, sie zieht die Schuhe aus, legt sich auf die Sitze und wickelt sich in den dicken Wintermantel. Durch den hochgeschlagenen Pelzkragen blinzelt sie noch eine Weile ins schwach erleuchtete Abteil. Wie im Zeitraffer, so kurz und episodisch, wechseln die Erinnerungsbilder:

Erster Tag
Die Fahrt vom Bahnhof: Mit dem Auto. Hochöfen im hellen Schein.
Essen mit der alten Frau Stinnes im Palmenhaus. Fast so groß wie ein Haus, märchenhaft, vollgestellt mit blühenden Azaleen und Schneebällen.
Das Wohnhaus: Altmodisch, ohne einen leisen Anflug von wählerischem Geschmack. Gemütliche, alte, halb kaputte Nähtische. Lauter echte, ihr langweilige Bilder an der Wand.
Die Frau von Hugo Stinnes: Ungraziös, schlecht angezogen und absolut unliebenswürdig.
Hugo Stinnes: Jetzt 36, mit 20 Jahren alle 15 Zechen übernommen, unfähige Mitarbeiter hinausgeworfen. Blasses Gesicht, sehr schwarze Haare, blasierter Ausdruck.
Erster Vortrag in der Buchhandlung Schimmelpfeng: Kleiner Kreis, gar keine Stimmung, vom »Unglückshuhn von Buchhändler« ungeschickt arrangiert.
Das Faschingsfest am Abend: Üppig, pompös, bunt. Mitgebrachtes Faschingskostüm viel zu eng, sie hält die Luft an. Sitzt neben Hugo Stinnes, der spricht kein Wort. Findet sie läppisch, ein kleines Mädchen im Elsässerkostüm, das Vorträge halten soll.
Sie ist wütend und beschämt wie nie im Leben, dem Weinen nah. Wird giftig!! Plustert sich auf, redet unentwegt über Erfahrungsfülle. Hugo Stinnes hat fertiggegessen. Sie hat noch immer Hunger.

Zweiter Tag
Der Ausflug mit der alten Frau Stinnes: Besichtigung Arbeitersiedlung, Stiftung Versorgungshaus und Kinderheim.
Das Mittagessen bei Hugo Stinnes: Sie noch trotzig, redet nichts. Er kommt auf Straßburg und Berlin. Sie erzählt. Er bekommt liebenswürdigen Ausdruck. Ist nett zu seinen fünf Kindern.
Der Vortrag im großen Konzertsaal: Heimarbeit. Hugo Stinnes steht hinten an der Wand. Sie ist elektrisiert, redet in ihn hinein. Er paßt mit wachsendem Erstaunen auf. Sie am Ende völlig fertig, zittert, ist eiskalt vor Erregung. Er kommt nach vorn, redet eine hal-

be Stunde mit ihr. Ist einverstanden, keine blasse Theorie, hat vieles nicht gewußt. Lädt sie zum Nachtessen ein, unterhalten sich angeregt. Über Kindererziehung!

Dritter Tag …

Der Zugschaffner öffnet das Abteil, sieht von der jungen Dame nur das dichte, dunkelblonde Haar und die Nasenspitze, hört sie im Schlaf Unverständliches murmeln, wünscht leise »Gute Nacht« und zieht sich diskret zurück. Bis Straßburg sind's noch ein paar Stunden.

Wenn bei Elly Knapp doch ein schaler Nachgeschmack des mißglückten Faschingsfestes mit Hugo Stinnes zurückblieb, so besteht im folgenden Herbst und Winter überreichlich Gelegenheit zu beweisen, wie sie gesellschaftliche Verpflichtungen mit Bravour und großem Vergnügen meistert. Professor Knapp ist Rektor der Universität geworden. Das ist »eine folgenschwere Sache«. Sie müssen »Spitzenessen« geben, einen großen Ball organisieren, an Festveranstaltungen teilnehmen und »mehr solcher Klimbim«. »Es macht mir aber Spaß« bekennt Elly, »und der Papa behauptet, ich würde sicher reaktionär dabei!!!« Zwischen 250 und 300 Personen sollen vom Rektor insgesamt eingeladen werden. »Vom Staat aus, nur für Plaisir« erhält Professor Knapp eine Aufwandsentschädigung von 3000 Mark, die seine Tochter ganz allein verwaltet.
Unbefangen und lebendig erzählen die Detailschilderungen für Theodor Heuss von den Erlebnissen der »Magnifica«. Einzigartig zeigt sich dabei Elly Knapps unverstellter Blick fürs Ironisch-Anekdotische. Ihr Versuch, steife Etikette durch menschliche Wärme und Miteinander zu ersetzen, klingt immer wieder durch: »11 Uhr morgens hält Papa die große Rektorsrede. Denk an uns. Ich freu mich drauf. Hoffentlich wird mein neuer Hut so hübsch, wie ich jetzt glaube. Das ist näm-

lich die große Gelegenheit für die Damen, das neue ›Sommersach‹ zu zeigen.«
»Heut war ich mit dem Papa zum ersten Mal auf einer offiziellen Gesellschaft. ... Du ahnst ja nicht, wie die ganze Stadt mit den beiden Prinzen beschäftigt ist. Alles redet uns darauf an, wie viel Glück der Papa habe, grad' jetzt Rektor zu sein.[15] Heut früh hat August Wilhelm Besuch gemacht ... er saß unten im offenen Wagen, und ein Lakai mit himmelhohem Federbusch gab die Karte ab. Unser Mädchen platzt vor Stolz. Das Diner nachher war sehr gut – bei der ekligen Frau von F. ... – Schreckliche Protzerei mit Weinen und unzähligen Gängen. Und mühsame Gespräche ...«

»O Du rückständiger Mann, daß Du nicht einmal weißt, daß wir zwei Prinzen haben. Der August Wilhelm sitzt in den Kollegs mit seinem Freund ..., außerdem ist sein Vetter, Waldemar, Sohn des Prinzen Heinrich mit einem Begleiter hier anwesend ... Den einen muß man mit Hofknicks begrüßen, den anderen mit Kopfnicker und Patschhand. Es ist das einzige Gespräch und der einzige Gedanke der guten Straß- und Spieß-Bürger!«
»Ich schreibe etwas ungeschickt, weil ich mir heut beim Kochen die Hand ... verbrannt habe. Dabei muß ich heut abend in weiße Glacées hinein, weil ich bei Dehios mit dem Prinzen zusammen esse.«
»Ja, also gestern war der große Tag (das »Spitzenessen«). Der Saal war entzückend mit der Tafel, die vollständig beladen war mit rosa Rosen. Der Statthalter Wedel ... der alte Soldat, völlig unliterarisch, ganz ohne Verständnis für unsere Gedankenkreise ... ungewandt, ehrlich, fleißig, pflichttreu ohne Ideen ... Das einzig zusammenhängende, was er mir erzählt hat, war eine fürchterliche Schilderung von der Leiche des Kaisers Friedrich. Die herunterhängenden Kinnbacken, die verglasten offenen Augen – nichts hat er mir geschenkt ...«

»Diese Gesellschaft war wirklich wundervoll. Auf dem langen breiten Tisch für 50 Personen lauter Anemonen in allen Farbtönen von blau bis lila. … Und dann eben der Prinz! … bist Du eifersüchtig, wenn ich beichte, daß ich ein klein wenig verliebt in ihn bin? Er ist einfach entzückend. … Dabei ist er so kindlich und unblasiert, daß er plötzlich einen schönen Ring mit Miniaturbild Friedrichs des Großen vom Finger zieht, ihn mir reicht und stolz und schüchtern sagt: ›Den habe ich von der Mutter zum Geburtstag bekommen.‹ Ist das nicht niedlich? … Dann ging er und ich bekam zum Abschied einen richtigen Handkuß. Zum Empfang nur einen fingierten.«

Manchmal – wenn es dem jungen Mann in Berlin ganz schwindlig wird von Ellys Jubilieren aus höheren Sphären – dann holt er seine »Magnifica« mit augenzwinkerndem Spott ganz schnell zurück auf den Boden der Tatsachen. So klingt es am Ende wieder ganz nach der pragmatischen Elly Knapp, wenn sie sagt:

»Nun … nehme ich … Abschied von der ›großen Welt‹. Es war doch sehr interessant, die oberste Gesellschaftsschicht so als dazugehöriger Mensch anzugucken. Im ganzen war ich angenehm enttäuscht. – Aber vermissen werde ich's nicht. Nur wenn ich keine Gelegenheit mehr habe, mein elegantes Kleid anzuziehen, werde ich traurig sein.«

»Dann küß mich und sag, Du hast recht, liebe Frau«

Frühling 1907 in Berlin: erwartungsfrohes, dreiwöchiges Wiedersehen in anregender Großstadtatmosphäre, Theaterbesuche und Naumann-Kreis, Einkaufsbummel durch Kaufhauspaläste, erneut tiefes Einatmen der inspirierenden Luft. Deren besungener und beschriebener, legendär belebender Esprit wirkt Wunder und sorgt für Treffsicherheit von Amors Pfeilen. Wie die beiden jungen Menschen am 23. März die kurze Zeit zwischen Ellys Ankunft um 10 Uhr abends und dem vorläufigen Abschied vor der Wohnungstür von Frau Feist (einer mütterlichen Freundin) – wenige Minuten nach Mitternacht – verbringen, ist nicht verbürgt. Fest steht jedoch, daß sich Theodor Heuss auf der Schwelle zur Wohnung und auf der Schwelle zum neuen Tag zu einem unwidersprochenen, zärtlichen Kuß hinreißen läßt. Sollte dessen Empfängerin am darauffolgenden Tag wider Erwarten geplant haben, ihren Dorle »auf den Pfad der Freundschaft und Tugend zurückzuführen«, so geht diese Möglichkeit im »ersten Sturm seiner Zärtlichkeit« endgültig unter.

»Mit glückseligen Augen« auf Wolken schwebend, weiß der frischgebackene Verlobte gottlob nicht, daß die dazugehörige Braut erst lange 19 Tage danach *ganz* »ohne Zweifel sicher in ihrer Liebe« ist. Denn das notiert Elly am Abend des gleichen Tages auf dem *Hilfe*-Kalenderblatt – nach ihrer Rückkehr von der großartigen ersten Reichstagsrede Friedrich Naumanns. Dieser politische Einstand und Elly Knapps Gewißheit in der Liebe stehen wohl in unmittelbarem Zusammenhang. Die ersten Wochen des Jahres hatte Theodor Heuss ganz dem Heilbronner Wahlkampf für das politische Vorbild gewidmet. Fast 30 Versammlungen wurden unter Leitung des rührigen Wahlhelfers durchgeführt. Der unermüdliche, kräftezehrende Einsatz wurde belohnt: »Am Abend war eine kolossale Versammlung in den Kilianshallen. ... Viele Reden wurden gehalten, und auch ich produzierte mich vor meinen 1 1/2tausend Mitbürgern, bei denen ich jetzt persona gratissima bin. Ich kann mich fast nicht mehr auf der Straße sehen lassen, ohne grüßen zu müssen, und die Krempen meines Hutes sind darüber schon ganz traurig geworden. Gelt, Sie freuen sich mit mir, wenn ich etwas stolz und eitel bin. … Denn ich mache die Rechnung auf, daß der … Dorle Heuss durch seine Energie beim Verhandeln und seine Unverdrossenheit bei der Arbeit am … 5. Februar den Reichstag Naumann verschafft habe. Oder umgekehrt: Naumann dem Reichstag. Denn es dreht sich schließlich bloß darum.« Im Trubel der nächtlichen Siegesfeier schlich sich Theodor Heuss zum Hauptpostamt und telegraphierte dem Fräulein Knapp in Straßburg nur ein einziges Wort: »Sieg«! Die glückselige Empfängerin freute sich nicht nur, sie war sogar außerordentlich beeindruckt. Denn beim Dr. Theodor Heuss handelt es sich wohl doch – bei aller Jugend – um eine in Zukunft keinesfalls zu unterschätzende Persönlichkeit. Naumann hatte es ja schon immer gewußt: sehr vielversprechend!

Als Elly Knapp am späten Abend des 14. April, todmüde von der langen Bahnfahrt, das heimische Zimmer wieder betritt, liegt auf dem Schreibtisch, gerade neben Theodors Foto, ein Brief. Was ist er für ein Schatz, hat es tatsächlich geschafft, sie mit tröstenden Worten in Berlin zu verabschieden und liebevollsten Zeilen in Straßburg zu empfangen: Die klingen »von innen so sonnig«, als wollte er laut hinausrufen: »… ja ihr, wißt ihr denn, daß wir zwei, die Elly und der Dorle, uns mit aller Macht liebhaben und zusammen das große Leben wagen wollen?« Doch ein Geheimnis, darauf hatte man sich in Berlin geeinigt, soll die heimliche Verlobung vorerst bleiben. Für die mitteilungsfreudige Elly eine äußerst harte Probe. Zu hart schließlich, aber ganze drei Tage hatte sie mit sich gerungen. Walter Leoni, der *muß* es wissen:
»So will ich Ihnen erzählen, was die fremden Leute noch nichts angeht: daß ich mich verlobt habe. Mit dem Heuss. Sie sprachen neulich von der Entwicklung des Charakters und von Ihrem erträumten Mittel zum Wachsen, nämlich dem Fortge-

hen. … Ich glaube nicht mehr daran, daß man in der Einsamkeit harmonisch wird. Nur in der Gemeinsamkeit. Für uns ist diese Gemeinsamkeit herausgewachsen aus einer schönen und starken Freundschaft, so lang, bis es ganz selbstverständlich *so* wurde, wie es jetzt ist.«
Das wäre erledigt. Elly ist erleichtert, als sie das Briefkuvert an Leoni schließt. Bleibt noch eine andere Sache, die ihr nicht aus dem Sinn geht: Theodors »Erziehung zur Weltlichkeit«. Und der wird sie sich nun mit ungebrochenem Tatendrang zuwenden! Ein Versuch, der vom noch nichtsahnenden Objekt der Bemühungen nach Jahrzehnten so gesehen wird: »Man fand nach einiger Zeit, daß ich mich geändert habe, und ich selber sah ein, daß das Absonderlich-sein-Wollen im Grund eine juvenile Koketterie gewesen. Diese Wandlung empfahl sich auch, weil ich nun mit in einen mir neuen Menschenkreis trat. Nun mußte sie mich in diesem illustren (Familien-) Zirkel vorführen, und ich sollte doch einigermaßen bestehen.« – Wie gut er seine Elly kennt!

Eines hat Theodor Heuss bei seiner Rückbesinnung verschwiegen, daß sich beim Einüben der Weltläufigkeit die Wortwechsel im Briefwechsel bald auffällig häufen.

Zur Studentenbudenfrage: (Nach Elly Knapps erstem Besuch bei Theodors Mutter und deren Bitte um Unterstützung)
Elly:
Und dann machen Sie ihr und mir und sich … eine große Freude und ziehen Sie um. Bitte! … Auf jeden Fall in ein sehr sauberes Zimmer, was man lüften kann. Ihre Bude fand ich im Sommer zu schrecklich … Und jetzt seien Sie nicht bös' (Sie schimpfen ja schon!), sondern tun Sie's. Reinlichkeit ist nämlich kein Luxus, und man kann in dieser Beziehung nicht so anspruchslos leben, wie Sie's tun.
Theodor: (nach einer Woche und einmaligem Zieren)

Also, ich bin wieder einmal dem Rat guter Frauen gefolgt und habe gekündigt! … Aus dem schönen (neuen) Zimmer werde ich gar keine Studentenbude machen können.

Zur Blumenstock- und Briefpapierfrage: (Ostern 1907 hatte Elly bei Frau Feist gewohnt. Den Blumenstock soll Heuss zum Dank dort vorbeibringen. Außerdem hatte sie ihn gebeten, einheitliches Schreibpapier zu verwenden, damit die Briefbündel gleiches Format haben)
Theodor: (auf neuem Briefpapier!)
Heute wollte ich zu Frau Feist. Ein Münchner Freund nahm mir die Zeit. Nun besinn' ich mich über den Modus, wie ich den Blumenstock hinschaffen soll. So komme ich mir ein bißchen unbeholfen vor.
Elly:
Aber mit dem Briefpapier bin ich ganz und gar nicht einverstanden. Was seid Ihr Buben doch ungeschickt! Wenn das Geschäft es nicht hat, sagt man adieu und geht in ein anderes. … Mit einem Blumenstock macht man's so, daß man ihn vom Blumenladen aus direkt schicken läßt, wenn er zu groß ist zum Tragen. Dies zur Erziehung zur Weltlichkeit.
Theodor:
Gestern habe ich endlich mit einem liebenswürdigen Begleitbriefe das Blumenstöcklein an Frau Feist expediert, natürlich lediglich als Vollstrecker Deiner Wünsche. Sie schrieb, ich möchte mich bald einmal bei ihr sehen lassen. Daraufhin lass' ich mir Ende der Woche mein Äußeres zivilisieren …

Überleitung zur Kleidungsfrage:
Theodor:
Ich habe übrigens jetzt einen neuen Anzug und einen großen, runden, weichen, schwarzen, teuren Hut, so daß ich direkt anständig aussehe und niemanden mehr kompromittiere … Danach kaufte ich mir eine Krawatte und zog den Gehrock an,

um zu Frau Feist zu steigen. Ein Gehrock ist ja an allen Menschen, und bei mir am meisten, etwas Schreckliches, alle meine ästhetischen und Lausbubeninstinkte bäumen sich gegen das Instrument.
Elly:
Kauf Dir so amerikanische Stiefel in der Friedrichstraße im *Vera House.* … Ich möchte gern ein bißle Staat mit Dir machen. … Es ist nicht für mich. Ich gucke nur auf … Deine Haare, Deine Hände und Dich überhaupt. Aber andere Leute gucken auf die Stiefel!
Theodor:
Ich kann noch nicht bestimmt versprechen, ob ich mir so Schuhzeug kaufe … bin ich nicht gewiß, wer zwischen meiner Bequemlichkeit und Deiner Eitelkeit obsiegt. Oh Kind, das ist ein Weg, auf dem wenig Rosen blühn … Aber wenn Du es willst, will ich meinen Haarschopf, bis auf ein gewisses Mindestmaß, auf dem Altar der Liebe opfern. Das heißt Größe, Seelenstärke.
Elly:
Aber Deine spitzen (gelben!) Stiefel sind nicht nur wüst, sondern auch ungesund. Und die Amerikaner, die ich meine, sind viel bequemer. Aber ich nehm' Dich auch in den wüsten.
Theodor:
Morgen mittag geh' ich dann in die Stadt, um nach Stiefeln zu gucken.

Als dann kurz vor der Hochzeit noch eine ganz bestimmte, unbedingt anzuschaffende Weste durch den Briefwechsel geistert, bleibt Theodor Heuss aber gänzlich unbeeindruckt. Er hatte nämlich inzwischen gelernt, sich gegenüber seiner erzieherisch schulmeisternden Elly nachdrücklicher durchzusetzen. Zum ersten Mal probiert er den erfolgreichen Aufstand bei der heiklen Trauerkranzfrage (zur Beerdigung des Enkelkindes von Frau Feist):

Theodor:
Vom Tod der kleinen Heyman habe ich keine Anzeige erhalten. Ich schreibe … Frau Feist und gehe dann bald einmal, aber ohne Gehrock und Zylinder, hin. Ich persönlich halte ja das Kränzeschicken für eine barbarische Unsitte. Es wurde nur ein gemeinsamer Kranz (mit der befreundeten Familie Walter) beschlossen.
Elly:
Ich bin nicht sehr zufrieden mit dem gemeinsamen Kranz mit Walters. Es sollte grad' so sein, daß *Du* ihn aussuchst. Bitte tu mir den Gefallen und mache künftighin etwas einfach so, wie ich Dich drum bitte. Das ist doch nicht zuviel verlangt. … Es kommt in so einem Moment auch gar nicht drauf an, wie *Du* die Sitte findest. … Gebietsabgrenzung muß es geben. Und solche Takt- und Formsachen sind das Gebiet der Frau.
Theodor:
Aber ich muß doch gegen Deine Tyrannis … protestieren. Formfragen darfst Du erledigen, bloß darfst Du nicht sagen, es seien Taktfragen. Und ich kann Dir durchaus nicht unbedingten Gehorsam versprechen. … Ich habe dazu jetzt, aber auch in alle Zukunft, meine liebe Frau, recht wenig Lust. Wenn ich zu Frau Feist komme, werde ich sie über den Kranz, von dem sie wahrscheinlich gar nichts weiß, entsprechend aufklären. Ich bin gern der Dumme.
Elly:
Als gestern Dein Brief kam, habe ich wirklich Angst bekommen, Du seiest ärgerlich über meine Strafpredigt geworden, und habe meine schriftlichen Sünden bitter bereut und gebüßt.

Die Taufgeschenkfrage (zeigt, daß auch bei freudigen Ereignissen gewisse Probleme entstehen):
Theodor:
Am Sonntag ist bei Walters Taufe; ich werde dabei sein und einen kleinen Becher dazu kaufen.

Elly:
Ich telegraphier' nachher wegen des Bechers. Denn ich will lieber 50 Pfennig ausgeben, als daß Du 12–20 M für nichts ausgibts. Becher schenken nur Paten. … Frag mich doch vorher, ehe Du so was unternimmst. … Sieh, ob Du bei Wertheim einen Spielteppich bekommst oder sonst was nettes.
Theodor:
Und dann die Bitte daran, nicht gehetzt, grob und unruhig zu werden. … (Sonst) wär' es Dir … klar geworden, daß die Becheridee nicht von mir kam. Da ich nichts blödes, doppeltes kaufen wollte, ging ich zur Elsa Walter und fragte die, was sie meine. Und sie bat um den Becher. Wie soll ich drauf kommen Kind?
Elly:
… und bitte Dich, mir gut zu sein, obgleich ich so bös war.

Auch bei einer anderen – nun wirklich wichtigen und tatsächlichen – »Frage« reagiert der Heiratskandidat unerwartet widerspenstig. Elly dringt auf seinen Besuch in Straßburg. Er soll den Vater besser kennenlernen und der ihn. Doch allein die Vorstellung, im Juli nach Straßburg zu kommen, den Professor in aller Form um die Hand der Tochter zu bitten, sich dessen hochnotpeinlichem Verhör aussetzen zu müssen, in der Familie herumgereicht zu werden und offizielle Verlobung zu feiern, ist ihm einfach entsetzlich! Im Gehrock vielleicht? Theodor Heuss plädiert unnachgiebig für ein Treffen auf neutralem Boden. Für Straßburg wäre Weihnachten grad recht. Elly erklärt, droht, schmeichelt, überredet – fleht letztlich, schon ganz verzweifelt: »Verstehst Du mich? Dann küß mich und sag, Du hast recht, liebe Frau. Und komm!« – Nun gut, er kommt! Damit aber auch die verlockende erste Aufforderung in der Bitte ungestört realisiert werden kann, kommt ihm Elly sehr – nämlich einige Bahnstationen – entgegen.

Diese Hitze! Sicher, es ist Juli – Hochsommer! Bleierne Schwüle hängt über Straßburg. Theodor Heuss ist auf dem Weg, die Sphäre der Hochachtung vor dem Schwiegervater in spe zu durchdringen. Will um Ellys Hand anhalten. Äußerst unwohl fühlt er sich – im prätentiösen Gehrock und neuen Hut auf gestutztem Haar. Und dem einzig Vertrauten, der alten Weste, fehlt der notwendige Anschluß an den Kragen. Wo bleibt die Gelassenheit, Herr Doktor? Die Gedanken rotieren – alles sagt er sich noch einmal vor, alles, was Professor Knapp zum Pekuniären interessieren wird. Ganz genau hat er es mit Elly besprochen, am Sonntag, auf dem Heimweg vom Ausflug. Hand in Hand waren sie gegangen. Weit reichte der Blick vom Hügel auf die sonnendurchfluteten Rebflächen. Über Wiesen und lichte Haine schwappt nach der ersten, der gelben, jetzt die zweite, die weiße Blütenwelle: Wiesenkerbel und Bärenklau, Giersch, Kümmel und Wilde Möhre, alle öffnen ihre Doldenschirme. Eine Attraktion, für die nicht nur Bienen schwärmen. Wie ein Irrwisch war sein Schatz durch das hohe Gras gerannt, hatte Blume um Blume gepflückt, den dicken Strauß ausgelassen durch die Luft geschwenkt und war ihm dann glücklich lachend um den Hals gefallen.

»Wirst sehen, der Vater mag dich, rechnest ihm einfach vor, was wir an Geld haben werden«, hatte sie gemeint, und gemeinsam waren sie noch einmal die Jahresrechnung durchgegangen:

Einkommen:	4000	Mark Redakteurgehalt bei der *Hilfe* – ist auch angemessen, wo Katz weggeht und er das Politische mitmachen soll
	500	Mark für besondere Arbeiten für den Verlag und beim Wahlverein
	500	Mark für Artikel in Kunstwart, Patria, Neckar-Zeitung in Heilbronn, Leipziger Bauzeitung, Literarisches Echo, Soziale Praxis, Stuttgarter Tagblatt, Süddeutsche Monatshefte

1000 Mark	Ellys Lehrerinnenverdienst und ihre Zinsen, wenn man die Papiere in 4%ige umtauscht
zusammen:	etwa 6000 Mark im Jahr

Das gesparte Geld von Ellys Vorträgen – immerhin manchmal 150 Mark pro Abend, während er nur 20 Mark für einen Artikel bekommt – wird für die notwendigen Anschaffungen reichen.

Ausgaben:	500	Mark Lebensversicherung – ein kühner Schritt, aber die Prämie zwingt zum Sparen
	320	Mark Steuer – geschätzt nach dem Hilfsalmanach
	100	Mark Kohlen
	500	Mark Bekleidung – 360 für Elly, 140 für ihn
	1000	Mark Miete – 1100 wäre schön aber vermessen
	240	Mark Lohn für Stundenhilfe
	80	Mark Versicherungen
		sowie ungeklärtes Sonstiges
zusammen:		rund 3000 Mark im Jahr

Bleiben also um die 3000 Mark für Essen, Trinken, Kultur und Reisen. Wenn alle Stricke reißen, so hatte Elly ihn euphorisch aufgeklärt, würde sie das »riesige, dicke, scheußliche Goldarmband« und die dazugehörige pompöse Brosche mit Diamanten von der armenischen Großmutter – beides mindestens 150 Jahre alt – ohne mit der Wimper zu zucken verkaufen.
Übers pflichtbewußte Rekapitulieren der ökonomischen Grundlagen seiner geplanten Ehe ist die Universität rasch erreicht. Entschlossen klopft der Kandidat an die Tür der Studierstube und tritt ein. Professor Knapp räumt seine Bücher und Blätter beiseite, bietet dem wohlbekannten und erwarteten Besucher den freien Sessel und anschließend eine Brasil an. »Und nun, Herr Heuss, erzählen Sie mir einmal von Ihren Studien …«

Nach zwei Stunden hat Theodor Heuss sein zweites nationalökonomisches und sozialwissenschaftliches Rigorosum erfolgreich bestanden, drei schlechtere Zigarren geraucht als gewohnt und erneut erfahren, daß »es nicht Stil des Hauses ist, Lebensdinge zu dramatisieren«.
Die Meinung des Professors? Daß der Heuss ein ordentlicher Kerl ist, hatte er schon immer gewußt, aber »daß die Buben jetzt ihre Großmütter heiraten wollen«, ist ihm unbegreiflich. Trotzdem hat Elly eine glückliche Wahl getroffen. Sie »sollen so bald als möglich heiraten, das Warten hilft nichts, der Unterschied wird nicht geringer.« – Und das Pekuniäre? Das hatte ihm die lebenskluge Tochter doch längst vorgerechnet. Sicher ist sicher!

»Ach Liebster, Liebster, wie selig werden wir sein«

Die Wirkung der Spritze läßt nach – hinter der geschwollenen Backe beginnt ein wüster Kampf: Betäubung gegen Schmerzattacke. Eben war die Frage, ob Schreibtisch – ob Sofa, noch offen. Nun ist sie eindeutig beantwortet. Das ist die Strafe, wenn man dem Papa noch schnell Behandlungskosten für Jahre im voraus aufbrummen will. Innerhalb von nur 25 Minuten war sie um zwei Plomben reicher und einen Weisheitszahn ärmer. Denn der Zahnarzt ist in seiner Arbeitsgeschwindigkeit unerreicht, und unerreicht ist erfahrungsgemäß auch die Höhe seiner Rechnungen. Was jedoch die unangenehme Prozedur angeht, steht Elly auf dem Standpunkt, »daß man sich die brutalen Stunden in dem roten Samtsessel sehr versüßen kann, indem man mit dem Zahnarzt diskret kokettiert«. Ihrer ist reizend und verehrt sie seit langer Zeit. Halb auf ihrer bequemen Liegestatt sitzend, halb liegend, studiert sie im Kalender den genauen Terminplan für die nächsten Wochen,

angelt noch das schwarze Oktavheft mit den Aussteueraufzeichnungen vom Tischchen und beginnt, letzte Geschenke und Anschaffungen nachzutragen: ungebleichte, selbstgesponnene Handtücher und gestrickte Spitzen von der Heuss-Großmutter, Messer und Löffel für die Küche, zwei große weiche Federkissen und kleine Roßhaarkissen für obendrauf, 6 Tischtücher – in einem Jahr um eine Mark teurer geworden! –, Auflaufformen, Kristallschalen, das Fell unter den Schreibtisch, entzückende russische Handarbeiten von der Cousine Tamara, Messinglampe für den Schreibtisch für 21 Mark, Leuchter Fremdenzimmer für 4 Mark, Hängelampe für das Eßzimmer zu 60 Mark und wertvoller Silberzierat von Frau Stinnes.
Nun zu den Kalendernotizen. Zuerst und nicht vergessen: 23. März heimlicher Verlobungstag; dann: Wäsche aus Thüringen für den 16. 3. angekündigt, muß unbedingt nachgezählt werden. Es kommen zu leicht Irrtümer vor. Am 17. 3. die Mama im Sanatorium besuchen, vielleicht Spaziergang im Märzwald; Eheringe abholen; Theodor um den »Ausstattungsbrief« seiner Mutter bitten und schreiben, daß am 1. April Wäscheschrank und Schreibtisch aus Halle kommen; Termin für Abschiedsfeier in der Fortbildungsschule festlegen; Schneiderin kommt am 12. zur Brautkleidanprobe.

... 30, 31, 32, 33! Ellys Zeigefinger wandert langsam vorwärts, leise zählt sie mit und noch einmal zurück zum heutigen Tag. 33 Tage, wirklich nur noch 33 Tage bis zur Hochzeit. Karsamstag, 11. April 1908 – das wenigstens steht fest. Aber all die anderen noch unerledigten Dinge: eine tüchtige Frau für den Straßburger Haushalt einstellen, Abschiedsbesuche bei Freunden, das Hochzeitsessen aussuchen und besprechen, die Tischordnung festlegen, Fremdenzimmer für auswärtige Gäste ...! Albert Schweitzer hat endgültig zugesagt. Das medizinische Physikum hat er abgeschlossen, kann kommen und sie beide

trauen. Das, Naumanns Anwesenheit und Bürgermeister Schwanders Versprechen, die Ziviltrauung vorzunehmen, erhöhen die Vorfreude und mildern die mitunter unerträgliche Spannung. Als zerre man von allen Seiten gleichzeitig an ihr. Zusätzliche Aufregungen, davon hatte sie seit dem Jahreswechsel mehr, als eine berufstätige Frau mit Vortrags- und väterlichen Rektoratspflichten in ihrer Heiratsvorbereitungs- und Ablösungsphase verkraften kann.
Am tiefsten hatte sie alle das Schicksal der jungen Else Polaczek erschüttert – so glücklich war sie mit ihrem Mann. Das heiß ersehnte, acht Pfund schwere Mädchen war bei der unendlich langen Geburt erstickt, und drei Tage danach standen die fassungslosen Jugendfreunde am Grab von Mutter und Kind. Eklampsie, Schwangerschaftsvergiftung, und Herzschwäche hatte der hilflose Arzt diagnostiziert.

Und nun auch noch Dorle mit der Hiobsbotschaft von einer gräßlichen Entzündung im Gesicht! Kurz vor der Hochzeit!
»Dem Brei(umschlag) gelang's, die Sache zusammenzuziehen; der Arzt hat dann heut nachmittag dranrumgesäbelt, was einigermaßen weh tat, und eine Masse Eiter herausgebracht.«
Elly war direkt außer sich. Furunkulose, alle zehn Tage ein neues Geschwür, hatte sie dem Theodor vorwurfsvoll prophezeit, hätte er das nicht verhindern können? Gereizte Worte in einer unnötig zur Aktion hochstilisierten Bagatelle.
»Nach Deinem Brief mußte ich mir halb als rücksichtsloser Prolet, halb als etwas unartiger Trottel vorkommen«, war Theodors ungehaltene, zu mehr Überlegung gemahnende Antwort. Nur Ruhe, alles sei doch bestens und das Wichtigste, die Berliner Wohnung, nun endlich gefunden.
Die Wohnung! Freudig bewegte Mimik bringt den Zahnschmerz erneut in Wallung. Eine schier endlose Suche hatte der Theodor auf sich genommen, alle Daten detailliert nach Straßburg gemeldet, geduldig gemessen und Ausstattungen

geprüft. Das Ergebnis kann sich dafür auch sehen lassen: Königstraße 8 (heute Friedrich-Naumann-Straße), drei Treppen, mit freiem Blick über den Friedhof, 950 Mark Jahresmiete, Fremdenzimmer, kleines Eßzimmer, Arbeitszimmer, Wohnraum, großes Schlafzimmer, Küche und Mädchenkammer, Balkon. Eine solche mittlere bürgerliche Wohnung kostet eigenartigerweise im Verhältnis mehr als eine ganz große. In Berlin jedenfalls, das mit seinen Mietpreisen weit an der Spitze liegt. 20 bis 25 Prozent des Einkommens für Miete! Das ersehnte kleine Haus – unerschwinglich – ein Wunschtraum. Dennoch, »das Rosengärtle ist bestellt«!

»Gelt, Liebling«, sendet Elly schnell einen Gedankengruß nach Berlin, »es wäre doch schrecklich, wenn wir uns gar nicht kennengelernt hätten. Geradezu tragisch.« Nicht nur auf das wundervoll verwöhnende Geburtstagsgedicht zu den drei Schildpatt-Haarnadeln hätte sie dann verzichten müssen. Dabei will sich der gebildete Herr Kulturredakteur »sonst auf's niedliche Genre (gar) nicht einlassen, nur für den Haus- und Ehegebrauch« – »im Geiste von Eduard Mörikes poetischem Nachlaß«. Leise, mehr inwendig, spricht sie die Zeilen, sprechen die Zeilen zu ihr:

»Wären eine mir der Gaben
jenes andern Dichterschwaben,
der zugleich ein Pfarrer war,
würden launige Gedichte
Dir erzählen die Geschichte
von den Nadeln und dem Haar.
Diese dummen Nadeln sollen
all den reichen, all den tollen
Haaren Schutz und Stütze sein,
die am Spiegel in der Frühe
mit der Finger flinker Mühe
hoch sich knüpft mein Mägdelein.

Doch nun sind die reichen, hellen,
süßen ach und schweren Wellen
aufgefangen, aufgespießt,
daß der Schenker dieser Klammern
selber in des Herzens Kammern
seine Morgenfreud verschließt.
Aber wenn der Tag vergangen,
der dem stillen Glückverlangen
heimlicher Bereiter war,
wird das zärtliche Befreien
aus dem Zwang zur immer neuen
Freude an der Lieben Haar.«

Wie unbefangen zärtlich in Tonhöhe und Klangfarbe, wie freimütig gehen Elly Knapp und Theodor Heuss aufeinander zu – und das in wilhelminisch beengter Zeit. Nicht nur in diesen und weiteren Versen, auch in den Briefen bekennen sie sich zu tiefen Gefühlen, meiden dabei allzu kitschig romantisierende Überhöhungen, suchen über räumliche Distanz sprachliche Wege der Annäherung. Wie farbige Edelsteine in grauem Gestein leuchten die Schätze liebend eingestreuter Worte aus der sich notwendigerweise häufenden pragmatischen Alltagsrede:

»Ja Liebling, jetzt wird's ernst. Heut hängen wir auch in Wilmersdorf im Käschtle. Du, heut in fünf Wochen um diese Zeit fahren wir in dem, leider recht überfüllten, Zug, etwas benommen, von allen Eindrücken und voller Erwartung und mit innerer Sicherheit in unser gemeinsames Leben hinein. Die Sicherheit und Ruhe wächst bei mir von Tag zu Tag.«

»Ach Herz, ich wollte, wir wären gleich an unserem Hochzeitsabend bei uns daheim. Es ist mir ein schrecklicher Gedanke, so in einem Hotelzimmer Deine Frau zu werden. Vielleicht gehen wir in ein Bauernwirtshaus, in dem Schwarzwaldtal, wo wir im Mai waren. … Ach Liebster, Liebster, wie selig werden wir sein.«

»Und Dir, Liebe, wird's ein bißchen zuviel Einrichtungskorrespondenz. Ja das kommt halt so, wenn man sich das Nest ausdenkt, in dem man zusammen leben, arbeiten und glücklich sein will. Da denkt man, wo die Bilder hängen sollen und Schränke stehen und wo der Sessel, wenn man seine liebe Frau auf den Schoß nimmt und liebkost. … Gelt, liebe Frau, das wird dann alles von selber schön.«

Alles? Von selber? Hier irrt er im Detail. Das mußte Elly nicht nur beim pflichteifrig besuchten Kochkurs erfahren. Der Freude über – mit rascher Auffassungsgabe leicht erlernte – Kochkünste folgte bald die ernüchternde Feststellung, daß allein Küchengeruch schon satt mache. Diese Auffassung teilt Elly Knapp mit ihrer seit kurzem haushaltspraktische Erfahrungen sammelnden Schwester Marianne. Als diese offen und ehrlich aus Halle verkündet, daß sie besonders das Kochen »dick« habe und lieber die »Algebrabücher zum Selberlernen« studiere, »ein Erbübel vom Vater her«, schreitet Elly zur Selbsthilfe. Sie bestellt unverzüglich – als erste Möbel überhaupt – die Einrichtung der Berliner Dienstmädchenkammer und kümmert sich vehement um die rechtzeitige Anstellung einer zuverlässigen Person.

Was sich, ganz abgesehen vom Kochenkönnen, ebenfalls nicht von selber regelt, sind wieder einmal Formfragen. Kirchliche Trauung, ja oder nein, scheint die wichtigste. Wer für Ja und wer für Nein ist? Keine Frage. Angst vor Feierlichkeit ist schwäbisch, das jedenfalls glaubt der von ihr befallene Heuss. »Mit aller Macht Sturm laufen gegen die kirchliche Trauerei«, das möchte der Bräutigam. Davor hat er innerlich direkt Angst. »Nicht aus ethischen Gründen wegen der Lügerei, sondern aus ästhetischen.« Wenn die »Komödie« allerdings religionsneutral im Salon vor sich gehen soll, dann findet er zur Handlung und

zu den Menschen erst recht keine Distanz. Dann lieber »fort in eine Kirche, wenn's sein muß; da kann man sich wenigstens auf was konzentrieren. Ich weiß ja, wie ich bei feierlichen Handlungen meist daneben reagiere, weil die immer eine fremde Form haben. Intimität aber wird seelisch indiskret. Ich wollte gleich mit Dir allein sein. Ganz allein …«
»Lesser hatte viel begründetere Angst vor dem Tag[16] und hat es nachher ganz entzückend gefunden«, beruhigt Elly und gibt zu bedenken: »… steigere Dich nicht in das Gefühl so stark hinein, daß Du eben grad' die Empfindungen, die ›üblich‹ sind, *nicht* haben willst.«

Nun denn, entscheidet Elly Knapp bei einer weiteren Meinungsverschiedenheit, wenn er in ihr wichtigen religiösen Dingen Toleranz beweist, werde ich in einer weniger wichtigen Frage nachgeben. Theodors vorausgegangene Weigerung war allerdings ausgesprochen kategorisch: Fliegender Kleiderwechsel zwischen ziviler Trauung am Morgen und kirchlicher am Mittag? In einem Gehrock erscheinen? Ohne ihn!
»Gut«, lautet die nachsichtige Einsicht, »Du brauchst Dich nicht zwischen den Trauungen umzuziehen«. In ganz grundsätzlichen Dingen ist man sich ohnehin überraschend einig. Daß die Braut neben ihrem neuen Familiennamen den bisherigen beibehalten möchte, war zum Beispiel nie ein ernsthafter Diskussionspunkt gewesen. Im »Spernst«, mehr Spaß als Ernst, entstand dann der in feuchtfröhlicher Freundesrunde inoffiziell unterzeichnete Ehevertrag mit zehn Punkten. Während Theodor Heuss unter anderem Tabakqualm in der Wohnung vermeiden will, verzichtet Elly auf seine Begleitung in Geschäfte für Damenkonfektion. Einem wohlvorbereiteten Start in die Ehe steht also nichts mehr im Wege.

Drängelnd schiebt sich eine unübersichtliche Bubenmenge durchs Portal der Straßburger Wilhelmer Kirche. Im Sturmschritt geht es Richtung Altarraum. Wie nasse Pudel schütteln die Kinder dicke Regentropfen von den ungewohnten Sonntagsmänteln. Rasch, dabei laut schimpfend, beseitigt der Küster – am Vormittag ist er gottlob noch nüchtern genug – die schmutziggrauen Wasserspuren im Gang. Gleichen die Jungen einer wilden Hammelherde, drängt sich als Vergleich für die eilfertig umherflatternde Mamselle das aufgeregte Huhn geradezu auf. Mit einer Drahtbürste bearbeitet sie die feuchten Strubbelhaare, bis alle vorher frech-fröhlichen Gesichter einen geradezu feierlich-ernsten Rahmen bekommen. Mit energischem Schieben und Schubsen gelingt sogar die optisch perfekte, reihenmäßige Größenverteilung. In Windeseile erklimmt nun die bislang im Hintergrund agierende Knabenhortvorsteherin das bereitgestellte Podest, hebt auffordernd die Hand und zuckt unter dem unregelmäßig einsetzenden Fortissimo aus über dreißig Bubenkehlen unmerklich zusammen. Keine Minute zu früh hat der mühevoll einstudierte Choral begonnen. Langsam zieht in gerade diesem Moment die Hochzeitsgesellschaft durch das Mittelschiff.

Hinter Albert Schweitzer im schwarzen Ornat (leichten Lysolgeruch verströmend – er kommt unmittelbar von einer Operation) folgen Elly und Georg Friedrich Knapp, Theodor Heuss und seine Mutter, Naumann und Lella Geiger, die Geiger-Söhne, Lessers, Hermann Heuss, Ludwig Heuss und seine Frau Hedwig, beide Dominicus, Helene Bresslau, Stotz, Frau Feist, Ellys ehemaliges Kindermädchen sowie die neue Haushälterin. Und was Elly kaum zu hoffen wagte, ist Wirklichkeit. Ihre Mutter – fürsorglich von einer Schwester betreut – kann an der kirchlichen Trauung teilnehmen. Viele Freunde und Bekannte nehmen ihre Plätze ein, und nicht nur sie stellen fest: Die Braut sieht wirklich ganz bezaubernd aus, das wundervolle Brautkleid mit zarten Spitzen und kurzer Schleppe, entzückend die frische Gesichtsfarbe.

Wie sollten die aufmerksamen Beobachter auch von der blutdrucksteigernden Aufregung wissen, deren Nachklang Ellys Wangen jetzt noch rosig überhaucht. Kirchliche Trauungen dürfen nur gegen Vorlage der standesamtlichen Eheurkunde geschlossen werden. Als Albert Schweitzer seine Freunde unmittelbar vor der kirchlichen Trauung um dieselbe bat und den Sachverhalt erklärte, mußte der Bräutigam gestehen, sie vor einer Stunde gewissenhaft im Koffer deponiert zu haben. Nach einigen bangen Entscheidungsminuten, Professor Knapps Aufstöhnen: »Er hat gar keine Erfahrung« und Elly Heuss-Knapps flehenden Blicken, mißachtete Schweitzer entwaffnet die Strafandrohung des Gesetzes und setzte die Ziviltrauung als gegeben voraus.
Theodor Heuss denkt über die gerade überstandene Gelassenheitsprüfung und Ellys anschließenden aufmunternden Kuß noch nach, als ein Bibelzitat an sein Ohr dringt.
»Ihr seid das Salz der Erde« – Das ist der Trautext? Hatte Elly nicht 1. Kor. 4,20 ausgewählt? »Denn das Reich Gottes steht nicht in Worten, sondern in Kraft«? Das Salz der Erde? Sind wir das wirklich? Welches Siegel drückt dieser Spruch ihrer jungen Ehe auf? »Das hohe Glück in diesem Augenblick«, fährt Schweitzer fort, »ist nicht, daß zwei Menschen sich innerlich geloben: wir wollen füreinander leben, sondern daß dies in ihren Gedanken zugleich bedeutet: wir wollen miteinander für etwas leben … Nur die haben begriffen, um was es sich bei der Arbeit in unserer Zeit handelt, denen es aufgegangen ist, daß alles Helfen, Bessern und Fördern auf die Schaffung eines neuen Geistes gehen muß.«

»Eines sei des andern Licht« – dieses Paul-Gerhardt-Zitat hat Friedrich Naumann für seine Tischrede zur Hochzeitsfeier am 11. April 1908 ausgewählt. Jahrzehnte später, fast am Ende ihres gemeinsamen Lebensweges, am 25. Januar 1951 – Elly Heuss-Knapps siebzigstem Geburtstag – erinnert Theodor Heuss sie und sich noch einmal an diese Naumann-Worte. Zärtliche Verse schreibt er …

»… An Elly
Wie im Nehmen, so im Geben
galt das schöne Gleichgewicht
als Gesetz für unser Leben:
Einer war des andern Licht.
Gleiches Schreiten durch die Jahre,
schwärmend einst und heute stet,
Wirbelwind durch blonde Haare,
weicher Hauch durch weißes geht.
Frohe Stunden, stille Trauer,
festes Herz im Überschwang
und der Ewigkeiten Schauer
wehn durch dieses Lebens Gang.
Also laß uns weiter wandern,
jeder Wandertag ein Dank,
da vom Lebenskelch des andern
jeder neues Leben trank.«

Durch diese Ehe geht immer eine heitere Melodie, ihre gemeinsame, nie nachlassende Suche nach Harmonie bestimmt – wie hatte einst Theodor gesagt? – deren »Tonhöhe und Klangfarbe«. In dann mehr als vierundvierzig glücklichen, bedrükkenden, kräfteweckenden und kräftezehrenden Jahren …

KAPITEL 4

Berlin 1908–1912

»Alle Leute gratulieren uns noch dauernd zu den ›jemeinsamen jeistigen Interessen‹ …

… und dabei komme ich, seit wir verheiratet sind, nicht zum Lesen, keine *Hilfe*-Nummer mehr seither gelesen und noch kein literarisches Gespräch geführt! – Ja, was tut man den ganzen Tag? Im Grund genommen Geschirr waschen, wieder schmutzig machen und wieder waschen. Es ist eigentlich blödsinnig. … Ich träume von Milchtöpfen, außen rußig, innen fett, das Schrecklichste, was es gibt. … Theater und Museen sind für die Fremden da, Besuche haben wir noch kaum gemacht. Meine Stunden laufen so weiter … immer die gleichen Walzen, wie der Theodor sagt.«

Soweit die Kommentare der frischgebackenen Ehefrau in den allerersten Berliner Wochen. Dabei unterrichtet sie schon wieder, und es wird nicht mehr lange dauern, bis ganz anderslautende Klagen nach Straßburg und Halle dringen:

»… im Augenblick wird die Stube nimmer leer von Besuchern. … Alle wollen zum Mittag- oder Abendessen kommen, teils aus Sparsamkeit, teils aus Zeitvertreib. Kurz und gut, ich kann nächstens ein Reformrestaurant eröffnen (denn wir sind immer noch alkoholfrei). … Wir haben schrecklich viel neue Beziehungen und Leute. … Lessers kommen für ein paar Tage zur Marées-Ausstellung.«

An der erbittert geschilderten, allerdings nur für eine kurze Zeit ihr allein aufgezwungenen Hausarbeit, ist die junge »Gnädige Frau« wohl nicht ganz unschuldig. Das zwar vorsorglich und rechtzeitig engagierte, doch gerade schulentlassene Dienstmädchen ist ihr schon wieder weggelaufen. Die unerfahrene ländliche Einfalt hatte vor Ellys trotz Kochkurs eher mangelhaften Kenntnissen in der praktischen Hauswirtschaft und vielleicht etwas übertrieben belehrenden Erziehungsmaßnahmen kapituliert. Es war wohl so, als hätte ein Lehrmädchen das andere zu wahrhaft meisterlichen Arbeitsleistungen führen wollen. Doch das nicht alleine: Als die Dienstherrin das schüchterne Mädchen nach einer Putzorgie an einem glühendheißen Samstagabend mahnend anhielt, Brause oder Badewanne zu benutzen, fragte es mit Todesangst in der Stimme »Frau Doktor, muß ick mir (hier) denn waschen?« und zog es vor, für eine andere Herrschaft zu arbeiten.

Vielleicht war dieser Dienstbotin der Heusssche Haushalt von vornherein etwas suspekt gewesen. Gibt es da doch so gut wie nichts von dem sonst unverzichtbaren Historismusinterieur, das der standesgemäßen Bürgerwohnung die typisch schwülstige, übervolle Geborgenheit verleiht: Kein Schnitzwerk- und Drechselbeinewohnzimmer mit Wohlstandsnippes zur Schau stellender Spiegelkredenz und Reiseandenkenservante. Kein gotisches Schlafzimmer mit romantischen Szenen im Stuckgoldrahmen und irisierendem Schimmer im Dämmerlicht. Nirgends samtene Plüschbehaglichkeit, schwere Portieren, Stoffrollos oder üppige Volants. Und schon gar nicht Voile, Seide, Atlas, Glanzleder oder Perlmutter in allen Variationen. Nach der orientalischen Mohrenstatue mit Nickmechanismus und einer Schale für Billetts, einem gläsernen Dackel als Salzfaß, preußischem Helm als Aschenbecher und halber Ritterrüstung als Schirmständer sucht man bei dem Ehepaar Heuss ebenso vergeblich, wie nach Jagdtrophäen und mit Glasaugen starrenden ausgestopften Tieren. Was Elly und Theodor dagegen in den avantgardistischen Dresdner Werkstätten kauften, was sie vom Berliner Schreiner arbeiten ließen oder zusammentrugen, liebevoll arrangierten und dekorierten, entspricht

dem völlig neuen, modernen Wohnen. Die epochemachenden Werkbundempfehlungen[17] für Kunstgewerbe, handwerkliche und industrielle Formengebung lauten: Stilreinheit und Stileinheit, Zweckmäßigkeit, einfache und klare Formen, nicht niedlich, nicht gedreht, nicht überziert. Eigens aus London hatte Elly die geschmackvollen Stoffmuster für Vorhänge kommen lassen. Theodor wiederum stellte auch an Lampen besondere Ansprüche und bestand dabei auf einer bestimmten »Systematik des Hängens«. Schier endlose schriftliche Diskussionen füllten den vorehelichen Briefwechsel zur Inneneinrichtung. »Bleibe nur fest in der Tapetenfrage«, hatte Elly den Bräutigam angefleht, als der Hauswirt ein Muster mit roten Flecken anbot, das sie als zumindest »gewöhnungsbedürftig«, eigentlich wegen des Farbtons als »unter dem Gefrierpunkt kalt« und darum direkt indiskutabel ansah.
Das Ergebnis langer Überlegungen und aufwendiger Auswahlprozeduren ist allerdings überzeugend: Möbel im Stil der neuen Sachlichkeit und harmonisch abgestimmte, zurückhaltende Dekorationen. Nun stehen die gewünschten zwei klassisch schönen Schreibtische frei im Arbeitszimmer, schlichte Bücherregale bringen Ordnung in Belletristik, anspruchsvoll Literarisches und Fachbücher. Denn Theodor Heuss, als Redakteur auch zuständig für Rezensionen, wird von Verlagen überreichlich mit allen Neuauflagen versorgt. Schlichte Streifenmuster auf Kattun unterstreichen auch bei den Polstermöbeln in Eß- und Wohnzimmer klare Linien und zurückhaltende Eleganz. Lediglich ausgesuchte Einzelstücke, wie Kommoden, Schränke und Sekretäre, entfalten einen dezenten Glanz, heben sich ab durch kunstvolle Intarsien und Beschläge. Abgesehen vom allgemein Ästhetischen, ist dieses mit übereinstimmender Konsequenz und Sicherheit in Stilfragen geschaffene Ambiente in den ersten Ehejahren ganz besonders wichtig. Denn die drei Treppen hohe Wohnung in einem tristen, »mietsparteireichen Haus« zwischen Anhalter und Potsda-

mer Bahnhof, umflutet vom Verkehrslärm, läßt mehr Wünsche als erwartet offen. Drei Jahre lang, bis zum ersehnten Umzug nach Steglitz, Grillparzerstraße 15, tröstet sich Elly mit der Nähe zur Wohnung Friedrich Naumanns, dem Weitblick übers Tempelhofer Feld – sogar den Wrightschen Flugapparat kann man vom Fenster aus sehen – und der unmittelbaren Nähe des Zwölf-Apostel-Friedhofs. Durch seine sommerliche Pflanzenvielfalt und den Gesang der Nachtigallen wird die öde Backsteinlandschaft erträglicher.

Für eine verhältnismäßig kleine Bevölkerungsschicht, zu der auch Elly Heuss-Knapp und ihr Mann zählen, ist nicht nur das progressiv gestaltete Heim Ausdruck des erwachenden neuen Lebensstils. Sie gehören zu dem Personenkreis, der sich auf ausgedehnten Natur- und Kulturexkursionen den frischen Wind des Zeitgeistes um die Nase wehen läßt. Was den weniger Wohlhabenden der Sonntagsausflug oder bestenfalls die ländliche Sommerfrische, ist für Bildungshungrigere die ausgedehnte, über Grenzen hinausreichende Studienreise. Dabei vermischen sich neue Erfahrungen und aufregende Erlebnisse durchaus mit den Gesichtspunkten des Sozialprestiges. Wie wunderbar läßt sich später daheim der Ferienglanz durch wiederholtes Nacherzählen neu beleben. Ausführlichst geben Reisende – auch Elly und Theodor Heuss – in langen Briefen oder Aufsätzen ihre Eindrücke wieder. Ob Brauchtum, Natur, Gartenkunst, Architektur, Bilder oder Skulpturen, alles wird genauestens beschrieben und kommentiert. Begeistert verfolgen auch Zeitungsleser die zahlreichen informativen Berichte aus näheren oder weitentfernten Ländern. Seitenlang, oft in vielen Folgen, schwelgen solche Reportagen in Erinnerungen.

Elly und Theodor betrachten sich, was Reisen angeht, »... von Anfang an als leicht beweglich. ... In unserem Lebenspro-

gramm war vorgesehen, den jährlichen Vierwochen-Urlaub zur Weltbesichtigung zu verwenden«. Doch aus welchen Mitteln bestreiten die beiden solche Fahrten? Beim allgemein großen Interesse an Reiseberichten und eingedenk ihrer Profession ist das ganz einfach: »Einige Schilderungen im Feuilleton einer Zeitung haben … die Möglichkeit des Unterfangens … finanziert. … oder man hielt irgendwo einen Vortrag«. Bei der aktuellen Verwertung wird es nicht bleiben. Über Jahrzehnte können Elly und besonders Theodor Heuss für unterschiedlichste Veröffentlichungen aus dem offenbar unergründlichen Fundus der frühen und späteren Reisen schöpfen.
Die Kunstschätze Englands, Nordfrankreichs, Hollands und Belgiens hatte Elly noch vor der Heirat kennengelernt. Und Theodor war zur etwa gleichen Zeit bemüht, nach einer 22-Stunden-Eisenbahnfahrt die französische Hauptstadt mit jugendlichem Schwung zu erobern. Bis zum Ersten Weltkrieg absolvieren sie mit Fahrten an den Bodensee, mehrmals nach Italien, in die Schweiz und nach England ein recht umfangreiches Reiseprogramm. Während sie durch intensive Literaturstudien, gemeinsam sehr vorzeigbare Sprachkenntnisse und den Erwerb eines Fotoapparates »bildungstechnisch … sozusagen recht ordentlich vorbereitet« sind, sorgt insbesondere Elly Heuss-Knapp »in ihrem unbefangenen Erlösungsbedürfnis« dafür, »daß es nicht in Bildungshuberei ausartet«. Mit schier unerschöpflichem Erzähltalent entert Elly beispielsweise Kapitänstische und erntet dabei dröhnendes Gelächter. Anfangs schüchtern introvertierte Mitreisende oder zurückhaltende Einheimische werden unversehens zu aufgeschlossenen Berichterstattern oder über Jahre treuen Freunden.

Auch Lehrgeld müssen sie zahlen, in Italien, *dem* Ferienland der Engländer und Deutschen: »Uns beiden sah jeder an, daß wir Fremde seien, und das hatte die heitere Folge, daß ich eine ungeheure Anziehungskraft für falsches Geld entwickelte«, erinnert sich Theodor Heuss. »Ich habe das mir nie übel genommen und eigentlich auch nicht meinen Geschäftspartnern … Elly hätte gerne diese für moralischer und mich für münzkundiger gehalten.« Natürlich versucht der Geneppte, »diese Bankerte der nationalen Geldschöpfung wieder in ihre gesellschaftliche Funktion einzuschleusen«. Vergeblich. »In einer rückwärtigen Tasche versammelte ich alle die fragwürdigen Brüder, um sie vor dem Verlassen des Landes einem Opferstock anzuvertrauen.« Elly findet das zunächst ungehörig, billigt das Falschgelddepot schließlich in der Überzeugung, daß es dem italienischen Küster eher gelingen wird, die Blüten erneut in den Geldkreislauf einzureihen und auf diesem Wege das Kirchenvermögen um echte Scheine zu vergrößern.

Rückblickend werden Elly und Theodor Heuss die frühen gemeinsamen Jahre als eine »berufliche und private Idylle« und sich selbst als »jugendlich kommentierende Zuschauer der Weltgeschichte« betrachten. Hatten sie ursprünglich große Sorge, daß das finanzielle Polster für die Lebensführung nicht ausreichen könnte, so geht es ihnen in dieser Hinsicht besser als erwartet. Zeitungen und Zeitschriften können ihre Auflagen deutlich steigern, die Nachfrage nach Pressemitteilungen nimmt zu und mit ihr die Bedeutung festangestellter und freiberuflicher Redakteure. Die neue Lesekultur wirkt sich darum auch positiv auf deren Bezahlung aus. Wie seine Berufskollegen, Publizisten und Kulturredakteure, versteht sich Theodor Heuss als kritischer Beobachter, Reflektierender und Meinungsbildner. Er schreibt politische Kommentare, urteilt über Zeiten und Menschen, Traditionen und Moderne. In seinem Wochenblatt für Politik, Literatur und Kunst hat er inzwischen freie Hand und gibt ihm ein unverwechselbares Profil. Weltfremde Schwärmer und dogmatische Volkserzieher bekommen keine Gelegenheit, die *Hilfe* als Plattform zu

benutzen. Heuss veröffentlicht inzwischen im angesehenen *Kunstwart*[18], schreibt für die *Neckar-Zeitung* und regelmäßig Leitartikel für die *Rigaischen Neuesten Nachrichten*
Die zunehmenden – auf Theodor zurückgehenden – Kontakte beziehen ganz selbstverständlich Elly Heuss-Knapp mit ein, was im umgekehrten Verhältnis natürlich genauso zutrifft. Sie besuchen Gesellschaften und Elly kann ihr Schwarzseidenes aus Straßburger Rektoratstagen wieder ausführen. Friedrich Naumann ist gern und häufig zu Gast; lange debattieren sie über die Haltung der Sozialliberalen zur Kolonial- und Flottenpolitik, ereifern sich über die schleppende Abschaffung des Drei-Klassen-Wahlrechts und diskutieren die Stellung der Arbeiter in einer modernen Industriegesellschaft. Die angereiste junge Dichterin Lulu von Strauß und Torney, mit Theodor seit langem befreundet, sorgt nicht als einzige für die zunächst vermißten literarischen Gespräche. Gutsituierte liberale Parteigänger unterstreichen ihre Freundschaft zum Ehepaar Heuss durch gastliche Einladungen auf idyllische Landgüter. Ganz bewußt genießen Elly und Theodor diese mannigfaltigen Abwechslungen und ihre weitgespannten Aktivitäten. Und welcher Hintergrund könnte dafür geeigneter sein, als die pulsierende deutsche Metropole, das sich in jeder Hinsicht so stürmisch entwickelnde Berlin.

Frühling 1910. Ein Blick von Elly in den Spiegel: sie ist noch ganz winter- und stubenblaß. Ein Blick vom Balkon: üppige Fliederblüten und herrlichster Sonnenschein. Viel zu schade für bürgerkundliche Unterrichtsvorbereitung, beschließt Elly Heuss-Knapp, packt ihre Bücher rasch zusammen und entscheidet sich für einen Stadtbummel bei gleichzeitiger Erledigung längst fälliger Besorgungen. Nur noch die Stiefel zugeknöpft, das Haar unter dem neuen großen Wagenradhut gebändigt, Taschentuch und Geld in der Handtasche verstaut, dann kann es losgehen.

Senden Sie Prospekte an:

Vor- und Zuname

Straße

Postleitzahl und Ort

Vor- und Zuname

Straße

Postleitzahl und Ort

Vor- und Zuname

Straße

Postleitzahl und Ort

»Juten Morjen Frau Doktor!« Frau Schmidtke steht erwartungsvoll im Geschäftseingang, spannt ihre blütenweiße Schürze noch etwas fester um Hohlkreuz und vorstehenden Bauch und macht einen angedeuteten Knicks vor der feinen Kundschaft. Opa Schmidtke bewacht, auf einem Hocker sitzend, die Gemüseauslagen vorm kleinen Schaufenster. Ab und an kollidiert seine schwarze Schiebermütze mit einer der über ihm baumelnden, an den Beinen aufgehängten gerupften Gänse. »Obst – Gemüse – Kartoffeln & Herings-Verkauf – Gurken« liest Elly auf der Wand hinter seinem Rücken. Rechts neben der Ladentür verspricht die Aufschrift »Hier kann gerollt werden« und »Sämtliche Artikel zur Wäschepflege vorrätig«. Ein Maggi-Emailschild und die Persil-Reklame auf der Fensterscheibe runden die Kundeninformationen des winzigen, vollgestopften Geschäfts ab. Elly muß schmunzeln, jedesmal, wenn sie hier vorbeikommt, fällt ihr ein lustiger Zweizeiler ein. Solche Reimspielereien machen ihr Spaß, gehen ihr einfach so durch den Kopf:
»Den Maggi-Fleck, sagt unsre Lene, schafft nur Persil, wie von alleene!« Wäre doch ein guter Werbespruch …

Im nächsten Torbogen hat sich der Eiskonditor eingerichtet, streicht flink die kalte Köstlichkeit auf eine Waffel und reicht sie einem kleinen Mädchen mit riesiger Satinschleife im dünnen Zippelhaar. In jedem neugebauten Haus ist jetzt ein Ladenlokal vorgesehen: Schneiderei, Schreibwaren, Kolonialwaren, Modeartikel … Elly überlegt. Hatte es vor fünf Jahren schon so viele kleine Geschäfte in Berlin gegeben? Die Stadt wächst unaufhörlich, täglich kommen mehr Menschen dazu, vor allem aus den ostelbischen Gebieten; Landarbeiter und Mägde, Bauernsöhne und -töchter suchen ihr Arbeits- und Lebensglück in Berlin. Oft vergeblich. In der Elektrischen sieht Elly immer mehr Leute hastig den *Berliner Arbeitsmarkt* durchblättern.

Unter den Linden. Immer weniger Pferde auf Berlins Prachtstraße, stellt Elly fest, dafür immer mehr Benzinkutschen. Polizisten in Pickelhauben und stramm sitzender Uniform regeln zackig gestikulierend den Verkehr. Unter den schattenspendenden Bäumen der Mittelallee sind gottlob nur Fußgänger zugelassen. Wie dicke Milchglasbälle sehen die Kuppeln der neuen elektrischen Bogenlampen bei Tage aus. Elly erinnert sich an einen nächtlichen Heimweg – eine Oper von *Mayerbeer* hatten sie gehört. Wie geblendet waren sie und die anderen Besucher des Musentempels vom strahlenden Straßenlicht.

An der Stelle, wo Unter den Linden und Friedrichstraße zusammentreffen, legt Elly eine wohlverdiente Pause ein. Dem Victoria-Cafe kann man einfach nicht widerstehen. Die neue stilvolle Einrichtung ist – abgesehen vom hervorragenden Kuchen – ganz nach ihrem Geschmack. Der unerläßliche Kaiser Wilhelm blickt allerdings auch hier majestätisch von der Wand. Wo man geht und steht, ruht neuerdings des Monarchen Auge auf seinen Untertanen, in allen möglichen respekteinflößenden heroischen Posen und prachtvollen Phantasieuniformen.
Das etwas schuldbewußt verzehrte Tortenstück wird nun durch einen raschen Fußmarsch wieder abgebüßt. Nur die Ankündigungen auf der Litfaßsäule muß Elly vorher noch eingehend studieren. Sollen sie beim nächsten Mal ins Lessing-Theater unter der Leitung von Otto Brahm oder ins Deutsche Theater des genialen Max Reinhardt gehen? Entscheiden sie sich für Frank Wedekind oder Carl Sternheim, für Gerhard Hauptmann oder Ibsen? Elly und Theodor Heuss, die fortschrittliche Bürgerwelt, sind offen für Neues, man strömt zu den Inszenièrungen großer und kleiner Bühnen, zu jedem den Zeitgeist widerspiegelnden Kulturereignis. Begeistert feiert man modernes Ballett, geradezu revolutionär war die jüngste Entwicklung des Bühnentanzes, die in Bewegung umgesetzte Idee

der neuen Natürlichkeit. Elly läuft zum zweiten Mal um die Säule, ist fasziniert von der Vielfalt des kulturellen Angebots. Varietés konkurrieren mit den neuen Lichtspieltheatern. 139 Kinos gebe es jetzt in Berlin, hat sie gelesen. In jedem fünf neue Arbeitsplätze: Vorführer, Kassierer, Platzanweiserin, Klavierspieler und Erklärer. Henny Porten ist in diesem Jahr der ganz große Star …
Elly muß sich mit Gewalt losreißen, ein weiterer Höhepunkt des Stadtbummels steht noch aus: Wertheim, der architektonisch kühne Konsumtempel, *das* Berliner Einkaufsparadies.

Der viertelstündige Weg ist geschafft. Kaum vorstellbar, denkt Elly mit Blick auf die monumentale Wertheim-Fassade, ursprünglich war hier ein Basar, in vier Stockwerken eines einfachen Wohnhauses. Durch gut 100 Zimmer im Grundriß einer Berliner Wohnung mußte man damals beim Einkaufen ziehen. Und jetzt? Die kolossale Außenfront ist durch Pfeiler großzügig gegliedert, um einen riesigen Lichthof laufen die einzelnen Stockwerke. Jedes ein einziger großer Raum, die Decken von Säulen getragen. Einen Bärenbrunnen gibt es und den bezaubernden Wintergarten. Wertheimbesuche gleichen Pilgerfahrten – fast nichts, was es hier nicht zu kaufen gibt. Waren aus aller Welt liegen frei und offen aus, vorbei sind die Zeiten der Schubladen und verschlossenen Schränke. Im Eingang wachen Portiers, zwielichtige Gestalten und Kinder ohne Begleitung haben keinen Zutritt. Elly steuert die Lebensmittelabteilung an. Herkulische Fleischer wuchten Rinderviertel und Schweinehälften auf ihre Schultern, jonglieren sie durch die Gänge. Lebende Flußfische schwimmen in Bassins, Delikatessen reihen sich an Delikatessen. Elly schaut, überlegt, rechnet und bestellt eine Wochenration, geliefert wird frei Haus.

»Meine Lebensführung entsprach also genau dem Programm der ›neuen Frau‹«

Ein ausreichendes Einkommen des Gatten, abwechslungsreiches Großstadtleben, interessanter Freundeskreis, ausgedehnte Reisen und ganz privates Glück – kann eine junge Ehefrau, kann Elly Heuss-Knapp nach landläufig gutbürgerlicher Auffassung mehr erwarten? Sie kann und hatte sich ja vorgenommen, ihre unentgeltliche Arbeit genauso wie die Erwerbstätigkeit in Berlin möglichst unverzüglich fortzusetzen. Darum hatte sie – wie üblich rechtzeitig und konsequent – noch von Straßburg aus hilfreiche neue Kontakte geknüpft und alte wiederbelebt. Bereits in der ersten Maiwoche 1908, unmittelbar nach der kurzen Hochzeitsreise und dem Einzug in die Berliner Wohnung, begann schon ihr Unterricht an der Lette-Fortbildungsschule des von dem Liberalen August Lette gegründeten Vereins zur Förderung der Erwerbsfähigkeit des weiblichen Geschlechts sowie an der Viktoria-Fortbildungsschule, einer »Lehr- und Erziehungsstätte zur Ertüchtigung von Mädchen für das praktische Leben«. Zwischen sechs und zehn Wochenstunden schwankt der Umfang ihrer Lehrtätigkeit für »viel aufgewecktere Schulmädel als in Straßburg«. Professor Knapp und der Schwester Marianne berichtet Elly freimütig: »Ich verdiene dann gleich ganz ordentlich … Es gibt Unterrichtsstunden à sechs Mark und à fünf Mark … Alles mit der alten Vorbereitung von Straßburg und mit Bürgerkunde, Verfassung von Preußen etc.«

Bereits im Spätsommer wird Elly Heuss-Knapp zudem in die Prüfungskommission für Gewerbelehrerinnen berufen »… und soll vierzig Minuten lang prüfen. Das ist mir halb interessant, halb unheimlich, denn mir scheint, daß es mehr dazu dient, mich zu prüfen als sie. Immerhin ist es eine Erweiterung von Erfahrungen«.

Bei der Lehrtätigkeit allein ist es nicht geblieben. Elly ist auf dem besten Wege zur Schulbuchautorin. Seit den Schülerinnen nicht nur bürgerkundliche Kenntnisse, sondern auch die »grundlegenden Kapitel der theoretischen Volkswirtschaft« vermittelt werden, ist das Defizit an unterrichtspraktischem, fachbezogenem Lehr- und Lernmaterial nicht mehr zu übersehen. Als schließlich Alice Salomon mit ihrer *Sozialen Frauenschule* eine Lehranstalt zur erstmals qualifizierten Berufsausbildung für Sozialarbeiterinnen errichtet und ihrer Freundin Elly Heuss-Knapp in Aussicht stellt, dort ebenfalls Bürgerkunde und Volkswirtschaft unterrichten zu können, scheint es um so notwendiger, endlich ein geeignetes Unterrichtswerk zu konzipieren. Von Alice Salomon bestärkt und vom Leipziger R.Voigtländer-Verlag vertraglich abgesichert, wagt sich Elly seit Juni 1909 bis Februar 1910 an das auf 200 Seiten wachsende, systematische Lehrbuch der *Bürgerkunde und Volkswirtschaft für Frauen – Leitfaden für Frauenschulen, Handelsschulen, Gewerbeseminare und verwandte Anstalten.* Sie schafft damit ein über mehr als zwanzig Jahre gefragtes, stets aktualisiertes, ausführliches Standardwerk in acht Auflagen. »Die Erziehung zu sozialer Gesinnung« ist ihr Ziel. In zweiter Linie erst sieht sie die »Notwendigkeit der Vermittlung von Kenntnissen«.

Bereits nach zwei Monaten stehen die ersten 80 Seiten des bürgerkundlichen Teils, was allerdings die viel komplexere Volkswirtschaftslehre angeht, fehlt es nicht nur Elly Heuss-Knapp an einschlägiger Erfahrung im Mädchenschulwesen. Sicher, sie hatte bisher versucht, ihre Kenntnisse aus den Studiensemestern in Freiburg und Berlin – aufgelockert durch anschauliche Beispiele aus der Alltagswelt – im Unterricht zu verwerten. Trotzdem scheint es sicherer, den nationalökonomisch versierten Vater um Korrektur zu bitten:

»Es nutzt nichts, Du mußt mir ein bißchen bei dem zweiten Teil des Buches helfen … lies bitte das Geldkapitel … Aber sage jetzt nicht (wie früher) ›das macht nichts‹, denn es wird gedruckt und blamiert dich mit … Wenn ich Dein Kolleg gehört hätte, wär's leichter … Es kommt eben nur darauf an, die Sachen hervorzuheben, die zum Unterricht bei fünfzehn- bis siebzehnjährigen Mädchen geeignet sind.«

Während der intensiven Arbeit an diesem Lehrbuch lernt Elly Heuss-Knapp nicht nur sachlich viel hinzu. Viele Inhalte sprechen sie auch emotional an und tragen dazu bei, die allgemein gültige und die ganz persönliche Frauenrolle erneut zu überdenken:
Im September 1910 blättert Elly sichtlich stolz in dem noch druckfrischen, heute vom Verlag erhaltenen gebundenen Exemplar ihrer *Bürgerkunde und Volkswirtschaftslehre*. Auf Seite 67, an der Überschrift »Stellung der Frau in der Ehe« bleibt ihr Blick hängen: »Die Frau«, liest sie halblaut, »bleibt auch in der Ehe voll geschäftsfähig. Damit hat das BGB die rechtliche Stellung der Frau erheblich verbessert. Denn früher verlor dem Grundsatz nach die Frau durch Eingehung der Ehe die Geschäftsfähigkeit. … In allen das gemeinschaftliche Leben der Ehegatten betreffenden Angelegenheiten steht dem Manne« – noch immer! – und Elly formulierte diese Passage schon beim Schreiben sehr widerstrebend – »die Entscheidung zu. Die Frau muß sich ihm fügen; besonders in der Wahl des Wohnortes und der Wohnung. Die Frau nimmt den Namen des Mannes an … Sie ist verpflichtet, den Haushalt zu führen und die Kinder zu erziehen … In der Führung des Haushaltes kommt es auf die Stellung des Mannes an, wieweit sie selbst arbeiten muß. … Die Frau eines höheren Beamten kann verlangen, daß dafür ein Dienstmädchen gemietet wird. … Der Mann hat also für den ›standesüblichen Unterhalt‹ zu sorgen. … Wenn der Mann nicht in der Lage ist, dieser Verpflichtung nachzukommen, muß die Frau nach Maßgabe ihres Vermögens oder ihrer Erwerbsfähigkeit mit zum Unterhalt beitragen.« – Elly blättert

weiter, wendet Seite um Seite. Hier, im Statistikteil, hatte sie noch vermerkt: »Etwa die Hälfte der erwachsenen weiblichen Personen ist heute erwerbstätig und ein Drittel aller Erwerbstätigen ist weiblichen Geschlechts. … Die Frauen wollen nicht als überflüssige Arbeitskräfte unbeschäftigt sein.«
Wie deutlich sich ihre und Theodors Sichtweise des Ehe- und Familienlebens von der allgemeinen Auffassung abhebt! Die Wohnortfrage hatte sich eigentlich erübrigt, die Wohnungswahl hatten sie von vornherein gemeinsam – ein wenig mehr sogar nach Ellys Gusto – entschieden. Sie verwaltet ganz selbständig ihr kleines Vermögen und persönliche Einkünfte. Ihr progressiver Mann hatte sogar vorgeschlagen, einen Vertrag über Gütertrennung zu schließen, damit ihr auch rechtlich die Verfügungsgewalt über das eigene Vermögen bleibe. Er hatte auch gegen die Wahl des Doppelnamens Heuss-Knapp absolut nichts einzuwenden. Und daß sie das so sehr geliebte Unterrichten schon etwas länger und die Schreibtischarbeit ebenfalls vorerst hatte aufgeben oder erheblich reduzieren müssen, hat einen ganz anderen, einen äußerst triftigen Grund.
Denn am 5. August 1910 – zwei Wochen nach dem errechneten Termin – wird der Sohn Ernst Ludwig geboren. Ohne Alarmzeichen während der ganz normalen Schwangerschaft und trotz vorsorglicher Einlieferung in die Frauenklinik bedrohen dramatisch verlaufende Geburtskomplikationen das Leben von Mutter und noch ungeborenem Kind über drei Tage und Nächte. Nicht erst die eigene Erfahrung, auch das schreckliche Leiden und der unabwendbare Tod der jungen Straßburger Freundin Else Polaczek, auch sich mit furchtbarer Gewißheit wiederholende Frauenschicksale im Familien- und Bekanntenkreis haben sie mit dieser realen Möglichkeit, dem hohen Risiko für Mütter und Kinder, konfrontiert:
»Ich war sehr nahe am Tod gewesen, seine Sichel streifte mich. Nach Wochen holte mich Naumann zu einem ersten Gang in

die Sonne ab und führte mich zwischen die Gräber des nahen Friedhofs. ›Ich muß immer daran denken, daß ich jetzt hier liegen könnte‹, sagte ich. ›Das ist Ihnen doch hoffentlich kein unangenehmer Gedanke‹, antwortete er mit einem freundlichen Lächeln.«

Die langsam fortschreitende Rekonvaleszenz zieht sich bis zum kommenden Frühjahr hin. Gesundheitliche Folgen der Schwangerschaft bleiben belastend. Spätere Fehlgeburten vernichten die Hoffnung auf ein weiteres Kind. Töchter hätte sich Elly gewünscht, und diese unerfüllte Hoffnung findet noch nach Jahren Ausdruck in ernsthaften Adoptionsüberlegungen des Ehepaares Heuss.

Als ahnte und befürchtete sie bereits, daß eine erzwungene Zurückhaltung ihren gewohnten Arbeits- und Lebensrhythmus über Monate aus dem Gleis bringen wird, nutzte Elly Heuss-Knapp die Zeit vor und während der Schwangerschaft in jeder Hinsicht, hatte anscheinend tatsächlich Kraft und Energie für zwei. Da waren die fruchtbare Arbeit mit den lernbegierigen Schülerinnen, das Wachsen des umfangreichen Lehrbuches und ab Anfang des Jahres 1910 noch ein Zyklus von 11 Vorträgen beim Charlottenburger Kurs für Armen- und Waisenpflegerinnen. Von Zeit zu Zeit – wenn Autoren besonders schlampig heruntergeschriebene Manuskripte ablieferten – unterstützt sie Theodor mit großer Freude und erfolgreich beim Redigieren der *Hilfe*. Doch »die Aufgabe, die mir am meisten Freude machte, aber auch am meisten Mühe, stellte mir Naumann: gelegentlich Stoff zu seinen Vorträgen zu sammeln«. Als der Politiker eines Tages kurzfristig eine von Elly mitvorbereitete Rede absagen mußte, sprang die junge Mitarbeiterin ohne langes Zögern und falsche Bescheidenheit für ihn ein. Und unmittelbar vor der Niederkunft entstand noch für die Heilbronner *Neckar-Zeitung* ein einfühlsamer Artikel über das Leben der beliebten und früh verstorbenen preußischen Königin Luise.

Ab Frühjahr 1910 – wohl bis 1912 – pachtet das Ehepaar Heuss eine Zweizimmer-Dachgeschoß-Sommerwohnung mit kleinem schattigem Grundstück, umrahmt von einem Kiefernwald, in Neubabelsberg bei Potsdam. Wenn es geht, kommt Theodor schon gegen zwei Uhr von der Redaktion heraus. Hier entdeckt Elly Heuss-Knapp, der Etagenmensch, ihre Liebe zu Gärten und »macht erste Fingerübungen an winzigen Blumenbeeten«, hier steht der Laufstall des kleinen Ernst Ludwig auf dem Rasenstück. Morgens fährt sie mit dem Kinderwagen gerne zur Glienicker Brücke, geht am Fluß spazieren. Denn auch Kronprinz Wilhelm, Bruder des galanten Prinzen vom großen Straßburger Rektoratsbankett, zeigt sich regelmäßig am Havelufer, »… und als besondere Gaudi kommt … (er) mit dem Auto an die Dampferlandestelle täglich gefahren, zieht sich im Wagen aus und schwimmt dort. Die Potsdamer, die aus den Dampfern steigen, machen Knickse, und er grüßt, indem er die Hand ans nasse Haar legt. Es sieht wundervoll aus. Warum er ausgerechnet an einer Landestelle baden muß, während ihm in seinem Park das ganze Ufer zu Gebot steht – das weiß ich nicht. Vielleicht ist er stolz auf seinen gut gebauten Körper«.

Wie die meisten Mütter, geht Elly Heuss-Knapp zunächst ganz in der Betreuung, Beobachtung und Bewunderung ihres Kindes auf. Detailliert werden alle Befindlichkeiten des Kleinen festgehalten – ob er trinkt und was, ob er lacht oder nicht, wann er schläft und was er jetzt und später wiegt. Vom lästigen Schnupfen werden Familienmitglieder und Freunde ebenso unterrichtet, wie vom mühsamen Trockenwerden und vom ersten kleidsamen weißen Pikeehütchen. Auch der frischgebackene Vater macht sich nützlich und erklärt stolz:

»Ich habe heute dem Buben eine Viertelstunde Volkslieder vorgepfiffen, die seine ganze Teilnahme gefangenhielten. Auch hat er den Blick auf die blanke Uhr fixiert, wirklich hin und hergedreht das Köpfle.« Offensichtlich hat Theodor Heuss seinen Sohn gelegentlich selbst gewickelt, denn als das »Büble« vier Monate alt ist, berichtet seine Frau: »Das Väterle wickelt (ihn) gar nimmer, weil die Mama nicht mehr so müd ist.«

Die ausschließliche Beschränkung auf Haushalt und Kind ist – eingedenk der stolzen, anfangs noch kränkelnden Mutter und aus der Sicht des kleinen Ernst Ludwig – für einige Zeit unumgänglich und wichtig. Doch allmählich drängen sich Elly die bekannten grundsätzlichen Fragen auf: Welche Prioritäten setzt sie bei der zukünftigen Lebensplanung? Lassen sich Kind und Beruf überhaupt miteinander vereinbaren? Wenn ja, wie bewältigt sie den familiären und beruflichen Alltag? Offensichtlich finden sich Lösungen, sind die jungen Eltern zu Kompromissen bereit. Denn am Ende zumindest eines Ferienaufenthaltes – vermutlich aber mehrerer Reisen – machen Elly und Theodor Heuss Zwischenstation in Badenweiler, »wo … der dreijährige Bub in einem Kinderheim abgestellt war«.
Zwei Jahrzehnte später, Mitte der dreißiger Jahre, wird Elly die uneingeschränkte, liebevolle mütterliche Betreuung von Kindern als »Hohe Schule der Selbstlosigkeit« charakterisieren, und hier findet sich auch die Behauptung, sie habe ihren Sohn in den ersten Lebensjahren nie über eine längere Zeit allein gelassen.

Im Jahre 1911 fällt die dreißigjährige Mutter recht eindeutig und rasch eine Entscheidung: Haushalt und Kinderbetreuung so viel wie nötig – Erwerbstätigkeit und soziales Engagement so intensiv wie möglich. »Meine Lebensführung entsprach genau dem Programm der ›neuen Frau‹« bekennt sie rückschauend. »Jedoch habe ich nie viele Stunden außer dem

Elly mit Sohn Ernst-Ludwig etwa 1914

Hause zubringen müssen, und das Unterrichten spielte bei mir die Rolle wie bei anderen das Klavierspielen.« Wie viele Stunden Elly in der Kindheit ihres Sohnes tatsächlich außer Haus sein mußte, läßt sich im nachhinein nicht mehr so genau ermitteln, daß es angesichts fortgesetzter Vortragsreisen nicht immer so wenige waren, ist jedoch zu vermuten.

Daß Elly Heuss-Knapp sich so frei für die von ihr präferierte Lebensform entscheiden kann, verdankt sie in erster Linie der ungewöhnlich modernen Einstellung ihres Ehemannes, aber auch der Existenz von dienstbaren Geistern. Auf Dienstmädchen, auf deren meist schmalen, oft kindlichen Schultern, liegt im gehobenen bürgerlichen Milieu die Hauptlast von Hausarbeit und Kinderbetreuung. In den ersten Lebensjahren von Ernst Ludwig heißt der gute Geist Auguste und »gehört«

bei Heuss' »ganz zur Familie«. Besonders vor 1914 ist es nicht nur in Berlin kein Problem, weibliche Dienstboten vom Lande gegen Kost, Logis und einen erschwinglichen Lohn einzustellen. Dennoch, für Elly Heuss-Knapp bleibt darüber hinaus genug zu tun, und es fällt ihr nicht immer leicht, allen Ansprüchen – den eigenen und denen der anderen – gerecht zu werden. Für den 20. November 1911 listet sie den Tagesablauf recht genau auf:

»Ich hab' viel zu tun. Morgens schreib' ich drei bis vier Briefe in Sachen der Ausstellung ›Die Frau in Haus und Beruf‹, telefoniere eine Stunde lang, von neun bis zehn, dann kommt der Ludwig, der gebadet sein will um zehn Uhr, dann Haushalt und eventuell (Unterrichts)Stunden, nachmittags Vorbereitung für Stunden, Spaziergang mit Ludwig, und abends noch oft etwas. Meine neue Arbeit in der sozialen Frauenschule macht mir viel Freude.«

Elly Heuss-Knapp ist wieder relativ gesund, aktiv und ganz die alte, und dem verlockenden Angebot, erneut eine große Ausstellung mitzuorganisieren, kann sie natürlich nicht widerstehen. Schon die Heimarbeitsausstellung 1906 hatte doch bewiesen, daß solche spektakulären und informativen Veranstaltungen Publikumsmagneten sind und noch im Nachklang weite Wirkungskreise ziehen. Verbunden mit dem Deutschen Frauenkongreß Ende 1911 ist im darauffolgenden Februar eine Ausstellung zum Thema *Frau in Haus und Beruf* geplant. Praktisch und klug hatten die verantwortlichen Organisatorinnen – vorwiegend aus der Frauenbewegung – einige bedeutende Wirtschaftsunternehmen um Unterstützung gebeten und einen spendablen Mäzen gefunden. Die Berliner Gasgesellschaft übernimmt die volle finanzielle Verantwortung für die Ausstellung und verbindet mit der Werbekampagne die Hoffnung, daß möglichst viele Frauen das Engagement zu würdigen wissen und sich im eigenen Haushalt gegen die Elektrizitätskonkurrenz entscheiden. Idee und Ziel der Ausstellung, Frauenaktivitäten in den zwei gleichberechtigten Lebenssphären Haus und Beruf vorzustellen, sind 1912 geradezu revolutionär.

Man findet technische Neuheiten für den Haushalt, Architektinnen stellen zweckmäßig gestaltete Häuser und Küchen vor, Frauenarbeit in Landwirtschaft, Industrie und Handwerk rücken die Veranstalterinnen genauso ins Rampenlicht, wie Berufsbilder von Stenotypistinnen, Telefonistinnen und Verkäuferinnen. Trotz ihrer im Prinzip distanzierten Haltung zur Frauenbewegung ist Elly Heuss-Knapps Mitarbeit keine Frage. Vor dem großen Forum des begleitenden Kongresses trägt sie Fundiertes zur *Reform der Hauswirtschaft* vor und sammelt für eine von ihr betreute Ausstellungsabteilung umfangreiche Informationen zur *Sozialen Frauenarbeit.* So nimmt das Vertiefen in die Geschichte der caritativen Nonnenorden und der evangelischen Diakonie einen großen Teil der täglichen Arbeitszeit in Anspruch. »Es wäre«, überlegt Elly, »sehr naheliegend gewesen, daß ich in jenen Tagen, angezogen von der überlegenen Führung, mich ganz der Frauenbewegung angeschlossen hätte. Aber das geschah nicht. Doch ... wenn ich in den nächsten Jahren zu einem Vortrag gerufen wurde, so sagte ich selten nein. Aber ich hatte wenig Sinn für den Aufbau der Organisation und wußte manchmal nicht genau, bei welchem Verein ich gesprochen hatte.«

Als Elly Heuss-Knapp aus gebührender Distanz den Eröffnungsbesuch der Kaiserin verfolgt und aufmerksam beobachtet, wie sich die Monarchin im dunklen Kleid, etwas steif und von wichtigem, großem Ernst getragen durch vorher ausgewählte Abteilungen führen läßt, fällt ihr ganz unvermittelt der Internationale Frauentag im letzten Herbst ein. Warum? Natürlich! Mit der gleichen steifen, reservierten Würde waren die demonstrierenden Frauenrechtlerinnen aufgetreten. Auch die hatten, schwarz gewandet und behütet, dieses unbeschreibliche Fluidum von, so kam es ihr vor, stolz dahinschreitenden Rabenvögeln.

KAPITEL 5

Heilbronn 1912–1918

»... und nach dem englischen Rezept verfahren werde: ›To make the best of it‹«

»Einen Punkt hatten wir übersehen ...« so Elly Heuss-Knapps treffender Kommentar nach der Ausstellung *Die Frau in Haus und Beruf*. »Er ist sehr wichtig und heißt: Die Frau und der Beruf ihres *Mannes*.« Bittere Ironie spricht aus diesem Kommentar zu einer Entwicklung, die sich seit Anfang 1912 abzeichnet.

Die Aussicht, gerade jetzt erneut entwurzelt zu werden, Berlin wieder den Rücken kehren zu müssen und aus der Reichshauptstadt in die schwäbische Provinz wechseln zu sollen, erscheint ihr geradezu absurd. Und diese Idee stammt ausgerechnet von Friedrich Naumann. Theodor Heuss – so die taktisch kluge Überlegung – könne in Heilbronn die Schriftleitung der lokal einflußreichen, liberal gesinnten *Neckar-Zeitung* übernehmen. Als inzwischen erfahrener Publizist und sprachgefärbter Heilbronner würde er im Südwesten journalistischen Einfluß ausüben und ganz persönliche Überzeugungsarbeit leisten können. Insbesondere geht es Naumann bei dieser Transaktion um die Rückgewinnung seines 1907 mit Theodors Hilfe gewonnenen und jüngst in Heilbronn knapp wieder verlorengegangenen Reichstagsmandates für die liberale *Fortschrittliche Volkspartei*. Sollte er, Friedrich Naumann, in einem anderen Wahlkreis antreten – was sich abzeichnet und auch eintritt – könne Theodor Heuss als Heimatkandidat selbst versuchen, den Einzug ins Parlament zu schaffen.

Diese Überlegung gewinnt rasch an Eigendynamik und zeigt unzweifelhaft interessante Perspektiven auf – für ihren Mann, für Elly vorerst kaum. Und so beobachtet sie die Entwicklung mit gemischten Gefühlen. »Die *Neckar-Zeitung*«, so ihre spitze, doch nicht ganz zutreffende Charakterisierung, »ist so *das* württembergische Kulturblättchen, alle Pfarrer sind darauf abonniert!« Während der erst achtundzwanzigjährige Theodor Heuss den Wechsel nach Heilbronn ernsthaft ins Auge faßt und die Chance erkennt, seine publizistischen und politischen Ambitionen auszuweiten, bekennt seine Frau unumwunden:

»Ich habe gar keine Lust auf Heilbronn und halte es auch für den Theodor nicht für das Richtige, jetzt schon württembergische Lokalgröße zu werden, … wo man Träger und Spitze der ›Intelligenz‹ spielen muß. … All das geht uns sehr im Kopf herum, aber es ist auch möglich, daß wir vorläufig ruhig bei der *Hilfe* bleiben.«

Das käme ihr zweifellos entgegen, doch sie bleiben nicht, übersiedeln nach Heilbronn, schon im Mai 1912, und beziehen eine Wohnung in der Lerchenstraße 31.

Elly Heuss-Knapp ist beim Umzug nicht dabei. Im März, zum siebzigsten Geburtstag des Vaters, war sie mit Theodor und dem kleinen Ernst Ludwig nach Straßburg gereist. Eine willkommene Gelegenheit, nicht nur den Vater, sondern auch Marianne und Ernst Lesser und die Geiger-Söhne aus Basel wiederzusehen. Den Vettern fühlt sie sich wie eh und je schwesterlich verbunden. Doch auf die allgemeine Festtagsstimmung fiel ein Wermutstropfen. Lella Geiger, die von allen geliebte und verehrte, warmherzige Zwillingsschwester des Professors fehlte ihnen sehr. Schon vor drei Jahren war sie unerwartet gestorben, aber von Jahr zu Jahr empfinden ihre Söhne und Nichten deutlicher die große emotionale Lücke. Im anregenden Straßburger Geburtstagstrubel spürte Elly

Heuss-Knapp auch mehr und mehr die Grenzen ihrer augenblicklichen Belastbarkeit. Anhaltende gesundheitliche Probleme als Folge der lebensbedrohenden Geburtskomplikationen, das kräftezehrende und nervenaufreibende Bemühen um Vereinbarkeit von beruflichen und häuslichen Pflichten und nicht zuletzt das Schreckgespenst eines völligen Neuanfanges auf unbekanntem schwäbischem Terrain hatten ihrer Konstitution mehr zugesetzt, als sie sich selbst eingestehen wollte. »Da stellte sich heraus, daß ich gesundheitlich weder fähig war, zu arbeiten, noch Feste zu feiern, und so wurde ich nach Badenweiler geschickt, der Umzug ging ohne mich vonstatten. Diese Ausruh- und Genesungszeit während der Kirschblüte in dem sonnigen, hügeligen Gelände ... gab mir eine Wahlheimat.«

Genau ein Jahr später, nach einem Klinikaufenthalt, und in vielen weiteren Jahren, wann immer es notwendig ist und irgend geht, gibt Elly Heuss-Knapp ihrer Badenweilersehnsucht nach. Denn von dort fällt der Blick direkt auf die nahen nadelwalddunklen Vogesenhänge. So leicht und selbstverständlich wandern dann die Gedanken über das Oberrheintal, ins Elsaß, nach Straßburg. Aber nicht nur die Heimatnähe oder Gesundheit und Seele stabilisierende Entspannung sind das Geheimnis der Kuren in Badenweiler. Elly versucht dort, immer wieder und eigentlich immer wieder erfolglos, etliche überzählige Pfunde zu verlieren.

Viele Straßburger Freunde besuchen Elly 1912 und 1913 im Badenweiler Frühling. Sanft und lebhaft zugleich wirkt das Relief der hügeligen Landschaft, lädt zu geruhsamen Wanderungen ein. Reihe um Reihe, zartrosa und strahlend weiß, leuchten die Baumkronenschleier, wagt sich aus ungezählten Rebstöcken frisches, wohltuendes Grün. Aber geradezu schmerzhaft spüren alle auch den Kontrast zwischen bezau-

bernder Obst- oder Weingartenidylle und ernsthaftem Gedankenaustausch. Eindringlich, ja geradezu beschwörend, zeichnen viele Besucher ein beängstigendes Bild der Zukunft. Als Dr. Pierre Bucher, Herausgeber der Straßburger *Elsässischen Rundschau* sowie Freund und Förderer aus alten Tagen, den Weg über den Rhein nach Badenweiler findet und sich sehr offen äußert, wird Elly Heuss-Knapp hellhörig. Heftig klagt der elsässische Patriot an, spricht von gezielten Kriegsvorbereitungen im Deutschen Reich. Gegen den »Erbfeind« Frankreich – so prophezeit er – werde der Kaiser die Waffen zuerst richten und dann erfahren müssen, daß Franzosen und Elsässer Seite an Seite kämpfen werden. Kämpfen für ein Elsaß, das zu Frankreich, nicht zu Deutschland gehöre. Schon jetzt spüre man die wachsende Distanz gegenüber Altdeutschen – mögen sie nun seit Jahrzehnten auf der westlichen Rheinseite leben oder nicht. Ihr, Ellys, vor der Heirat noch unbefangener Kontakt zu frankophilen Straßburgern, so seine Einschätzung, wäre heute kaum noch denkbar. »Du bist die einzige Deutsche, die wir noch sehen.« Elly kann es nicht glauben, ist geradezu entsetzt. Doch auch Walter Leoni – die Beziehung ist längst entkrampft und unter Einbeziehung Theodors sehr freundschaftlich – kommt ins Badische herüber.
»Wir werden um diese unsere schöne Heimat noch einmal kämpfen müssen. Wir müssen uns bereithalten«, lautet auch seine ahnungsvolle Einschätzung. Und in Leonis Berichten – das berührt Elly unangenehm, fast schmerzlich – schwingt dabei ebensoviel deutschnationales Pathos mit wie französisches in denen des Pierre Bucher.

Theodor Heuss, der neue junge Chef der *Neckar-Zeitung* hat sich rasch eingearbeitet. Sein Wort zählt bereits, als Journalist, Politiker und Bürger.
»Die berufliche Arbeit in der Heimatstadt ließ sich gut an. … Wir waren ein Zwei-Mann-Betrieb – die Journalistik von da-

mals hatte, gemessen an der späteren technischen Entwicklung … einen fast idyllischen Charakter. Wenn etwas ›passiert‹ war, produzierte ich schnellhändig einen Leitartikel, dann kamen im Lauf der nächsten Stunden zwei Telephonanrufe …«. So prosaisch beschreibt er den Heilbronner Anfang im Rückblick und ergänzt: »Das ›gesellschaftliche Leben‹ solch einer überschaubaren Mittelstadt beginnt mit einer etwas gefährlichen Konvention: man macht Besuche mit einem Bockhüpfer und ist froh, wenn man nicht angenommen wird. Elly hat darunter gestöhnt …«

Das hat Elly tatsächlich. Unüberhörbar – mag sein mitunter auch unübersehbar – ist ihr Groll. In den ersten Monaten der schwierigen Eingewöhnungszeit tönt es aus ebenso lebhaft wie deutlich formulierten Briefen beispielsweise so:
»Gestern haben wir unseren dreihundertsoundsovielten Besuch gemacht, und damit ist diese schauerliche Angelegenheit erledigt. Wir sind ganz erlöst. Nun kommen die dreihundertsoundsovielen Gegenbesuche. Aber denen standzuhalten, geht über unsere Kraft. Wir werden also sonntags Ausflüge machen. … Ich war auch voll guter Vorsätze – aber ich habe hier kein Glück. Mein tüchtiges Mädchen wurde schwer krank, so daß sie von heute auf morgen ins Krankenhaus mußte. Deshalb fuhr ich mit dem Ludwig für vier Tage nach Straßburg, bis die neuen Mädchen antreten konnten. Ich hatte es auch selbst notwendig. Denn das ist vielleicht nicht der kleinste Grund, weshalb ich mich hier so gar nicht heimisch fühle: daß mir das Klima sehr schlecht bekommt. Diesen Brief schreibe ich auch vom Bett aus. … Daß ich mich hier je wohlfühlen werde, das glaub' ich nicht. Aber ich glaube, daß ich die Zeit der Widerspenstigkeit hinter mir habe und nach dem guten englischen Rezept verfahren werde: ›To make the best of it‹. … Manchmal mache ich kleine Vortragsreisen … Das ist kein Ersatz für den Unterricht, wobei man junge Menschen dauernd beeinflußt.

Das Gefühl ein Baum zu sein, den man plötzlich aus seinem Boden herausgezogen hat und der das Umpflanzen schlecht erträgt, dauerte etwa ein Jahr.«

Aber auch Elly Heuss-Knapps umfangreiche und stets wirkungsvoll eingesetzte Anekdotensammlung wird in dieser Zeit durch die eine oder andere Begebenheit komplettiert. Besonders eine zwar völlig aus der Luft gegriffene, doch für die Gefühlswelt mancher Damen sehr bezeichnende Bemerkung wird Elly noch oft und gerne zitieren. »Wir brauchen hier keine Suffragetten«, zischt ihr nämlich die säuerliche Dekansgattin beim ersten offiziellen Honoratiorentreffen zu und will mit dieser Bemerkung wohl auf Ellys Mitarbeit an der Berliner Ausstellung *Die Frau in Haus und Beruf* anspielen. Das ist deutlich. »Mein Mann«, lautet Ellys rückschauendes Urteil, »hatte Familie und alle Schulfreunde dort, er nannte sozusagen die ganze Stadt du. Ich dagegen, obwohl von einigen Freunden liebevoll aufgenommen, galt doch als Fremde, ›Hereingeschmeckte‹, wie man im Schwäbischen sagt, und das Peinlichste war, daß durch die Berliner Ausstellung mein Name in den Zeitungen erwähnt wurde.«

Jahrzehnte später, mit Abstand und weit gelassener, klingt auch Selbstkritik an: »... ich benahm mich möglichst dumm. ... Sie (die Stadt Heilbronn) hat ja so viele Vorzüge vor der Großstadt. Wieviel freier wächst ein Kind hier auf, wächst hinein in den Organismus einer Gemeinschaft, während die Großstadt atomisiert. ... Herrlich war, daß das Kind so gut gedieh und auch der Großmutter viel Freude machte.« Vettern und Basen – Kinder von Theodor Heuss' Bruder Ludwig, dem Stadtarzt in Heilbronn – leben hier, sind willkommene Spielgefährten für den kleinen Sohn. »Überhaupt im Haus war alles in Ordnung, aber die andere Hälfte, der Beruf fehlte und der angeregte Kreis in Berlin.«

Daß Elly Heuss-Knapp ihre anfänglichen Vorbehalte beiseite schiebt, sich fügt, mit den neuen Lebensbedingungen arrangiert und schließlich mit wiederentdecktem Tatendrang auf die Suche nach lohnenden Objekten ihres Engagements geht, hat auch mit einem Mahnbrief Friedrich Naumanns zu tun. Die Zeilen lassen keinen Zweifel an dessen Erwartung aufkommen und an Deutlichkeit nichts zu wünschen übrig. Sie, Elly, gehöre nun einmal an die Seite ihres Mannes. So schlimm seien die Heilbronner Verhältnisse nun wirklich nicht. Sie sei ein Stück Frauenbewegung und Muster für andere. Bisher sei das Leben eher mild mit ihr umgegangen. »Man muß tapfer durch, bis der gute Wille den Sieg gewinnt.« Das wirkt zwar, doch diesmal stimmt Elly mit ihrem väterlichen Vorbild nicht ganz überein. Wenn sie sich auch nicht eigentlich zur Frauenbewegung zählt, so darf Naumann sie doch nicht als deren Repräsentantin bezeichnen und zugleich von ihr uneingeschränkte Rücksicht auf das Vorwärtsstreben des Ehemannes verlangen. Warum sollte sie die eigenen, durchaus berechtigten Lebensträume denen ihres Mannes so absolut nachordnen? So sehr sie Naumann verehrt, in diesem Falle folgt sie seinen Argumenten weniger aus Überzeugung als aus Pragmatismus. Wie schwer es ist, die »Eigenart als neue Frau« zu bewahren, kann ein – so Ellys Meinung – von jeglichen häuslichen Pflichten entbundener Mann des öffentlichen Lebens ohnehin nicht wirklich nachvollziehen. In einem Punkt stimmt sie mit Friedrich *Naumann* jedoch überein: daß Theodor »von Berlin aus … nichts als ein begabter, feiner Literat« würde und daß »der Heimatboden« für ihn die »rechte Stelle ist, um ein selbständiger, aktiver Charakter mit steigender Wirksamkeit zu werden«, glaubt sie inzwischen auch. Woran sie allerdings nicht mehr glaubt, ist ihre wirklich nachhaltige Einflußnahme auf Theodors unorthodoxe Art, sich zu kleiden. Er trägt – dem nie erlahmenden, energischen Gegensteuern zum Trotz – wieder einen kecken Schlapphut auf länger werdendem Haar und kultiviert erneut die bekannt extravagante Kleidung. Das ist nach Ellys Einschätzung ein unnötiger Rückfall in alte Gewohnheiten, zumal sie selbst Konventionelles bevorzugt. Theodor Heuss' Reputation hat das in jungen Jahren saloppe Erscheinungsbild allerdings keineswegs nachhaltig geschadet.

Kaum einer, am wenigsten sie selbst, hätte anfangs erwartet, daß Friedrich Naumanns Heilbronner Entwicklungsvisionen nach Jahresfrist nicht nur für Theodor Heuss, sondern ebenso für Elly zutreffen werden. Nie, und darauf legt sie größten Wert, heftet sie sich dabei ausschließlich an seine Fersen, nie schwimmt sie bequem in seinem Fahrwasser.

»Meine Tage«, stöhnt Elly Heuss-Knapp, gegen Ende Juni 1914 langsam die Treppen bis zum Dachgeschoß ihres Wohnhauses hinaufsteigend, »meine Tage könnten gut doppelt so lang sein«. Die Romreise, aufregend und interessant, war keine wirkliche Erholung gewesen, und nach vierwöchiger Abwesenheit türmt sich jetzt ein grandioser Arbeitsberg auf ihrem Schreibtisch im Mansardenzimmer. Seit zwölf Monaten sitzt sie zusammen mit der Schreibmaschinenkraft an fast jedem Nachmittag von drei bis sieben im *März*-Büro. Nein, man hatte sie und Theodor nicht wirklich überreden müssen, die Redaktion des seit fünf Jahren existierenden, politisch-literarischen Wochenblattes zu übernehmen. »*Wir* sind Redakteur«! hatte sie dem Vater postwendend mitgeteilt. Theodor macht nun mehr das Politische, sie das Literarische. Zunächst ging es vor allem darum, die Zeitschrift inhaltlich und finanziell zu sanieren. Und wenn sie recht überlegt sogar darum, den *März* zu retten. Ihre Mitarbeit, das freut sie noch heute, war von vornherein eingeplant und für Theodor absolut keine Frage gewesen: »Ich besaß wohl in Heilbronn gute Freunde, doch keinen Menschen – außer Elly –, mit dem man über literarische Wertungen abwägend diskutieren konnte.«

Nachdenklich steht Elly vom Schreibtisch auf, zieht einen schwarzen Ordner aus dem Regal. Zu frühen *Hilfe*-Zeiten, fällt ihr ein, hatte den damaligen Verlobten ein ähnliches Ansinnen, ihre direkte Zusammenarbeit, noch heftig erschreckt. Nachdrücklich hatte er damals – angesichts ihrer ausufernden Kritik wohl zurecht – eine redaktionelle Mitarbeit strikt abgelehnt.

Eigentlich müßte Elly konzentriert arbeiten. Doch die Gedanken verselbständigen sich heute, wandern stets einige Wochen zurück. Was hatte die letzte Zeit alles gebracht? Ausflüge nach Heidelberg, zu intellektuell hochgespannten Gesprächen mit Max und Marianne Weber[19], Reisen zu Werkbund-Tagungen und Kongressen, die Zusammenkünfte mit den *März*-Herausgebern Hermann Hesse und Ludwig Thoma in Bern und München hatten sie und Theodor an die viel zu kurze Berliner Zeit erinnert. Die lähmende Leere der ersten Monate hier ist längst Vergangenheit. Seither ist, überlegt sie, bereits die zweite, juristisch und statistisch gründlich überarbeitete Auflage ihrer *Bürgerkunde und Volkswirtschaftslehre* erschienen. Von ihr angeregt arbeitet in Heilbronn eine Gruppe junger Mädchen unterschiedlichster Herkunft erfolgreich in der tätigen Nachbarschaftshilfe. Die vorbereitenden Kurse hierfür hatte sie durchgeführt.
Elly Heuss-Knapps Blick fällt auf den vor ihr liegenden Papierstapel, vorsortiert für die Ablage. Ganz obenauf liegt noch das wenige Tage alte Manuskript für Stuttgart. Im bereits aufgeschlagenen, dicken Vortragsordner läßt sie die abgehefteten Blätter gedankenverloren durch die Finger gleiten. Wie unterschiedlich die gewünschten Themen doch ausfallen: *Einführung in soziale Fragen* lautete die Vortragsreihe vor 120 jungen Schneiderinnen und Putzmacherinnen, über *Die Hausfrau in der Volkswirtschaft* hatte sie in Straßburg referiert. Eine Reise in Ruhrgebietsstädte war mit Ausführungen über *Die Frau im*

deutschen Wirtschaftsleben, nach Geislingen und Göppingen über *Hausfrau und Frauenbewegung* verbunden. Die Landfrauenschule hatte *Hausfrau nach dem BGB* als Thema gewünscht, und beim Blick auf *Der Einzelhaushalt und Volkswirtschaft* erinnert sich Elly an ihren letzten Auftritt vor heimischem Publikum. Die gesellschaftliche Balance ist längst wieder hergestellt, von »Suffragette« keine Rede mehr.

Denn in der Zwischenzeit sind die Heilbronner von den Talenten der auf den zweiten Blick gewinnenden Chefredakteursgattin, ihrer kenntnisreichen, gewandten Ausdrucksweise und vor allem von ihrem umwerfenden Organisationstalent ehrlich überzeugt. Man hatte Elly Heuss-Knapps Einsatzbereitschaft nicht nur kennen, sondern vor allem nutzen gelernt. Und: Krisenhafte Zeiten stehen bevor, Zeiten, in denen die Stadt Frauen wie Elly Heuss-Knapp dringend braucht.

Wie nahe die Krise, offene politische Konfrontation, Mobilmachung und Krieg bereits sind, ist vielen, auch Elly und Theodor Heuss, offenbar nicht in aller Schärfe bewußt.

»Es wäre eine kühne nachträgliche Konstruktion, zu behaupten, daß wir mit einer Kriegsmöglichkeit rechneten«, wird Theodor Heuss am Ende seines Lebens rekapitulieren und sich weiter erinnern: »Bei der Abendheimkehr von einem friedsamen Sonntagnachmittags-Spaziergang im Köpferwald erwartete uns am 28. Juni 1914 die Presse-Depesche, daß der österreich-ungarische Thronfolger mit seiner Gattin bei einer Fahrt durch Sarajevo ermordet worden sei. Die Nachricht war technisch nicht mehr zu vermelden, der Kollege, die Setzer und Drucker nicht mehr aufzutreiben. Radio gab es damals noch nicht. Also mußten die Heilbronner warten, bis sie am nächsten Montag von dem Signal erfuhren, das für die kommenden Jahre ihr eigenes, mehr noch das vaterländische Schicksal angezeigt hatte.«

Gut einen Monat später, am 31. Juli 1914, spitzt sich die Lage zu, erreicht Ellys eindringliche schriftliche Bitte Straßburg:
»Lieber Papa! Am Sonntag habe ich Dir schon einen langen Brief geschrieben in der Voraussetzung, daß wir Krieg bekommen. Den habe ich am Montag zerrissen. Nun sieht es wieder so ernst aus, daß ich noch einmal sagen will, Ihr sollt doch gleich, wenn mobil gemacht wird, hierher kommen. Bei uns telefoniert es von früh bis spät, das heißt im Geschäft: wir waren am Sonntag bis abends zehn Uhr auf der Redaktion, um die neuen Telegramme gleich unten anzuschlagen etc. Wie mag erst die Aufregung in Straßburg sein! Heut haben auf dem Markt die Frauen sich geweigert, mir Eier zum Einlegen zu verkaufen. Die Bauern geben sie nicht her. Auf den Sparkassen wollen die Leute nur noch Metallgeld. ... Unterdessen hat sich alles noch so verschärft, daß wir Dich dringend und ernstlich bitten, einfach herzufahren. Wir machen Dir mein Empfangszimmer zurecht, es ist ja ganz entbehrlich. ... Bitte tu's vor der absoluten Notwendigkeit.«
Georg Friedrich Knapp bleibt vorerst in Straßburg; noch hält die *Académie Française* ihre schützende Hand über den geachteten deutschen Gelehrten. Eine überstürzte Flucht über die Rheinbrücke, manche seiner Kollegen sind dazu gezwungen, bleibt ihm glücklicherweise erspart.

»Ich empfinde es als Heuchelei, wenn wir beginnen, den Krieg an sich zu loben«

»Die Sonntagsruhe ist heute aufgehoben«, verkündet in ihrer Ausgabe vom 2. August des Jahres 1914 die *Neckar-Zeitung* und legitimiert damit das Erscheinen an einem Feiertag. Als hätte man – ob Sonntagsruhe oder nicht – auf das Extrablatt überhaupt verzichten können. Es wird den Zeitungsjungen geradezu aus den Händen gerissen. »MOBILMACHUNG«! Die Schlagzeile, riesengroß, springt direkt ins Auge. Und unmittelbar darunter: »Russische Truppen auf deutschem Boden«! Kein Zeitungsleser steht allein, dicht drängen sich Männer, Frauen und Kinder um jeden, der ein aufgeschlagenes Blatt in Händen hält, wollen ebenfalls einen Blick auf das dort Gedruckte werfen. Alle sind erregt, diskutieren, kommentieren oder verharren in betroffenem Schweigen. Manch einer liest den Wortlaut der Zeitungsmeldung vor, Umstehende lauschen gebannt:

»Ein befreiendes Aufatmen von einem schier unerträglich gewordenen Druck –; ein die Tränen ins Auge treibendes Gefühl stolzen Bewußtseins einer zielbewußten kraftvollen deutschen Regierung –; ein die Schwere des Kommenden erfassender tiefer Ernst –; ein heiliges Gelöbnis zum Schutze des Vaterlandes – – das waren die Phasen, die in blitzschneller Folge die Nachricht auslöste: Der Kaiser hat die allgemeine Wehrpflicht von Heer und Flotte befohlen. Stunden einer nie erlebten Spannung gingen dem weltgeschichtlichen Moment voraus, als der Kaiser das deutsche Schwert in die Waagschale warf, deren Zünglein tagelang in einem die Kräfte zerreibenden Spiel schwankte zwischen Krieg und Frieden. Was in den Tagen vorausgegangen war an Erwartung, Hoffnung und Enttäuschung, das verdichtete sich zum letzten Tag der Woche, zum ersten Tag im Monat, dem Samstag den 1. August 1914, der die Entscheidung bringen mußte. Sie kam; nicht wie erwartet, zur mittäglichen Stunde, da das Ultimatum an Rußland nach aller Meinung abgelaufen war; sechs Stunden später, deren Lauf niemandem aus dem Gedächtnis schwinden wird, der sie miterlebt hat. In wundervoller Helle war dieser 1. August heraufgestiegen, als wollte er noch Gutes und Schönes bringen. Als aber über die Mittagshöhe hinüber, die Nachrichten immer spärlicher flossen, als die aufs Letzte gespannte Erwartung schon zu Gerüchten Glauben fassen wollte, die sich vom Märchen in nichts unterscheiden, da schwand mählig auch die letzte Hoffnung, und die endliche Gewißheit wurde herbeigesehnt, mochte sie so oder so lauten, nur Gewißheit wollte man, aus diesem

furchtbaren Druck heraus, der Körper und Sinne in seinen dumpfen Bann schlug bis an die Grenze der Widerstandsfähigkeit ...«

Immer leiser wird die Stimme, kaum noch verständlich, droht sie vollends zu verstummen.

»Was steht sonst noch da? – Weiterlesen! – Lauter!« Drängende Zurufe tönen aus der Menschentraube, alle erwarten das Ende des Leitartikels.

»Vor der Neckar-Zeitung harrte so stundenlang die Menge, wachsend mit der zum Abend fortschreitenden Zeit, schließlich den weiten Platz so dicht besetzend, daß kaum noch ein Fahrverkehr möglich war. Und von hier aus wurde in Heilbronn die erste bestätigte Kunde von der erfolgten Mobilmachung: mit weittönender Stimme rief Chefredakteur Dr. Heuß über die im Nu lautlos gewordenen Massen die inhaltsschweren Worte hin: Der Kaiser hat die allgemeine Mobilmachung befohlen! Ein einziger Schrei aus aller Munde; ein Hurra! und dahin stürmte die Menge in alle Richtungen, die meisten dem Marktplatze zu, wo sie rechtzeitig genug kamen, um mit der großen Zahl der hier Versammelten Zeuge zu sein, wie Oberbürgermeister Dr. Göbel von den Stufen der Rathaustreppe aus mit bewegter Stimme den Bürgern und Bewohnern seiner Stadt die Kunde gab, daß nun das Schwert aus der Scheide gezogen. Und auch hier ein kurzes, befreiendes Hurra, und dann der Übergang zu jener ernst-würdigen Stimmung, die die Stunde beherrscht und von der unsere Bewohnerschaft ausgezeichnet war über die ganze Dauer der schweren Zeit, die hinter uns liegt. Sie wird weiter darin verharren, ernst und doch hoffnungsfreudig, dem Schweren gehen wir nun entgegen.«

Krieg! Was war geschehen? – Das ehemals stabilisierende Bismarcksche Bündnissystem mit der beabsichtigten Isolation Frankreichs war aufgehoben. Der Zweibund zwischen Frankreich und Rußland 1894 und die *Entente cordiale* 1904, das herzliche Einverständnis zwischen Frankreich und England, führten im Deutschen Reich zum Gefühl einer latenten Bedrohung. Seit langem hatten sich die machtpolitischen Gegensätze im europäischen Staatensystem durch wachsendes gegenseitiges Mißtrauen und einen völlig irrationalen Rüstungswettlauf der großen Mächte verschärft. Schwierigkeiten im österreichisch-ungarischen Vielvölkerstaat – Serbien suchte die nationale Staatsidee zu verwirklichen – führten am 28. Juni 1914 zur Ermordung des österreichischen Thronfolgerpaares in Sarajevo. Während der folgenden »Juli-Krise« forderte Österreich-Ungarn Serbien ultimativ auf, feindliche Umtriebe zu bekämpfen und die Schuldigen zu bestrafen. Serbiens Reaktion blieb unbefriedigend, Österreich-Ungarn machte teilmobil.

Trotz englischer und deutscher Vermittlungsversuche beschloß der russische Kronrat, Serbien zu unterstützen. Auf die österreichische Generalmobilmachung und Kriegserklärung an Serbien folgte eine Generalmobilmachung in Rußland. In Deutschland stellte man sich »im Zustand drohender Kriegsgefahr« an die Seite Österreich-Ungarns. Der deutsche Reichskanzler Bethmann Hollweg forderte Rußland auf, innerhalb von 12 Stunden die Mobilmachung rückgängig zu machen und erwartete von Frankreich – Verbündeter Rußlands – innerhalb von 18 Stunden eine Neutralitätserklärung. Beides blieb aus. In der sicheren Erwartung eines zeitlich sehr begrenzten Krieges und auf energisches Drängen des Generalstabes machte auch Deutschland mobil und erklärte nun, am 1. August, Rußland und zwei Tage später Frankreich den Krieg. Als dann deutsche Truppen unverzüglich ins neutrale Belgien einmarschieren, hält sich auch England nicht länger zurück.

Diese anscheinend unausweichlich in einen Krieg steuernden Ereignisse waren natürlich politisch informierten Bürgern wie Elly und Theodor Heuss bekannt und wurden kritisch verfolgt. Man hatte in ihrem Umfeld allerdings mit ernsthafteren diplomatischen Aktivitäten gerechnet und ist von der so schnell und ausweglos zum militärischen Konflikt führenden Entwicklung überrascht. Die Entscheidung der Reichsregierung findet im allgemeinen aber breite Zustimmung.

Elly Heuss-Knapp wird von der ersten, alle Bevölkerungsschichten erfassenden, gewaltigen Woge der Kriegsbegeisterung offenbar nicht mitgerissen. Sie reagiert zwar nicht direkt ablehnend, doch eher abwartend und weiß nicht recht, ob es – wie alle Welt behauptet – zur Pflicht eines jeden guten Deutschen gehöre, nun das Vaterland mit der Waffe zu verteidigen. Von hurraschreiendem Patriotismus und enthusiastischer Kriegsbegeisterung ist sie weit entfernt. »Die Stimmung ist hier ganz ruhig, tiefernst, lautlos.« Stunde um Stunde, Tag um Tag greifen Mobilmachung, Krieg und Isolation des Deutschen Reiches mehr in den Alltag der Familie ein. Ludwig Heuss, Theodors Bruder, muß sofort als Stabsarzt einrücken. Ernst Lesser dient als Rekrut und läßt sich militärärztlich ausbilden. Theodor selbst kann bleiben. Er ist ausgemustert und vom Militärdienst befreit, wegen einer Schulterverletzung – eine jetzt vielleicht lebensrettende Folge seiner Abiturfeier. Elly hat dennoch große Angst. »Vielleicht nehmen sie aber vorläufig nur die gedienten Leute. Man muß halt abwarten …«

Den an Albert Schweitzer und seine Frau Helene ins französische Kongogebiet adressierten Brief bringt der Postbote mit einem unwilligen Stirnrunzeln wieder zurück. Bitte keinen Kontakt zum Feindesland! Ab sofort steht eine Wand zwischen ihr und dem Elsaß. Frankreich wird so schnell wie möglich seine Hand darauf legen. Zwei Depeschen nach Straßburg waren unzustellbar, dann endlich eine Nachricht vom Vater! Friedrich Naumanns Tochter Liese wird notgetraut. Ihr Mann, Pfarrer, muß sofort als Soldat ins Feld. Pfarrer, die auf Menschen schießen sollen! In Baden-Baden werden Ellys russische Verwandte als unerwünschte Ausländer sofort ausgewiesen.

In Heilbronn sind erste Lazarette eingerichtet. Frauen übernehmen den Bahnhofsdienst. Nacht um Nacht rollen Züge von der Front ein, kommen aus dem Elsaß, von der Verteidigungslinie in den Vogesen. Da liegen sie in den Viehwagen auf dem Boden, die Wunden unversorgt oder mit blutigen Bandagen, fiebrige Augen in grauen Gesichtern – Franzosen und Deutsche dicht an dicht. Elly Heuss-Knapp ist zur Stelle, tröstet, spricht leise auf sie ein, hier französisch, da deutsch. Doch Verbrüderungsgesten erregen Unmut, werden rasch unterbunden, schweigend arbeitet sie weiter. Auch andere Helferinnen eilen über die Bahnsteige, unterstützen die völlig überlasteten Sanitäter, verteilen Verpflegungspakete. Kaffeekannen werden herumgereicht – Kaffeekannen, aus denen am nächsten Tage den mit siegesgewissen Liedern ins Feld ziehenden jungen Soldaten – Gezogenen und Freiwilligen – eingeschenkt werden wird.

»Uns geht es soweit gut«, notiert Elly fatalistisch Ende September, »die *Neckar-Zeitung* ernährt uns halt. Der *März* wird wohl im Oktober eingehen, hauptsächlich weil der Inseratenmann sich freiwillig gestellt hat. Mein Sach ist natürlich lange, lange hinaus vorbei. Vorträge! Wen interessiert so was! Überhaupt Werkbund – Sozialpolitik – Kommunalpolitik – was für Kleinigkeiten hat man vorher besprochen und für wichtig gehalten.« Einige Tage glaubte sie dem Gerücht, der Straßburger Bürgermeister Schwander sei standrechtlich erschossen worden und war vor Sorge krank. Elly Heuss-Knapp setzt alles daran, nach Straßburg zu gelangen. Der Vater ist wohlauf. Dominicus kuriert im Lazarett eine schwere Oberschenkelverletzung aus. »Seine Frau strahlt, als wäre das eitel Freude. Sie hat ja auch recht.«

»Von unseren Freunden sind die uns am nächsten stehenden schon gefallen.« Nur einem schreibt Elly Ende 1914 noch ins Feld, und der – sie kann es nicht fassen – übernimmt freiwillig gefährliche Patrouillen. »Die anderen, an die ich schrieb und Päckchen ins Feld geschickt habe, sind alle tot.« Auch Walter Leoni. Seine letzte Karte kommt im November 1914 aus Ypern, einen Tag vor der Todesnachricht. Die *Straßburger Post* veröffentlicht Elly Heuss-Knapps bewegenden Nachruf: »Du hattest«, enden die Zeilen, »ein zartes, leicht verletzliches, reiches Seelenleben. Aber es fehlte in dem feinen, komplizierten Mechanismus Deines Geistes das Organ zum schlichten Glücklichsein.«

Die Skepsis im Hause des Heilbronner Chefredakteurs wächst mit der Dauer des Krieges. »Wir lügen doch alle, sobald wir etwas drucken«, schreibt Elly Heuss-Knapp an Friedrich Naumann, von dem sie weiß, daß auch er »nicht jeden Belgier, der in Notwehr schießt, für einen gemeinen Lumpen halten« kann. Von ihm stammen auch Worte des Mitleidens und Gedanken an den Todeskampf junger Franzosen. Elly hört über elsässische Umwege von belgischen Deserteuren. »Sie gehen in Scharen nach Holland, sogar Offiziere im Generalstabsauto, fahren bis einen Kilometer vor die Grenze und lassen sich dann fröhlich entwaffnen.« Und in Deutschland melden sich über eine Million Kriegsfreiwillige.

Nur wenige Menschen teilen diese ebenso distanzierte wie differenzierte Haltung. »Soll ich Dir danken«, schreibt Elly Heuss-Knapp in dieser Situation dem Vater, »oder Dir Vorwürfe machen für mein Erbteil an Skeptizismus, es isoliert einen in diesen Zeiten. Aber zum Glück hat der Theodor etwa die gleiche Dosis.« Als sich die Dichterin Therese Köstlin über freimütige Antikriegsäußerungen aus dem Hause Heuss mokiert, bezieht Elly mutig Position: »Ich empfinde es als Heuchelei, wenn wir beginnen, den Krieg an sich zu loben … Nun werden Sie sagen: ›Wir sind überfallen‹. Ja, das sagt jedes Volk. Die Gründe dieses Krieges sind doch wirtschaftlicher Natur. Was davon bisher in den Zeitungen stand, ist doch drei Viertel bewußte Fälschung und ein Viertel noch nicht ganz geklärt. Wir wehren uns dagegen zu glauben, daß der Krieg … kommen mußte … statt zu sagen: ›Wie kann man nach und nach den Krieg abschaffen und … die wunderbaren Fähigkeiten zur Organisation *positiv* verwenden, etwa für Moorkultur oder Wohnungsreform‹, in chauvinistischem Nationalismus nur Gutes sehen – das begreif' ich nicht … Herzlich Ihre den Widerspruchsgeist und gesunden Menschenverstand haltende Elly Heuss-Knapp«. Im Postskriptum bringt sie es noch einmal auf den Punkt: »*Angenehmer* ist der Gemütszustand des Chauvinisten freilich.«

Vom ersten Tag des Krieges an hatte Elly Heuss-Knapp recht konkrete Vorstellungen, welche Notlagen den daheimgebliebenen Soldatenfrauen, Kriegerwitwen und deren Kindern drohen. Arbeit, Lohn und Brot statt Almosen lautet darum ihre Devise. Zunächst gilt es, alle verfügbaren Kräfte zu aktivieren, unter dem Dach des Roten Kreuzes zusammenzufassen und den Wirkungsgrad zu optimieren. Je scheinbar unlösbarer das Problem, je größer die Herausforderung, desto umsichtiger und effektiver gestaltet sich Ellys Eingreifen. Gemeinsam mit Johanna Rümelin als zweiter Leiterin, Mitgliedern des Heilbronner Frauenvereins, der von ihr gegründeten Sozialen Jugendgruppe und freiwilligen Hilfskräften baut sie in kürzester Zeit eine »Arbeitsbeschaffungsstelle« auf – die vermutlich erste private Arbeitsvermittlung in Deutschland überhaupt. Mehr als neunhundert Frauen stehen am Ende auf der Lohnliste. Viele, kränklich oder mit kleinen Kindern, werden so vor dem behördlich angeordneten Arbeitseinsatz, vor allem in Munitionsfabriken, bewahrt. Sie nähen, stricken, stopfen, flicken – Hemden, Leibbinden, Bandagen, Kniewärmer, Strümpfe, Uniformteile in Heimarbeit. Das Eineinhalbfache des fabriküblichen Stundenverdienstes ist garantiert. Wolle, Hemdenstoffe, Flanell, eine elektrische Zuschneidemaschine und Nähmaschinen werden angeschafft. Wer nicht flicken kann, näht Knöpfe an, wer sich selbst das nicht zutraut, sucht passende Flicken aus alten Kleidungsstücken. Schon in der ersten Woche nach Arbeitsbeginn entstehen siebenhundert Paar Strümpfe, wöchentlich dann tausend Hemden.

Und woher nimmt Elly Heuss-Knapp, nehmen die Heilbronner Frauen das Geld für Investitionen? Wer wird die Produkte kaufen? Wie kommt man an die rationierten Rohstoffe und Arbeitsmaterialien? Zuallererst hatte sie – unter Aufbietung aller Rechenkünste – einen Kostenvoranschlag angefertigt, sich hübsch angezogen, den neuesten Hut und ein geschäftsmäßig wichtiges Gesicht aufgesetzt. Dann war sie bei einem guten Freund erschienen und hatte Friedrich Mück, den Direktor der Heilbronner Handels- und Gewerbebank, kerzengerade auf der Stuhlkante sitzend, um Kreditzusage gebeten. Um einen Personalkredit sogar, ohne dingliche Sicherheiten. Mück war überrascht. Heilbronn traut der Frau Dr. Heuss inzwischen zwar allerlei zu, doch damit hatte er nicht gerechnet. Ihre Argumente sind wohlüberlegt, das Konzept überzeugend, wirtschaftlich erfolgversprechend. Auf den guten Namen ihres Mannes und im Vertrauen auf ihre organisatorischen Fähigkeiten erhielt Elly Heuss-Knapp schließlich 18 000 Mark Startkapital. Sie hatte es wieder einmal geschafft, es war sogar ein höheres Limit, als sie erwartet hatte.
Zu Beginn der Produktion hatten sich die Heilbronner reichlich eingedeckt und die fertigen Waren als Liebesgaben ins Feld geschickt. Doch nun wachsen die Lagerbestände, Wäsche- und Kleiderstapel reichen allmählich bis zur Decke. Wieder einmal muß dringend etwas geschehen. Elly Heuss-Knapp faßt einen

Entschluß und setzt ihn zusammen mit Frau Rümelin in die Tat um. Im Auto – wunderbarerweise nicht für den Krieg requiriert – fahren sie nach Ludwigsburg, setzen im Bekleidungsamt ihren geballten Charme ein, argumentieren sachkundig und bearbeiten den zuständigen Major so lange, bis er eine große Heereslieferung in Auftrag gibt. Ein Riesenerfolg. Nun geht es mit der Arbeitsvermittlung erst richtig los. Elly Heuss-Knapp richtet eine Sprechstunde ein, redet mit jeder arbeitsuchenden Frau, schätzt deren persönliche Situation und Leistungsfähigkeit ein, legt eine systematische Kartei an. Die Vorräte schmelzen rasch dahin, das Unternehmen Arbeitsbeschaffung prosperiert.

Im Herbst 1915. Der erwartete Blitzkrieg dauert schon länger als ein Jahr. Durchhalteparolen sollen von innenpolitischen Konflikten ablenken. Schon zeichnen sich überall massive Versorgungsprobleme ab. Die Reichsregierung hatte keinen Grund zur Vorratswirtschaft gesehen. Durch eine sofort einsetzende Blockade sind Deutschlands internationale Handelsverbindungen gekappt. Das macht die Nahrungsmittel- und Güterversorgung zum zentralen Problem. Knappheit sowie damit verbundene Preissteigerungen führen zu Rationierung und staatlicher Bewirtschaftung. Mangel bestimmt den Alltag.
Rohstoffbeschaffung ist auch für die Heilbronner Organisatorinnen ein wachsendes Problem. Die Kriegswirtschaft baut immer neue Hürden auf. Nun fehlt Wolle. Zuletzt waren – in Ermangelung passender Farben – babyblaue und rosafarbene Socken entstanden. Das württembergische Beschaffungsamt hatte, so stellt sich heraus, seinen Bedarf zwei Tage zu spät nach Berlin gemeldet und damit den Anspruch auf »Beutewolle« verwirkt. Elly Heuss-Knapp ist empört, wozu haben sie alles im großen Stil aufgezogen, wenn man bei den zuständigen Behörden schläft. Kurzentschlossen macht sie sich auf den Weg nach Stuttgart, interveniert in der nächsten Sitzung

und stellt den Vorsitzenden zur Rede. »Was denken Sie gegen diesen Beschluß zu tun? Wollen Sie nicht nach Berlin fahren und die Wolle holen?« Der energisch Angegriffene weist das Ansinnen natürlich weit von sich und hält eine solche Reise für völlig zwecklos. Davon könne sie sich ja selbst überzeugen.

Sie kann? Sie wird! Wer sitzt also im nächsten Nachtzug nach Berlin? Elly Heuss-Knapp! Eine sofort erwirkte Verhandlungsvollmacht des Stuttgarter Kriegsministeriums steckt wohlverwahrt in der Handtasche. Zwar blaß und abgespannt, doch im rechten Maß zornig, erreicht Elly am Morgen die Verlängerte Hedemannstraße in Berlin. Im Bedarfsbeschaffungsamt Abteilung Wolle steht sie dem jungen Offizier gegenüber, wippt gespannt mit den Füßen und macht sich unwillkürlich etwas größer.

»Ich werde nicht aus Berlin abfahren ohne die 180 Zentner Wolle!«

Der Offizier reagiert amüsiert, empfiehlt ihr, sich ein wenig in Berlin zu unterhalten und dann brav die Heimreise anzutreten. Ihre Wolle sei längst vergeben – der Termin abgelaufen – jeder weitere Versuch hoffnungslos …

Hoffnungslos …? Was bildet sich der junge Mann ein? Sie so von oben herab zu behandeln! Beharrungsvermögen und Durchsetzungsfähigkeit sind ihre Stärke, und nicht umsonst hat sie sich ausführlichst mit Bürgerkunde beschäftigt. »Ich fasse dies«, erklärt sie nun ihrerseits kategorisch, »als einen Streitfall zwischen zwei Bundesstaaten auf und habe Vollmacht vom Kriegsministerium in Stuttgart. Wir werden den Bundesrat als Schiedsrichter anrufen.« Elly Heuss-Knapp droht nicht nur, sie handelt: Am gleichen Abend telefoniert sie mit Stuttgart, frühmorgens erscheint sie zur Audienz beim württembergischen Militärbevollmächtigten in Berlin. Sie diktiert Seiner Exzellenz General Faber du Faur eine Vorlage für die vormittägliche Bundesratssitzung. Am Nachmittag dann ein Anruf vom Bedarfsbeschaffungsamt: »Sie können Ihre Wolle haben.«

Triumph! Württemberg erhält Wolle für achtzigtausend Paar Socken. Zwanzigtausend davon werden Heilbronner Soldatenfrauen und Kriegerwitwen stricken und verkaufen.

Zwei Jahre nach Beginn der Geschäftstätigkeit verdienen die Heimarbeiterinnen mehr als je in ihrem Leben, verfügt die Arbeitsvermittlung über einen Reingewinn von vierzigtausend Mark – vorgesehen für eine gemeinnützige Stiftung nach Kriegsende. Die eigene Unterstützungskasse leistet weitere Hilfe, sogar Erholungs- und Sanatorienaufenthalte für besonders Bedürftige werden daraus finanziert.

In Heilbronn kommt man relativ unbeschadet über den schrecklichen Winter 1916/17. Mißernten – vor allem bei Kartoffeln – sind hier nicht so spürbar wie in den Großstädten. Aus Berlin kommen seither mehr und mehr Hiobsbotschaften. Bis zu vierzig Kilo haben Freunde und Verwandte abgenommen. Es gibt dort kein Gemüse, keine Milch, wenig Brot. Nichts als Kohlrüben, morgens, mittags, abends. Und in dieses hungernde Berlin des vierten Kriegsjahres wird die Familie Heuss nun zurückkehren. Elly geht es gar nicht schnell genug. Während sich Theodor ab Anfang Dezember 1917 mit seinem neuen Arbeitsfeld, der Geschäftsführung des Werkbundes und der Schriftleitung des Wochenblattes *Deutsche Politik*, vertraut macht, stapft seine Frau durch den Schneesturm. Halb erfroren wandert sie von Haus zu Haus, von einer offerierten Wohnung zur anderen. Drei kommen in die engere Wahl. Eine gefällt auch Theodor und wird gemietet. Kein Vergleich zur Suchaffäre vor der Heirat, eine räumliche Verbesserung obendrein. »Erster Stock, sechs Zimmer, Warmwasserversorgung und Heizung, kein Gegenüber, Bäume vor dem Haus, freier Blick auf das Rathaus Friedenau und davor ein kleiner Markt (zweimal in der Woche), hinten hinaus ein sehr weiter Hof mit etwas Rasen und Büschen. Sehr sonnig. Warmwasser sogar im

Schlafzimmer, elektrisches Licht etc., vorn Balkon an meinem Stübchen (das jetzt aber eine große Stube wird) und einer hinten am Lulu(Ernst Ludwig)-Schlafzimmer. Die Wohnung ist frei, wir können im März alles herrichten und einziehen.«

Und als Elly Heuss-Knapp im März endgültig, aber verspätet mit der kriegsbedingt völlig überlasteten Eisenbahn in Berlin eintrifft, war der Möbelwagen schon da, aber »… zum Glück noch nicht ausgepackt, die Marie kam vorschriftsmäßig um zehn Uhr an …«

KAPITEL 6

Berlin 1918–1933

»Frauen werbt und wählt, jede Stimme zählt«

Der Krieg ist vorbei, Deutschland eine Republik. Das Kaiserreich existiert nicht mehr. Eine Epoche klingt aus. Jeder hatte das Ende des Krieges, kaum jemand das Ende der Monarchie unbedingt herbeigewünscht, doch niemand hat nun zu ihrem Erhalt ernsthaft beigetragen. Die weitaus meisten Bürger und Parteien setzen auf eine längst überfällige Demokratisierung, das verantwortungsvolle und gleichberechtigte Zusammenwirken aller politischen und gesellschaftlichen Kräfte. Es gibt aber auch andere Stimmen. Die rufen nach einem Rätesystem und suchen ihr Heil im Umsturz. Ultralinke Splittergruppen machen Stimmung, politische Parolen werden auf die Straßen getragen, manche schrillradikalen Töne dringen in der Nachkriegszeit aus Versammlungsräumen. Auf die entbehrungsreichen Kriegsjahre folgen bald neue Schrecken: Inflation, Weltwirtschaftskrise, Arbeitslosigkeit.

Wie und wovon lebt die Familie Heuss in dieser Zeit?
Theodor Heuss fährt, so oft es geht, nach Stuttgart und Heilbronn. Er hält dort politisch-pädagogische Vorträge, engagiert sich im württembergischen Wahlkampf und verfehlt 1919 knapp Sitz und Stimme in der Nationalversammlung. Das sicher geglaubte Reichstagsmandat geht im Jahr darauf wegen allgemeinen Stimmenrückgangs für die Demokratische Partei ebenfalls verloren. Was vorerst bleibt, ist eine bescheidene Laufbahn als Kommunalpolitiker im Bezirksparlament von Berlin-Schöneberg. Bürgermeister dieses Stadtteils ist im übri-

gen Alexander Dominicus, Ellys alter Freund aus Straßburger Jugendtagen. Der ersehnte Sprung in den Reichstag gelingt Theodor Heuss erst 1924. In der Zwischenzeit verlangt Theodor Heuss' Geschäftsführung des Werkbundes nicht allzuviel Zeitaufwand – es »war eine linde Angelegenheit«. Entsprechend gering ist auch das damit verbundene Entgelt. Danach – als Vorstandsmitglied bis 1933 – arbeitet er nur noch ehrenamtlich. Von großer persönlicher Bedeutung für Theodor Heuss und seine Frau ist der aus der Werkbundtätigkeit resultierende enge Kontakt zur zeitgenössischen Architekten-, Künstler- und Designeravantgarde, zu neue Wege suchenden Produzenten und kritischen Literaten.

Im Oktober 1920 erscheint ein beruflicher Lichtstreif am Horizont: Reichspräsident Ebert eröffnet die Deutsche Hochschule für Politik in der Alten Bauakademie am Schinkelplatz. Ursprünglich 1918 von Friedrich Naumann als Staatsbürgerschule gegründet, bietet sie Theodor Heuss nun zunächst als Studienleiter, dann als Dozent für Geschichte und Politik ein wichtiges Forum. Die Einkünfte aus der – wenn man es genau betrachtet – nebenberuflichen Hochschultätigkeit bleiben in ebenso überschaubaren Größen wie das Salär des Kommunalpolitikers (und späteren Reichstagsabgeordneten) Theodor Heuss.
Offensichtlich wichtigster, wenn auch relativ unsicherer, Broterwerb bleibt die Arbeit des freien Autors. Lange schreibt der Familienvater mit einer fortschreitenden Geldentwertung um die Wette. Das Pensum ist immens: Bücher, ungezählte Schriften, Essays oder Reiseberichte entstehen. Veröffentlichungen im Ausland sind in dieser Situation besonders willkommen; honoriert in Devisen, füllen sie die Speisekammer für viele Tage. Alle gerade verdienten und ausgezahlten Geldbündel – sie wachsen mit der bald galoppierenden Inflation – werden unverzüglich in einem Rucksack verstaut. Im Eilschritt erreicht Theodor dann die Berliner Großmarkthalle am Alexan-

derplatz, kauft so viele Lebensmittel wie die stündlich wertloseren Scheine noch hergeben und macht sich per Straßenbahn auf den beschwerlichen Heimweg. »Wir machen uns gar keine Geldsorgen. Niemand weiß, wieviel oder wenig wir verdienen.« Elly Heuss-Knapps Kommentar klingt lakonisch, stellenweise sogar munter. Dem Vater gelten diese Zeilen, sie will ihn nicht beunruhigen. »Alle paar Tage wird einem ein Brocken zugeworfen. Dann kaufen wir schnell einen ganzen Käs' oder eine lange Wurst, und die essen wir in den geldlosen Zeiten zwischen den Gehaltsbrocken auf! Aber wir werden doch alle Tage satt und sind fröhlich in unserer Arbeit. Und das Leben ist halt ein heroisches Abenteuer. Man wundert sich alle Tage, daß es noch so geht.«

Hier und da erleidet die Familie Heuss empfindliche finanzielle Rückschläge. Etlichen etablierten oder zuversichtlich ins Leben gerufenen, periodisch erscheinenden Zeitschriften mangelt es an Resonanz und/oder finanziellem Stehvermögen. Die *Hilfe* hält sich noch mühsam über Wasser, doch eine große Zahl von Publikationen – auch diejenigen, um derentwillen man aus Heilbronn nach Berlin wechselte – verschwinden in den wirtschaftlichen Wirren der Inflations- und Nachkriegszeit nach und nach aus dem Pressespektrum.

Und Ellys Beitrag zum Familienbudget? Honorare für Vorträge und Veröffentlichungen, die Unterrichtsentgelte von der Sozialen Frauenschule und dem dazugekommenen Pestalozzi-Fröbel-Haus, einem Kindergärtnerinnenseminar, summieren sich, bessern das Einkommen deutlich auf. »Es ist merkwürdig«, so Elly Heuss-Knapp rückblickend über die frühen zwanziger Jahre, »daß, wenn ich an die Inflationszeit zurückdenke, die materiellen Sorgen fast vergessen sind, und doch waren sie ernsthaft genug. … Mein Stundenhonorar betrug immer etwas weniger, als die Fahrt hin und zurück kostete. Aber ein vermietetes Zimmer brachte die Hälfte der Wohnungsmiete auf, und schließlich unterrichtete ich täglich einen Japaner, der nur

Englisch konnte und nicht allzu viel Fortschritte im Deutschen machte, einen jungen Engländer, der die deutsche Sprache spielend lernte, und eine Amerikanerin, der ich zugleich die sozialen Einrichtungen Berlins zeigte. Es war eine unerhörte Überanstrengung, aber man nahm Dollars ein, und wir lebten davon. Schließlich ging ja auch die Inflationszeit wie mit einem Zauberschlag zuende, freilich ließ sie uns Deutsche fast alle ohne Vermögen zurück.«

In diese und die unmittelbar folgende Zeit fallen für Elly und Theodor Heuss gleichwohl positive wie bedrückende persönliche Veränderungen. »Ein entscheidender Eintrag«, so Theodor in seinem Resümee der Nachkriegszeit, »ich darf ruhig sagen ein Lebensgewinn ... wurde die nie gefährdete Freundschaft mit Gustav Stolper und Toni Kassowitz[20], seiner späteren Gattin.« Das Ehepaar Stolper siedelt bald von Wien nach Berlin um, wo Toni studiert und promoviert hatte. In die Vertrautheit der Männer wurden »bald die beiden Familien enger einbezogen ...«. Gustav Stolper ist ein bedeutender Publizist und u.a. Herausgeber der sehr erfolgreichen Zeitschrift *Der Deutsche Volkswirt*, in der Theodor Heuss ab 1925 regelmäßige Beiträge veröffentlicht. Bei »zahlreichen Feriengemeinsamkeiten« festigt sich die lebenslange Freundschaft, ja, als »Geschenk des Schicksals« betrachtet man das außergewöhnlich gute Einvernehmen. »Es war auch mit die liebende Verehrung für Naumann, die uns band – sie hatte uns rasch zusammengeführt, um ein Jahr danach gemeinsame Trauer um einen Toten zu werden.«
Ein großer, ein schmerzlicher Einschnitt ist der nicht ganz überraschende, dennoch plötzliche Tod des physisch rasch gealterten, erst 59jährigen Friedrich Naumann im August 1919; »... denn er hatte von den späteren Knabenjahren mein wie auch Ellys Leben und Gesinnungen nicht nur beeinflußt, sondern bestimmt« lautet die Einschätzung des Verlustes durch Theodor Heuss.

Ebenfalls im Jahr 1919 – der Versailler Vertrag wird im Juni unterzeichnet – verläßt Ellys Vater das nun französische Straßburg. Er kommt in einem der vielen Flüchtlingszüge. Die von ihm mitgeprägte deutsche Universität in Straßburg wurde geschlossen. In Darmstadt, dem Südwesten will der 77jährige nahe bleiben, bezieht er mit seiner Haushälterin, Lotte Jürgens, ehemalige Betreuerin von Elly und Marianne und Patin des Enkels Ernst Ludwig, eine Wohnung im Haus von Verwandten. Als Heimkehr kann Professor Knapp den erzwungenen Ortswechsel nicht auffassen. Noch sieben Lebensjahre bleiben dem Gelehrten im deutschen Exil. Ellys unglückliche Mutter lebt bis zu ihrem Tode im Jahre 1925 nun ebenfalls in Darmstadt, wie bisher in einem Sanatorium. Drei Jahre zuvor hatte Theodor Heuss seine Mutter verloren.

Die für Elly Heuss-Knapp vermutlich aufregendste und arbeitsreichste Phase dieses Lebensabschnittes folgt jedoch unmittelbar auf das Kriegsende. Das Frauenwahlrecht – lange umkämpft, bisher verwehrt – wird unerwartet schnell Wirklichkeit. Am 30. November 1918 verfügen die Volksbeauftragten der neuen deutschen Republik die Einführung eines allgemeinen, gleichen und geheimen Verhältniswahlrechtes. Männer und Frauen dürfen wählen und gewählt werden.
Auf Elly trifft gleich beides zu. Selbstverständlich wird sie bei der im Januar geplanten Wahl zur Nationalversammlung und zur ersten Reichstagswahl 1920 an die Urne gehen. Weniger selbstverständlich ist dagegen ihre Kandidatur für die Deutsche Demokratische Partei. Das ist sogar sehr erstaunlich, denn die frischgebackene Kandidatin für beide Mandate hatte zuvor völlig unmißverständlich dargelegt, daß sie sich weder Fraueninteressen noch einer Parteidisziplin unterwerfen werde. »Eine so bequeme Ehe, wie die Partei das vielleicht denke, gäbe es keineswegs« hatte sie erklärt und festgehalten: »Ich hätte hier ein Amt *und* eine Meinung, wenn ich in die National-

versammlung käme.« Ganz allein ihrem Gewissen sieht sich Elly Heuss-Knapp verpflichtet.
Wahlwerbung, nicht nur aushilfsweise für Theodor und nicht nur in eigener Sache, ist in diesen Wochen ein Hauptanliegen. Die Zeit drängt. Unmittelbar nach der Wahlrechtsänderung hatten Elly und weitere Mitstreiterinnen mit den notwendigen Vorbereitungen begonnen. Vom Ausschuß der Frauenverbände Deutschlands sind sie nominiert, die gemeinschaftliche Wahlwerbung aller bürgerlichen Parteien verantwortlich und in allen Bereichen zu organisieren. Streng neutrale Gemeinschaftswerbung vor und getrennte Parteienarbeit nach der Wahl ist die – wie sich herausstellt – erfolgreiche weibliche Strategie. Eine bislang absolute Männerdomäne muß durchbrochen, möglichst viele Wählerinnen sollen mobilisiert und insbesondere mit allen aktuellen Fragestellungen vertraut gemacht werden. Eine schwierige Aufgabe und außerordentliche Herausforderung. Aber Elly Heuss-Knapp spielt wieder einmal ihre besonderen Trümpfe aus: großes Einfühlungsvermögen in Empfindungen und Erwartungen der Ansprechpartner, Ideenreichtum, sprachliche Kreativität, Überblick und Schaffensfreude.

Noch Herbst oder schon Winter? Sonne, Regen oder Schnee? Advent, Weihnachten, Silvester, erste Vorfrühlingsblüten in den Vorgärten Berlins …? Die Wochen vergehen wie im Fluge. Schreibtischarbeit und Verhandlungen am Tage, Sitzungen und Versammlungen, manchmal mehrere nacheinander, am Abend. So nimmt Elly alles, was nicht unmittelbar mit Wahlvorbereitungen verbunden ist, nur am Rande wahr. Als das Telefon ausnahmsweise einige Minuten schweigt und die Schreibmaschine nicht klappert, meldet sich ihr Gewissen. Denn aus dem Nebenzimmer dringt ein zwar gedämpfter, doch unüberhörbar gereizter Wortwechsel. Das für diese arbeitsreichen Monate engagierte Kinderfräulein hält den neunjährigen Ernst Ludwig mehr schlecht als recht bei Laune. Er widersetzt sich

auch heute nach Kräften der gutgemeinten Betreuung, will nicht singen, basteln oder für die Schule arbeiten. Die Mutter seufzt, versucht bewußt die Ohren zu verschließen, den Kopf freizuhalten.
Mit welchen Argumenten rüttelt man Frauen auf – wie gestaltet sie die Vielzahl werbewirksamer Flugblätter – sind die Slogans und Zeichnungen einprägsam, haben sie einen Wiedererkennungseffekt – wie viele Plakate müssen noch für Litfaßsäulen gedruckt werden? Elly telefoniert nach geeigneten Versammlungsräumen, spricht mit Druckereien, Provinzzeitungen oder Kinobesitzern und überwacht kritisch die Aktivitäten der politischen Konkurrenz. Wie um Himmels willen veranlaßt man möglichst viele Frauen zum Urnengang – und nicht zuletzt zum Votum für die demokratische Mitte? Letzte Nacht waren ihr doch ganz spontan zwölf Vierzeiler eingefallen. Ja, nun hat sie es wieder, so oder ganz ähnlich hatte es, rhythmisch ins Schlafzimmerdunkel gesprochen, geklungen:

»Frauen werbt und wählt,
Jede Stimme zählt!
Jede Stimme wiegt,
Frauenwille siegt!«

Der Federhalter fliegt übers Papier – Elly Heuss-Knapp hat alles um sich herum vergessen.
Erst der durchdringend läutende Fernsprecher unterbricht erneut den Arbeitsfluß. Beiläufig fällt der Blick auf einen bereits kuvertierten Briefstapel. Siedendheiß wird Elly bewußt, daß die Schreiben neben ihr unbedingt noch heute im Postamt aufgegeben werden müssen. Der immer gleiche Inhalt richtet sich nämlich eindringlich, ja beschwörend an alle deutschen Witzblätter: Vor den Wahlen bitte keine schlechten Scherze über das Frauenstimmrecht!! Unwillig greift Elly endlich zum Telefonhörer. Ein fest am gleichen Abend eingeplanter Redner meldet sich aufgeregt. Ihm werde, völlig unverständlich, kein

Auto mit bewaffnetem Schutz zur Verfügung gestellt. Er lehne darum die Teilnahme kategorisch ab. Auf dem Tempelhofer Feld werde, so seine Information, zur gleichen Zeit Protest erwartet und voraussichtlich scharf geschossen ...
Feigling! Mangelndes Verständnis steht Elly Heuss-Knapp auf dem Gesicht geschrieben. Für sie ist die Sache damit klar, sie wird eben alleine dort erscheinen, die Straßenbahn nehmen oder zu Fuß gehen, wenn die Elektrischen wieder einmal streiken. Feudale Automobile erregen ohnehin mehr Verdacht.

Wirklich manchmal unglaublich, was sich in diesen turbulenten Wochen in Berlin und anderen Städten abspielt. Den Telefonhörer hält Elly Heuss-Knapp noch gedankenverloren in der Hand, während jüngste Erinnerungsbilder vor ihr auftauchen. Beunruhigt vom dumpfen Kanonendonner war man auf dem Weg zu einem Kundgebungsort gewesen, mindestens dreimal angehalten und, begleitet von harschen Worten, nach Waffen durchsucht worden. Wilde Schießereien mitten auf der Straße, zu einer Vorstandssitzung im Reichstag war absolut kein Durchkommen. Mitgerissen von den panisch Flüchtenden hatte der Hausflur des Hansabundes in der Dorotheenstraße Schutz versprochen. Eine Fehleinschätzung, denn kurzerhand war sie vom uniformierten Portier wie ein zappelndes Kaninchen am Kragen gepackt und postwendend wieder vor die Tür gesetzt worden. In der rettenden U-Bahn war das Gedränge unbeschreiblich. Von Verletzungen durch spitze Glassplitter einer eingedrückten Fensterscheibe blieb sie nur durch ihren dicken Wintermantel verschont. Während einer Sitzung im Parteibüro hörte man das Knattern der Maschinenpistolen von der Straße. Niemand reagierte. Auch sie selbst hatte sich mehr mit den demonstrativ unbeeindruckten Mienen der Anwesenden als mit dem eigentlichen, bedrohlichen Anlaß beschäftigt ...
Der Gedankenfaden reißt ab, Elly befördert den Telefonhörer mit Schwung zurück auf seinen angestammten Platz. Ein Blick

auf die Uhr – höchste Zeit zum Aufbruch. Mit den bereitgelegten Witzblätterbriefen und einem winzigen Notizzettel ist sie wenige Minuten später im Eilschritt unterwegs. Zunächst zum Postamt, dann zur Wahlrede im Lehrervereinshaus.

In aller Regel hat Elly Heuss-Knapp keine Schwierigkeiten, ihre Zuhörer zu fesseln. Kaum beginnt der weitgehend freie Vortrag, wird es still im Saal. Männer und Frauen, gleich welcher Herkunft und Anschauung, horchen auf, folgen interessiert den Worten. Worin liegt diese anscheinend suggestive Wirkung? Die Enddreißigerin ist nicht attraktiv, verhältnismäßig klein und in der Wahl ihrer Kleidung nicht immer gut beraten. Von bestenfalls dezent gediegener bis damenhafter Eleganz zeugen die gut wadenlangen Kleider. Accessoires variieren wenig. Feine Spitzenkragen, zarte Rüschen, Kettchen und dekorative Broschen am Halsausschnitt bilden das bevorzugte schmückende Beiwerk. Elly Heuss-Knapp trägt gerne Rock und Bluse. Eine ungünstige Kombination, denn sie unterstreicht noch ihre Rundlichkeit. Aber es deprimiert die Ästhetin inzwischen, sich mit ihren Figur- und auch daraus resultierenden Kleidungsproblemen auseinanderzusetzen.
Der optische Eindruck kann Ellys Erfolgsgeheimnis also nicht sein. Sie entspricht auch ganz und gar nicht dem seit kurzem überall anzutreffenden Typ der alles ausprobierenden, modernen freizügigen Frau. Auf Berlins Flanierstraßen sind die dem Nachkriegs-Modetrend begeistert folgenden Damen langsam in der Überzahl. Dort zeigen sie Knie oder tragen lange Hosen zu strengen Herrenjacketts, greifen zum Schminkstift, rauchen in der Öffentlichkeit und schmücken sich mit scharlachroten Fingernägeln. Kesse Baskenmützen oder kleine Filzglocken thronen auf kurzgeschnittenen Bubiköpfen. Davon ist Elly weit entfernt. Sie lebt ihre Eitelkeiten anders aus, verfügt über andere Mittel. Kaum wendet sie sich an ihr Publikum, konzentriert sich dessen Aufmerksamkeit auf ein klares, gut geschnit-

tenes Gesicht mit ausgeprägter Mimik. Lebhafte Augen blicken auffordernd in die Runde, suchen Blickkontakt. Die Stimme trägt, füllt den Raum, klingt warm und melodiös. Ihre Ausführungen verlieren sich nicht im Nebulösen, sie orientieren sich an der Realität, nennen Probleme beim rechten Namen und treffen ins Schwarze. Herzliche Zuwendung verbindet sich mit aufrüttelnden Appellen. Elly Heuss-Knapp verführt mit durchaus gezielt eingesetztem Charme und Intellekt. Manche Zuhörer, so ihre Schilderung in Briefen, habe sie zu Tränen gerührt. Die rhetorischen »Wurfgeschosse stammen aus Matthäus 23«, sind »Strafreden« wie die gegen die Pharisäer. »Es ist eine sonderbare Sache um das Reden vor tausend Menschen. Es hat etwas vom Tierbändigen an sich ... Ich komme immer mit großen Blumensträußen heim, wie von Konzerten!«

Einige bemerkenswerte Veranstaltungen bleiben ihr besonders im Gedächtnis. Die Erlebnisse werden ins Geschichten- und Erzählrepertoire aufgenommen und neben vielen anderen Anekdoten zur Auflockerung zukünftiger offizieller oder privater Gespräche beitragen: »Der Saal war zu drei Viertel gefüllt mit kommunistischen Arbeitern. Ich weiß nicht mehr, was ich gesagt habe, ich wußte es schon am nächsten Tag nicht mehr. Es wird wohl eher eine Predigt gewesen sein als eine politische Rede. Ich sah nur die Mühseligen und Beladenen. Ein führender Unabhängiger kam, als ich fertig war, durch den überfüllten Saal auf mich zu ... er reichte mir die Hand und sagte: ›Das gilt nicht, Sie machen es mit Hypnose.‹ Und dann setzte er sich wieder hin.« Während einer anderen Wahlveranstaltung der Unabhängigen Sozialisten im Mai 1919 in Heilbronn – so erinnert sich Elly – hatte Klara Zetkin, eine ebenfalls begnadete, außerordentlich mitreißende Rednerin, zwei Stunden hindurch immer wieder zustimmenden Beifall erhalten. Als unmittelbar nach ihr die Frau des Kandidaten Dr. Heuss auf dem Podium erscheint, erhebt sich ganz spontan die Vorsitzende,

eine sozialistische Arbeiterin, kommt auf sie zu, streckt ihr die Hände entgegen und löst im Saal einen gänzlich unerwarteten Sturm der Begeisterung aus. »Die gemeinsame Kriegsarbeit hatte sich als bindend erwiesen«, bemerkt Elly trocken und fügt augenzwinkernd hinzu: »Beim Heruntersteigen vom Podium machte mir ein Matrose ein wunderbares Kompliment, wie leicht es zu erwerben war, versteht nur, wer die Zetkin gesehen hat. Er sagte: ›Das haben Sie schick gemacht, und hübscher sind Sie auch.‹«
Die mit großem Aufwand gemeinschaftlich durchgeführte Wahlwerbung ist von Erfolg gekrönt. 78 Prozent der weiblichen Wahlberechtigten hatten auf Anhieb ihre Stimme abgegeben, nur 62 Prozent waren es dagegen bei den Männern. 37 Parlamentarierinnen sind in der Nationalversammlung vertreten, auf zehn Männer kommt somit eine Frau. Doch Elly Heuss-Knapp ist nicht dabei. Um wenige Stimmen verfehlt sie das Mandat und 1920 auch den Sitz im Reichstag.
»... Ich sehe mich als sicher durchgefallen, Zahlen fehlen noch«, schreibt sie Anfang März 1919 der Schwester Marianne. »Vom persönlichen Standpunkt aus ist es mir eine Erleichterung, denn wenn wirklich Weimar der Ort der Tagung wird und der Theodor ... nicht dort ist, wäre es doch eine arge Störung des Familienlebens. Wenn wir beide hereingekommen wären, hätten wir den Lulu nach Badenweiler oder nach Halle gebracht.«

Elly Heuss-Knapps Bemühungen, weite Bevölkerungskreise mit den veränderten politischen Verhältnissen vertraut zu machen und damit mündige Staatsbürger und -bürgerinnen zu erziehen, stoßen mitunter auf wenig Gegenliebe. Nicht alle Mädchen und Frauen sind bereit, ihre erlernten und bequemeren Positionen aufzugeben. Den Schülerinnen in der Sozialen Frauenschule ebenso wie denen im Pestalozzi-Fröbel-Haus will ihre Lehrerin unbedingt Einblick in Literatur zu Revolutionsideen gewähren und initiiert darüber hinaus eine demokratische Schülermitverwaltung. »Was war der Erfolg? Die Mädel haben mir ganz offen gesagt, daß wir alle ihr Interesse sehr überschätzen, sie wollten gar nichts von Politik und Revolution mehr hören, … die weitaus größte Zahl unter den Jungen lehnt alle Politik ab, reagiert sauer auf alles, was Vereine, Versammlungen, Bewegung heißt …« Halb nachsichtig, halb sarkastisch kommentiert die Lehrerin Elly Heuss-Knapp auch ganz andere, neue Verhaltensmuster ihrer Schülerinnen. »Sie feiern in heimlichen Zirkeln Kaisers Geburtstag, tun, als ob man sie deshalb verfolgen würde und sind sehr heroisch. Aber sie werden von dreiviertel der andern mitleidig als ›spinnet‹ abgetan. Die anderen unterscheiden sich. Sie geben sich als begeisterte Kommunisten, besonders ganz zarte, schöne, gepflegte Fabrikantentöchter sind das, religiös gerichtet, die sitzen abends bei kommunistischen jugendlichen Arbeitern in deren Stuben, bekommen von Arbeitermüttern Kaffee und retten die Welt.«

Ab November 1920 äußert sich Elly Heuss-Knapp dezidiert zu der allem Anschein nach in anspruchsvollen Medien oder an Hochschulen verbreiteten, immer mehr Anhänger findenden Auffassung, daß der Deutsche »unpolitisch mit Fug und Recht sei. … In Deutschland habe das Volk nie innerlich Interesse an der Politik gehabt, nur einzelne, Bismarck, haben es zum gehorsamen Mitgehen bewogen. Dagegen sei das Suchen nach einer Weltanschauung den Deutschen, und nur ihnen, tief eingewurzelt. Sie reden von indischen Methoden der Bewußtseinseinübungen, von Mystik, von Psychoanalyse, sie lesen Goethe, Dostojewski, aber alle Politik läßt sie kalt.« Elly findet das zunächst mehr als merkwürdig, ist – wie sie es formuliert – über diese Entwicklung erstaunt und gekränkt.

Aber wie ist es dann zu erklären, daß sich in den nun folgenden Monaten und Jahren eine vergleichbare Einschätzung, ja Haltung auch bei Elly Heuss-Knapp Bahn bricht? Sie kehrt der

Parteienpolitik abrupt den Rücken, beginnt einen Rückzug ins Private, besucht schon im Dezember 1920 einen Kursus für Psychoanalyse, wendet sich dann hingebungsvoll intensivstem Bibelstudium zu, führt Religion als Unterrichtsfach an ihren Schulen ein. Ehrenamtliche Sozialarbeit rückt erneut in den Vordergrund. Immer noch zahlreiche Veröffentlichungen und Vorträge bekommen zunehmend beschaulicheren Charakter. Das Spektrum reicht von *Neue Lebensgestaltung* oder *Sinn der Familie* über *Wege in die innere Ruhe*, *Bescheidenheit*, *Weihnachten entgegen* bis zu *Krankenlektüre* und *Kindergedichte*. Auffallend häufig referiert Elly Heuss-Knapp in den zwanziger Jahren zum hie und da variierten Themenkomplex *Sitte und Traditionen*. Vorbei die Zeiten, als ihr – so beispielsweise Ende 1918 in einem ausführlichen Zeitungsartikel mit der Überschrift *Die politische Frau* – eine kritische Auseinandersetzung mit der Frauenbewegung und ihrer Geschichte ausgezeichnet gelang.
Wie erklärt sich dieser Sinneswandel? – Waren es unbewältigte Kriegs- oder Nachkriegserlebnisse? Ging mit Naumanns Tod der geistige Mentor verloren? Argwöhnt sie einen Wandel vom freiheitlichen Liberalismus zur ungezügelten Libertinage? Gab der politische Mißerfolg den Ausschlag? War es die Meinungsverschiedenheit mit der Deutschen Demokratischen Partei? Elly setzte sich unnachgiebig für die Konfessionsschule, die Mehrheit der Partei für eine Gemeinschaftsschule ein. Hatte es mit ernsten Problemen in der Pestalozzi-Fröbel-Schule zu tun, wo eine radikalsozialistische Kollegin ebenfalls gegen religiöse Erziehung Stimmung machte. Oder spürt sie nun, in der Lebensmitte, ein Defizit an langfristig tragfähigen Werten? Wendet sie sich darum systematischer religiösen und psychologischen Fragen zu? Hatte Elly Heuss-Knapp ein Erweckungserlebnis oder etwa familiäre Probleme? Will sie sich durch Verlagerung ihres beruflichen und persönlichen Engagements von ihrem Mann, der die Entwicklung wie immer gelassen und freundlich distanziert betrachtet, emanzipieren?

Aber vielleicht folgt Elly Heuss-Knapp auch ganz einfach einem allgemeinen, von ihr nahestehenden, intellektuellen Kreisen besonders favorisierten, geisteswissenschaftlichen Trend, und vielleicht trifft von allem etwas zu.
Viele Fragen – die meisten bleiben ungeklärt.

»So hat jeder sein Steckenpferd. Aber wir vertragen uns doch gut in einem Stall«

In Briefen und den ein Jahrzehnt später niedergeschriebenen Erinnerungen sucht Elly Heuss-Knapp selbst nach einer Erklärung für ihre »dritte religiöse Phase«. Die erste ordnet sie ihrer Kindheit, die zweite der Jungmädchenzeit unmittelbar vor dem Lehrerinnenexamen zu. »Viele wundern sich sehr über mich, weil ich aus aller Parteipolitik und allem Vereinswesen mich herausgezogen habe, gar keine Bude mehr auf dem Jahrmarkt der Eitelkeit aufschlage, obwohl meine Buden immer recht viel Zulauf hatten!! Aber ich bin glücklich in der Konzentration und mache nur Arbeit, die ich für lebendige Arbeit halte. ... Manche kommen früh dazu, manche spät. Ich bin recht spät dahin gekommen.« Die Leserin dieser Zeilen, eine junge Freundin, kennt ihre ehemalige Lehrerin sehr gut. Fällt auch ihr auf, daß die so geschmähte Eitelkeit im gleichen Satz munter hervorblitzt?
»Unsere überkommene und übernommene Weltanschauung«, rekapituliert Elly Heuss-Knapp, »ging so ziemlich in die Brüche. Was hatten wir für eine Weltanschauung? ... Wir haben den nationalen und sozialen Gedanken sehr früh als Einheit gesehen und als Forderung empfunden. Aber wir waren Einzelne, wir kannten keine andere Gemeinschaft als die des kleinen Kreises, der sich in loser Gemeinschaft freiwillig zusammenfand, der nach Eigenart strebte in Kleidung und Ein-

richtung, in Reden und Schreiben. Die Tradition und Sitte der Umwelt schien uns verknöchert, und erst als die Nachkriegszeit das Brauchtum bis in die Wurzeln erschütterte, erkannte man seine erhaltende Kraft. Eine individualistische Weltanschauung schien uns nach dem Krieg und der Inflation nicht mehr tragend im eigentlichen Sinne.« Und was kann an die Stelle der individualistischen Weltanschauung treten, was Sitte und Traditionen, die in Ellys Augen erhaltende Kraft des Brauchtums, fördern? Sie für ihren Teil glaubt ganz fest an die Rückkehr zu den christlichen Wurzeln, an »Erneuerung des deutschen Volkes aus dem Glauben und aus der Verantwortung heraus«. Zumindest ist dies ihre momentane Antwort auf brennende Fragen.

Großen Anteil an der Hinwendung zur Amtskirche, zu religiöser Gestimmtheit und Bibelarbeit hat Otto Dibelius[21] – Geistlicher wie Friedrich Naumann. Die erste Begegnung war rein zufällig. Ab Anfang 1923 besteht Elly Heuss-Knapps enger Kontakt zu dessen Großstadtgemeinde Zum Heilsbronnen in Berlin. Auch Ernst Ludwig wird dort intensiv auf die Konfirmation vorbereitet. Dibelius' Themen sind aktuell. »Ich fand …« urteilt Elly, »einen Prediger, der mitten im Tageskampf stand, verwickelt in die Aufgaben des modernen Lebens, der die großen Fragen des Volkstums vom Evangelium aus zu beantworten suchte, der nicht das Gefühl, das leicht betrogene, sondern den Willen aufrief, und dabei ein pietistisches Herz hatte.« Fester Wille statt reinem Gefühl – die »Erkenntnis, daß auch das Wirtschaftsleben irgendwie geschehen muß zur Ehre Gottes und daß die Kirche sich darum zu kümmern hat« – kurzum: Religion geknüpft an Alltagsfragen, dieser calvinistische Ansatz kommt Ellys Lebensmaximen sehr entgegen. Und hat sie – wie kann es anders sein – die Sache einmal als erstrebens- und verfolgenswert erachtet, so betreibt sie ihr Fortkommen mit Macht. »Das Leben ist ein Wunderknäuel« hatte sie ja einst behauptet. Den Faden behält sie seither fest in der

Hand, strickt emsig an dem Werk, entschließt sich unter der Arbeit wohl für ein stets neues, zeitgemäßeres Muster.

Ist bei Elly Heuss-Knapp der eigene Weiterbildungsdrang einmal in Gang gesetzt, scheint ihr die Notwendigkeit der Weitergabe neuer Erkenntnisse an Dritte – ob in der Schule, ob privat – keine ernsthafte Frage. »Christentum liebhaben« sei »allemal besser als alles Wissen«, teilt sie dem Vater mit. Doch der exzellente Kenner beider Testamente kann seine Distanz zur Institution Kirche auch kurz vor dem Tod nicht überwinden. Und auch Marianne reagiert auf manche Überschwenglichkeit ihrer Schwester vermutlich mit leisem Kopfschütteln. »Daß der Theodor M.d.R. (Mitglied des Reichstages) ist« liest sie im Mai 1924, »ist ja ganz schön ... Er wird immerfort photographiert und in Zeitschriften abgebildet. Neulich waren wir auf einem Empfang mit Stresemann, Hilferding, Gerlach, dem General Hoffmann und anderen Prominenten ... Ich komme mir etwas deplaciert vor, weil mich so ganz andere Dinge interessieren. Nämlich ein Kolleg oder vielmehr seminaristische Übungen über die Gleichnisse. So hat jeder sein Steckenpferd. Aber wir vertragen uns doch gut in dem Stall.« – Ist das die gleiche Elly, die ihre gesellschaftlichen Aufgaben als »Magnifica« in Straßburg in vollen Zügen genoß, die die Öffentlichkeit nie scheute und der gesellschaftliche Anerkennung selbstverständlich erschien? Wie hätten die Schilderungen jetzt wohl geklungen, wenn sie und nicht Theodor in den Reichstag gewählt und umworbener Mittelpunkt des allgemeinen Interesses geworden wäre?
Elly und Theodor Heuss – Theodor und die Kirche!? Aus Kindheitstagen stammt das rot eingebundene, abgegriffene und zerlesene Neue Testament. Zwei von Ellys zahlreichen Bleistiftkommentaren lassen einen kleinen Einblick zu: Die Zeilen »Einer trage des anderen Last, so werdet ihr das Gesetz Christi erfüllen« sind mit der Randbemerkung »Ehe« und dem Datum »18.7.29« versehen – Paulus' Aussage im Römerbrief: »Sintemal

vor Gott nicht, die das Gesetz hören, gerecht sind, sondern die das Gesetz thun, werden gerecht sein«, trägt den aufschlußreichen Hinweis »Theodor«.

Da die Aktionsfelder der beiden Ehepartner streckenweise relativ weit auseinanderdriften, kommt es notgedrungen zu vorübergehenden räumlichen Distanzen. Aber ein Steckenpferd – wie seine Frau es formuliert – ist es nun gerade nicht, das Theodor Heuss' Terminkalender füllt. Häufige Trennungen hängen weitgehend mit seinem Engagement im süddeutschen Wahlkreis, mit Werkbundreisen, Tagungen, Vorträgen oder Kursen zusammen. So ist es gut möglich, daß er sich in Stuttgart, im Ruhrgebiet, im ostpreußischen Mohrungen aufhält, während Elly den Vater besucht oder beispielsweise im Bremer Dom vor 5000 weißgekleideten, blumenbekränzten evangelischen jungen Mädchen über *Neue Menschen und die Wirklichkeit des Lebens* referiert. Es kommt auch vor, daß Theodor Heuss nach seiner Ankunft am Anhalter Bahnhof heimkommt, sich umzieht, gleich zu Stolpers und anschließend in die Hochschule eilt. »Schon wegen des Wiederkommens«, glaubt Elly dennoch, »sollte man von Zeit zu Zeit weg voneinander. Man hat sich so nett viel zu erzählen.« Als sich aber am Ende der Weimarer Republik der politische Himmel zunehmend verdüstert, fällt ihnen jede Trennung schwer: »Wir sind froh über alle Nachrichten von Dir. Aber die ersten zwei Tage nach Deiner Abreise verfiel ich in schwerste Melancholie. So schlimm habe ich es, glaube ich, noch nie gehabt.«

Während sich das Elternpaar Heuss mit hohem Anspruch und großem zeitlichen Aufwand auf vielen Ebenen betätigt, kommt der Sohn Ernst Ludwig in die Pubertät. Wie er die in gleichgelagerten Familien durchaus übliche, häufige Abwesenheit der Eltern empfindet und verkraftet, ist nicht sicher bekannt. Selbstverständlich wird er von Angestellten gut betreut.

Der kleine Lulu verbrachte manche Wochen in Kinderheimen, der heranwachsende Sohn lebt ab Frühjahr 1926 im Internat. Schon vorher klingen aus von der Mutter an ihn gerichteten Briefen manche belehrenden Ermahnungen. Später gleichen sie mitunter kleinen Predigten. »Hoffentlich hast Du an mich gedacht«, schreibt Elly Heuss-Knapp von einem Badenweiler Kuraufenthalt 1925, »und bist sehr zurückhaltend gewesen gestern bei den Wahlen. Ich las in der *Vossischen* (Zeitung) von der Ermordung des einen Reichsbannerjungen[22]. Ich nehme an, daß Du selbst vernünftig warst ... Nun ist Hindenburg also Präsident, und wir haben das hinzunehmen, und obwohl wir ihn nicht gewählt haben, so achten und ehren wir ihn doch, und ich hoffe, daß Ihr Schulbuben nicht in das undankbare Pöbelgekläff eingestimmt habt, das ich ... heut mit Ekel gelesen habe.« Deutliche Worte für das »Büble« und der abschließende Hinweis: »... red keine Dummheiten über Hindenburg ... das vertrag' ich nicht!« läßt eine konsequente Strenge erkennen.
Vermutlich erinnern sich Theodor und Elly Heuss zu diesem Zeitpunkt nicht mehr an einen schriftlich geführten Dialog ihrer Brautzeit. Doch schon damals waren sie über Kinder miteinander ins Gespräch gekommen.

Mai 1907 – Elly:
»Nur weißt Du, Kinder ohne eigenes Kinderzimmer, die dann immer bei den Großen sind und unterhalten sein wollen – nein, das ist furchtbar.«
Theodors Antwort:
»Das Kinderzimmer scheint mir für die ersten paar Jahre nicht aktuell; aber nachher bin ich sehr dafür. Das ist für die Kinder und Eltern gut.«
Juli 1907 – Theodor:
»Gott behüte, daß ich ein ehrgeiziger Vater werde, der seine Liebe nach den Leistungen der Kinder mißt. Fast nichts ist tödlicher. Es war nur ein allgemeiner Gedanke, was mir als

größter Inhalt unseres Glückes erscheint, daß unsere Kinder so Großes und Schönes schaffen, daß wir es als ein Aufwärts gegenüber unserem eigenen Leben erkennen. ... Das ist der wertvollste Teil meines vielleicht etwas banausisch konstruierten Unsterblichkeitsglaubens ... daß die Kinder kein Rückgang gegenüber den elterlichen Werten sind, sondern Bewahrer und Förderer. Ich glaube, daß meine Liebe zu unseren Kindern dann am größten ist, wenn sie sich nicht innerlich von uns wegschleichen, sondern wenn wir sie von uns fortschicken. Wenn sie 12 oder 14 Jahre alt werden, und ihre Augen zu der Welt auftun, soll das der Inhalt alles Erziehens sein: nicht sie an uns zu fesseln, sondern sie frei zu machen von uns. Das klingt Dir vielleicht seltsam oder hart ...«
Ellys Antwort:
»Das mit der Zukunft unserer Kinder ist nun in Ordnung zwischen uns. Und wenn Du sie schon früh aus meinem Flügelschutz entläßt, so mußt Du halt dann noch mal von vorn anfangen, mich zu lieben und das Alleinsein mit mir zu genießen. Hoffentlich mach' ich Dir's nicht zu schwer durch Alter und Wüschtheit vor Gott und den Menschen.«

Ein Landschulheim bei Holzminden wird also für den fünfzehnjährigen Ernst Ludwig, abgesehen von den Ferien, ein Zuhause. Später studiert er Jura in Heidelberg und Bonn und promoviert. Übereinstimmend halten die Eltern in ihren Aufzeichnungen den Grund für seinen Internatsaufenthalt fest: um ihn in Berlin vor Vereinsamung zu bewahren. »Doch das Haus«, so fügt der Vater in seiner Erinnerung gleich hinzu, »... füllte sich mit jungen Mädchen!«
Seelentöchter, Ersatztöchter spielen eine große Rolle in Elly Heuss-Knapps Leben. Selbst gewissermaßen mutterlos aufgewachsen, äußert sie sich 1927 in einem größeren Aufsatz über das Verhältnis der *Mütter und Töchter*. Eigene »Töchter blieben

leider aus …« bedauert sie oftmals und bekennt »… ich erteile ja den Unterricht nur, weil mir Gott keine Tochter gegeben hat«. Insbesondere aus der liebenden Verehrung einer Schülerin im Pestalozzi-Fröbel-Haus, Gertrud Fuhrmann, verheiratete Stettiner, entwickelt sich eine lebenslange Freundschaft mit intensivem Briefwechsel, ein inniger Gedankenaustausch auch über trennende Grenzen und Meere.

Junge Schülerinnen, Mädchen aus der evangelischen Jugendbewegung, stellten im Frühjahr 1923 auch den Kontakt zur Dahlemer Ausbildungsstätte für Gemeindehelferinnen her. »Elly«, so ihr Mann im Rückblick, »trat schließlich beschwingt ins Burckhardt-Haus ein«, denn sie »war inzwischen kirchlich geworden«. Ab 1926 unterrichtet sie im neugegründeten Seminar für kirchlichen Frauendienst und wirkt mit großer Begeisterung und innerer Anteilnahme bei sozial- und religionspädagogischen Freizeiten und Tagungen mit. Das Engagement geht weit über rein dienstliche Belange hinaus. In dieser Zeit erscheinen – und das überrascht allerdings – manche ihrer Aufsätze unter einem Pseudonym: Ottilie Frey.

In einem bleibt sich Elly auch in diesem religiös-sozial bestimmten Lebensabschnitt treu: sie weiß nicht nur von Nächstenliebe und innerer Erneuerung zu predigen, sie weiß vor allem, was es heißt, zupackend zu handeln:
Gestern, am 3. Januar 1924, kamen zwei Riesenkisten aus Finnland. Dort ist die Wirtschaft, sind die Menschen nicht inflationsgebeutelt. Dort gibt es genug zum Essen. Dort ist zur Zeit Gertrud Fuhrmann. Und die hat, kaum zu fassen, ihre flehentlichen Hilferufe nicht überhört. Ein wahres Wunder! Speck, Haferflocken, Zucker … Kinderkleidung …! Hin und her läuft Elly, das Zimmer wird immer voller. Sie stapelt, beschriftet, teilt ein: für die Nachbarschaftshilfe der Frauenvereine. Eine rettende Idee, wenn die öffentliche Wohlfahrtspflege ihre

Ohnmacht eingesteht. Von der Diskussion über Sozialpolitik zur menschenverbindenden Caritas! Elly denkt unter dem Weiterarbeiten auch an ihre vielen Bitt- und Bettelgänge in diesem Hungerwinter. Die selbst fast mittellose Schneiderin schenkte zehn Pfund Kartoffeln her und rettete dem alten, völlig entkräfteten Buchhändler um die Ecke wahrhaftig das Leben. Ein Ladenfräulein, beiläufig angesprochen, brachte tatsächlich die versprochene Kleidung. Ausländische Freunde fürchten inzwischen ihren Besuch. Etliche Schillinge und Dollars wechselten mit mehr oder weniger Nachdruck ihre Besitzer. Ein einziger Mann, Elly ist noch jetzt fasziniert, stiftete das Essen für einen ganzen Saal voll alter Leute: Kakao, Kuchen und für jeden einen Laib Brot zum Mitnehmen. Kohlen wurden beschafft, und seit kurzem wird ein hochbetagtes Ehepaar von endlich aufgeschreckten Nachbarn mit ausreichend Nahrung versorgt. Wirklich keine Einzelfälle. Die Besitzerin des Antiquitätengeschäftes wollte ein angebotenes Seidentuch letztlich gar nicht mehr kaufen, schenkte wahrhaftig Geld für die Heilsarmee ... »Heilsarmee« – Elly schreibt gerade das Wort auf einen Zettel und heftet ihn an den Kleiderstapel, fürs Kinderheim in ihrer Straße. Die Kleinen hatten sie nämlich eines Tages angesprochen. Und worauf war es, wie immer, hinausgelaufen? Aufs Geschichtenerzählen und Helfen. Aufatmend bleibt Elly kurz stehen, streckt den Rücken durch, das Bücken in die Kisten ist anstrengend. Der Boden scheint schon durch, als Elly laut auflacht. Der eigene Beitrag zur Aufbesserung der Kasse ist ihr gerade eingefallen: die Handleserei! Bei einem solchen finanziellen Erfolg sind alle Mittel recht. Natürlich wissen die befreundeten Herren Professoren, daß sie nicht wirklich aus den Handlinien wahrsagen kann. Aber alle finden es aufregend, wenn die reizende Frau Dr. Heuss in unnachahmlich realistischer Manier die individuellen Zukunftsperspektiven heraufbeschwört. Milliarden oder gar eine ganze Billion, hat das der Kirchengemeinde schon

eingebracht … Aber gut müssen sie sein die Prognosen, immer nur gut!
Was jedoch die Heilsarmee angeht, bleibt es am Ende nicht beim nur hilfreichen Part. Drei Jahre lang erteilt Elly Heuss-Knapp an deren Offiziersschule in Berlin regelmäßige sozialpolitische Lehrstunden. »Ich ging«, meint sie in diesem Zusammenhang, »wohin man mich rief. Wenn mich jemand fragt, warum nicht auch zur kommunistischen Jugend, so kann ich nur antworten, sie hat mich leider nicht gerufen.«

Man beruft und ruft sie dennoch oft. Elly wird Schöffin beim Jugendgericht und besucht mehr als einmal das süddeutsche Frauengefängnis Gotteszell. Der Direktor hatte um ein Gespräch gebeten, einen Vortrag vielleicht. Aber worüber spricht man mit zweihundert gestrauchelten, am Leben verzweifelten Frauen, die sich erwartungsvoll mit ihren Sitzschemelchen im Innenhof des Gefängnisses eingefunden haben? Über Volkswirtschaft – Sitte und Traditionen – Krankenlektüre oder Kindergedichte – womöglich über den Wandel des Frauenideals in sittlich-seelischer Beziehung …? Nein, über all das nun wirklich nicht. Elly Heuss-Knapp erzählt, erzählt »Geschichten mit Widerhaken«, von Hebel, von Selma Lagerlöf und bedauert – sieht sie die entspannten Gesichter der Frauen, auch Tränen in deren Augen – daß sich »die Protestanten … vor Legenden von Heiligen« so sehr »scheuen«. – 1933, im April, Elly kann es noch nicht wissen, wird das Geschichtenerzählen unendlich viel schwerer sein. Die Worte wollen, können, dürfen nicht mehr ungehindert fließen. Gotteszell … wie ein Hohn wird ihr der Name dann erscheinen, wenn weibliche Häftlinge, politische diesmal, dennoch nicht ganz umsonst auf Ermutigung, Mutiges aus dem Munde der Besucherin warten. Und eines Tages, nach vielen Jahren, wird sie ein handschriftlicher Brief erreichen, eine Frau wird ihr dann berichten, wie tröstlich diese Worte waren, 1933, in dunkler, politisch finsterster Zeit …

»Gegen suggestive Phrasen kommt man doch nicht auf«

Eigentlich gestaltet sich gerade die Privatreisen- und Feriensaison 1929 überraschend abwechslungsreich und unterhaltsam. Aus Sparsamkeitsgründen waren diese Wochen nämlich äußerst spartanisch geplant. Berlin, genaugenommen sein von Theodor Heuss nicht sonderlich bevorzugtes sand-, wald- und seenreiches Umland, mußte und sollte darum Amrum, Föhr, die Schweiz, Paris, Slowenien, Dalmatien, Schweden oder Dänemark … allerdings nicht Ellys Badenweiler … ersetzen. Das waren die bevorzugten Ziele der letzten zehn Jahre gewesen. Nun, der Juni ist fast vorüber, das Sommerwetter könnte strahlender nicht sein, sitzt Elly Heuss-Knapp seit bald zehn Stunden unverdrossen vergnügt im offenen Auto. Halb Deutschland ist durchquert, Amberg kommt in Sicht, Stützpunkt für diese Nacht. Theodor hatte ganz dringend nach Württemberg gemußt. Und so war sie – gerade zurück von einer Tagung in Saarow und dem Vortrag in Stettin – der spontanen Idee gefolgt, sich Gustav Stolper anzuschließen. Der ist mit seinen Söhnen unterwegs ins Engadin. »Ganz spießig in der Eisenbahn« muß dagegen die Heimreise vonstatten gehen, denn Stolpers elegantes Kabriolett bringt sie nur bis Prien. Am Chiemsee lebt der inzwischen vierundachtzigjährige Lujo Brentano. Sein positives Urteil hatte Elly vor drei Jahren in der Absicht bestärkt, die Jugenderinnerungen ihres Vaters als Buch herauszugeben. Der Professor ist ihr ein Stück Kindheit und Jugend, väterlicher Freund, ein kompetenter Berichterstatter der Vergangenheit und aufmerksamer, kritischer Beobachter der Gegenwart. Kein Gedanke, daß die Besucherin in wenig mehr als zwei Jahren Brentanos Tochter, der Freundin Sissi, helfen wird, dessen umfangreichen und unübersichtlichen Nachlaß zu ordnen.

Die Sparsamkeitsabsichten hinsichtlich Reisen sieht das Ehepaar Heuss auch nicht durchbrochen, als gleich nach ihrer

Rückkehr aus Württemberg beziehungsweise Bayern die Koffer erneut gepackt werden. Gemeinsam folgen sie der Einladung zur Werkbundtagung in Breslau. Wirklich gerecht wird die Familie Heuss den guten Vorsätzen aber erst, als »schön braungebrannt und vergnügt« Ernst Ludwig eintrifft. In wenigen Tagen ist er neunzehn, und zu seinem Geburtstag, begeistert sich die eigentlich eher unsportliche Mutter in einem Brief, »schenkten wir ihm ein Klepperfaltboot, und seither kann ich eigentlich nichts anderes mehr denken. Es gibt auf der Welt nichts Schöneres. Wir waren die letzten fünf Tage am Scharmützelsee. Das ist der größte See in der Mark, und sogar Theodor, der doch sonst von der Landschaft hier nichts wissen will, gibt zu, daß es wunderbar ist. Die schönsten Laubwälder und sogar Bergchen, von denen jede Erhöhung einen Namen trägt. Wir sind den ganzen Tag im Badeanzug gepaddelt, außer wenn wir gerade im Wasser waren. Gewohnt haben wir in einer sehr bescheidenen Pension mit einem herrlichen verwilderten Garten, und das wird nun unser Aufenthalt fürs Wochenende. Dieses Mal haben wir Boot und Bademäntel dort gelassen, und morgen früh um dreiviertel sieben Uhr fahren wir zwei schon wieder hinaus, während der Theodor in Köslin eine Verfassungsrede hält. Der Ludwig und ich haben ein sehr schlechtes schwarz-rot-goldenes Gewissen, aber das Paddeln und Schwimmen ist doch schöner … Am 1. September muß der Ernst Ludwig wieder in der Schule sein, vielleicht begleite ich ihn, und wir paddeln von Hannoversch-Münden auf dem Wasser bis Holzminden. Das nennt man Eifer!«

Die im Überschwang der Feriengefühle ins Auge gefaßte Paddeltour auf der Weser bleibt Wunschdenken. Weniger sportive Abstecher ins Holzmindener Internat gehörten in der Vergangenheit allerdings zum festen Bestandteil von Elly Heuss-Knapps Reisen. Geschickt verband sich dabei das Angenehme mit dem Nützlichen. Zum einen hielt sie Kontakt zu Ernst

Ludwig, zum anderen referierte sie vor dessen Mitschülern und Lehrern, griff als passionierte Pädagogin – wie immer der Sohn auch dazu stehen mag – sogar aktiv in den Deutschunterricht ein.
Jetzt, im Herbst 1929, ist weder für das eine noch für das andere Zeit. Die nämlich drängt, denn eine zweite Sendereihe im Berliner Rundfunk ist geplant. Nach den *Volkswirtschaftlichen Plaudereien* zu Beginn des Jahres, steht nun *Allerhand zum Nachdenken aus Sprache, Sitte und Traditionen* auf dem Programm. Seit wenigen Jahren lauschen immer mehr Hörer und Hörerinnen fasziniert den Stimmen und Klängen aus Kopfhörern oder Radiogeräten. Rundfunksendungen bringen das Leben, die weite Welt, Nachrichten und Kommentare direkt ins Wohnzimmer. Nicht nur Elly Heuss-Knapp ist vom raschen Anwachsen der Zahl von Rundfunkteilnehmern, vom weitreichenden, wirkungsvollen Einsatz dieses jungen Mediums überrascht. Wenn erst jede Familie ein Empfangsgerät besitzt, wenn Sendungen in jedes Haus übertragen werden, dann könnte man die ganze Nation auf allerbequemstem Wege erreichen. Solche und ähnliche Vorstellungen von der Verbreitung des Rundfunks bleiben keine Vision, er wird in Windeseile zum ersten Massenmedium mit Suggestivkraft. Man hört und staunt!

Elly Heuss-Knapp kennt viele wichtige Persönlichkeiten in Berlin, vielleicht auch vom Funk. Und die kennen vermutlich ihre wohltemperierte Stimme, die wirkungsvollen und klug zusammengestellten Vorträge und nicht zuletzt ihre disziplinierte Arbeitsweise. Mag sein, sie hat auch durch wunderliche, im großen Stil inszenierte Sprechgesänge Aufmerksamkeit erregt. Hunderte junger Menschen, evangelische Jugend, halb sprechend, halb singend, spielen dabei mit Dichter- oder Bibelworten wie Jongleure mit mehreren Bällen. Elly leitet die Proben, sucht nach geeigneten Einzelstimmen und findet, »daß die Vereine aus dem Norden und dem Osten von Berlin viel brauchbarer sind, als die westlichen. Und dabei sind es doch meistens Verkäuferinnen, zum Teil Hausgehilfinnen, nur ganz wenige Gymnasiastinnen, und manche auch männliche Arbeitslose, denen wir die Elektrische bezahlen.« Das Rezept für den großen Erfolg: rhythmische Zauberwirkung des rezitierten Wortes, Klangschönheit der Stimmen, vielstimmige Lautmalerei kombiniert mit mystischen Gefühlswelten melodiöser Texte. Sprache rückt in die Nähe von Musik, Musik verbindet sich mit Sprache. Ellys Sprechchöre bereichern selbst Veranstaltungen der Charlottenburger Hochschule für Musik.

Durch was und wen auch immer gefördert, Elly Heuss-Knapp sitzt bald im Funkhaus an der Masurenallee und übt sich konsequent in Rundfunkarbeit für unsichtbare Hörer. Kein leichtes Unterfangen, am schwersten ist freies Sprechen vor dem Mikrophon. Sie stellt sich dann einfach Menschen vor, die in der Stube sitzen und ihre Worte mit gespannter Aufmerksamkeit verfolgen. »Das Sonderbarste ist das Herauskommen aus dem kleinen Senderaum. Der Redner schlägt noch ein wenig mit den Flügeln wie ein Hahn, der eben gekräht hat, aber die Mitbewohner im Hühnerhof sind vollkommen gleichgültig. Der Ansager ist längst schon mit dem nachfolgenden Redner beschäftigt, den er mit ebenso viel Teilnahme überwacht. Es ist immer eine Freude, wenn die Post nach einigen Tagen Antworten bringt, darunter manche Kuriositäten. Es gibt Menschen, die ihre intimsten Lebensgeheimnisse … schreiben. – Man müßte eigentlich eine psychologische Untersuchung machen über die säkularisierte Beichte.«

Thematische Vorträge, Gespräche, Rundfunkreportagen und einfache Regieführung gehören in der kommenden Zeit zum neuen Aufgabenfeld. Elly Heuss-Knapp wird Mitglied im Programmbeirat des Berliner Rundfunksenders und verfaßt Rundfunkkritiken, die ab 1930 regelmäßig in der Hamburger Zeitschrift *Der Rundfunkhörer* erscheinen. »Ich verdiene immerhin einen Zuschuß zu unserer doppelten Miete, denn leider ist unsere alte Wohnung in Friedenau nicht vermietet« schreibt sie im September 1930 ihrer Schwester. Ihr Zusatz »... es macht mir übrigens auch Spaß ...« entspricht vermutlich ebenso der Wahrheit wie die gut zwei Jahre später getroffene Feststellung »... es steckt ... eine wahnsinnige Arbeit darin.«

Was die erwähnte doppelte Miete angeht, so haben Theodor und Elly Heuss nebst Hund Rex seit Juli ein neues Domizil: keine Etagenwohnung wie bisher, sie bewohnen ein modernes Reiheneckhaus. Mit Terrasse, Balkon und – Elly ist begeistert – einem für gestaltende Gedanken und Hände geradezu geschaffenen Garten. Das Haus steht in Berlin-Lichterfelde, Kamillenstraße 3. Wilder Wein rankt an der Garagenwand, alte hochgewachsene Sträucher werfen lange Schatten auf den Gartentisch im Winkel, an dem das Ehepaar nun gerne gemeinsam frühstückt. Oft, wegen des umfangreichen jeweiligen Tagespensums, die einzige gemeinsam eingenommene, und darum nach allen Regeln der Kunst zelebrierte Mahlzeit.
Ein kleiner Wermutstropfen fällt auf die Besitzerfreude. Denn Mieter, Besitzer im juristischen Sinne sind sie, nicht Eigentümer – vorerst zumindest. Dieser Unterschied war der jungen Elly allerdings noch nicht bewußt, als sie gerade zwei Monate nach der heimlichen Verlobung, im Mai 1907, vorsichtig anfragte: »Du Liebster, glaubst Du wirklich, daß wir später mal so viel verdienen können, daß wir ein Häuschen kriegen? ... Ich will versuchen, ob ich so was träumen kann, wie Du und ich durch die Kornfelder auf unser Haus zugehend, im sicheren Besitzes-Glück ...« – »Das Haus kommt sicher« hatte Theodor postwendend geantwortet. »Als Bub hab' ich mir vorgenommen, vier Städte bestimmt zu sehen: San Franzisco, Nagasaki, Konstantinopel, Rio de Janeiro. Das war das erste Ideal. Das zweite, seit dem 16. Jahr, eine Frau und (ein) nettes eigenes Haus. Daran denken wir immerzu, nicht fanatisiert, aber still

und sicher: so zwischen 35 und 40 wollen wir das eigene Haus beziehen. Wir verzichten halt dann auf Nagasaki.«
Um einige Jahre hatte er sich verschätzt: Als sie 1930 das Haus mieten, steht Theodor Heuss bereits im 46. und seine Frau Elly im 49. Lebensjahr. Nur wer von ihnen dann im Mai 1937 so viel verdient und vor allen Dingen, wie sie zu so viel Wohlstand kommen, um das »nette eigene Haus« eher unerwartet auch erwerben zu können, davon machen sich Theodor und seine Frau Elly noch absolut kein Bild.
Bei aller Freude über die wohnliche Verbesserung erfolgt der Umzug ins Haus, verbunden mit höheren Mietkosten, zu einem denkbar ungünstigen Zeitpunkt. Seit Oktober 1929 gibt es für alle Medien nur noch wenige wirklich wichtige wirtschaftspolitische und damit auch allgemeinpolitisch brisante Themen. Eine Auswahl aus Elly Heuss-Knapps Vortrags- und Rundfunkschwerpunkten ist getreues Spiegelbild der Lage. Beginnend mit *Jugend und Arbeitslosigkeit* über *Familie und Erwerbslosigkeit* gipfelt die Überschrift zuletzt in einem einzigen Begriff: *Krise*!
Annähernde Vollbeschäftigung gibt es in der Weimarer Republik seit Jahren nicht mehr. Seit dem verlorenen Krieg jagt eine politische, finanzielle und wirtschaftliche Krise die andere. Das Erbteil von Rüstung und Blockade, die Überproduktion im eigenen Land, war so schnell nicht zu stoppen. Güter, denen Käufer fehlen, füllen Lager, nicht Kassen. Sinkende Einnahmen und mangelndes Vertrauen in die wirtschaftliche Entwicklung führen zu Entlassungen. Die Schlangen vor den Arbeitsämtern wachsen. Um die hohen Reparationszahlungen leisten zu können, auch zu Investitionszwecken, war viel, sehr viel ausländisches, vor allem amerikanisches Geld in den deutschen Kapitalmarkt geflossen. Seit kurzem gehen die Kapitalexporte nach Deutschland drastisch zurück. Geldgeber versprechen sich höhere Gewinne von Anleihen in den USA. Das gesamte Finanzwesen ist völlig unrealistisch aufgebläht. Am

25. Oktober 1929 kommt es zum Zusammenbruch an der New Yorker Börse und zum offenen Ausbruch der amerikanischen Wirtschaftskrise. Der Flächenbrand greift auf Europa über. Das ehedem durch Inflation und Geldentwertung schwer angeschlagene deutsche Wirtschaftssystem bricht vollends zusammen. Die Weltproduktion sinkt innerhalb kurzer Zeit auf ein Drittel. Amerikanische, deutsche und andere nationale Krisen verschmelzen: Weltwirtschaftskrise – die Prognose wird Gewißheit und bestimmt die Leitartikel in den Zeitungen. Die demokratische Weimarer Republik, gerade mühsam auf die Beine gekommen, geht unter diesen harten Schlägen zu Boden.

Im September 1930 zeichnet sich der erste große Wahlerfolg der NSDAP ab, ein Rechtsruck geht durchs Land, ein Gutteil des Bürgertums zieht mit. Andere sind verunsichert, wissen absolut nicht, was sie von alldem halten sollen. »Nun muß ich aber doch sagen, daß ich ganz empört bin, wenn Du behauptest, nicht wählen zu wollen« kanzelt Elly Heuss-Knapp ihre junge Freundin Gertrud Stettiner-Fuhrmann im Jahre 1932 ab. »In Hessen haben alle Mittelparteien sich zusammengeschlossen, und von diesem Beispiel hängt viel ab für die Reichstagswahl. Du kannst nicht zu Hause bleiben, ohne nachher mit schuld zu sein, wenn es Mord und Totschlag gibt zwischen Links und Rechts. Es *muß*«, so die beschwörende Formel, »doch eine Mitte geben ... Wähl eher noch Zentrum, wenn die vereinigte Mitte Dir nicht paßt, aber wähle!!!« Wenn nur Hitler, wenn die NSDAP eine große Schlappe erleidet, so soll ihr, Elly, alles andere recht sein. »Ich wähle doch Staatspartei (die umbenannte Fortsetzung der Deutschen Demokratischen Partei), weil mein Mann auf der Reichsliste steht und noch ein Prozent Hoffnung ist, daß er hineinkommt.«

Mit Adolf Hitler und seinem Anhang kann Elly Heuss-Knapp schon aus einem ganz bestimmten Gefühl heraus nicht viel anfangen. Allein die »Männerbund-Atmosphäre«, die unverhohlene Hysterie und Heilserwartung verursachen ihr körperliches und geistiges Unbehagen. Eine »Dilettantendiktatur« sieht sie kommen, und ihres Erachtens tut man den Nationalsozialisten sowieso zuviel Ehre an, wenn sogar in Gelehrtenkreisen Rassenkunde und Germanentümelei mit einem Mal diskussionswürdig sind.

Im Sportpalast sitzt sie einmal unter »… reichlich spießigen Hörern«, findet die »Rede von Hitler selbst … sehr enttäuschend. Er hat eine so heisere abgekämpfte Stimme, daß ich kaum glaube, er wird ein Riesenprogramm durchführen; und was er sagt, war zu meinem Erstaunen dritter Aufguß vom Tee des deutschen Idealismus. …« In Goebbels' Ausführungen entdeckt sie »Löwenkrallen … Hitler konnte man höchstens Leithammel nennen.« – Ellys Wortwahl ist treffend, dem Leithammel werden die Massen folgen, in eine menschenverachtende Diktatur, in einen neuen, noch grauenvolleren Krieg. Elly glaubt früh, daß »die Nazis hundertprozentig gewinnen«. Denn, das wird ihr bald klar, »gegen suggestive Phrasen kommt man doch nicht auf …«

Elly Heuss-Knapp weiß recht genau, wovon sie spricht. Ihr Mann hatte 1931 – nach einem in der Zeitung veröffentlichten Vortrag und auf Bitten eines Verlegers – mit einer historisch-politischen Studie über den Nationalsozialismus begonnen. Sie verfolgt das Entstehen des Buches *Hitlers Weg* sicher sehr aufmerksam, tauscht sich mit ihrem Mann über die Ergebnisse seiner Untersuchung aus. Dr. Theodor Heuss, in seiner Eigenschaft als Dozent an der Hochschule für Politik, ist einer der wenigen intellektuellen Zeitgenossen, die Goebbels' und Hitlers veröffentlichtes Schrifttum wirklich und gründlich lesen – »mit viel sprachlichem und sachlichem Widerwillen«. Er stellt die hinter den monströsen Werken verborgene Ideologie pointiert dar und veröffentlicht seine sachlich-kritische Auseinandersetzung Anfang 1932. Heuss sieht sie als »distanzierte, kühle

Arbeit mit hohem Niveau«, macht aber die Erfahrung, daß sich der Stoff seinem eigenen humanistischen Denken und Verständnis teilweise entzieht. Das nationalsozialistische Gedankengut stellt er unmißverständlich an den Pranger, die darin ausgesprochene Bedrohung der jüdischen Bürger ist ihm fast schreckliche Gewißheit, die massenpsychologische Suggestivkraft der Bewegung wird von ihm – wohl nicht von seiner Frau – vorerst unterschätzt. Er vermutet nach Jahrzehnten: »Unsere Phantasie, auch wenn wir einige Übersicht über Greuel des historischen Geschehens besaßen, reichte nicht so weit, das Verbrechen als institutionelle Form staatlichen Wirkens einzusetzen.« Eine, wie er es auch ausdrückt, wohlbürgerliche Erziehung befähigt ihn nicht, soviel sinnlose und dumme Brutalität für möglich zu halten. Nur ein Jahr lang, dafür in acht Auflagen, erscheint das Buch. Man verbrennt es vor der Berliner Universität auf dem Scheiterhaufen der Demokratie. Die Weimarer Republik existiert dann nicht mehr – Adolf Hitler ist nicht mehr auf dem Weg, er ist am Ziel …

KAPITEL 7

Berlin 1933–1943

»Und laß keine Bitterkeit in Dein Herz«

1933. Dicht gedrängt – atemberaubend dicht gedrängt folgen die Ereignisse in diesem unglückseligen Jahr aufeinander.
Januar: Ernennung Hitlers zum Reichskanzler.
Februar: Aufhebung von Grundrechten.
März, April: Wahl zum Reichstag. Von 647 Sitzen sichert sich die NSDAP 288. Mit einem festlichen Staatsakt in der Potsdamer Garnisonkirche wird der 8. Reichstag eingeführt. Danach beginnen die neuen, nun auch durch eine Wahl legitimierten Herren unverzüglich mit der Ausschaltung des Parlaments – zunächst durch das Ermächtigungsgesetz, die Gleichschaltungsgesetze folgen.
Mai: Verbot von Parteien und Gewerkschaften.
Juni, Juli: Ermordung politischer Gegner...
Wie fügen sich dazu die Stationen im Leben von Elly und Theodor Heuss?
Im Januar laufen die von ihr bis dahin regelmäßig geschriebenen Rundfunkkritiken aus.
Im Mai verliert Theodor Heuss seinen Lehrauftrag an der Deutschen Hochschule für Politik. (Seine Arbeit für die *Hilfe* leistet er – wie die anderen Redakteure – längst ohne Bezahlung.)
Elly Heuss-Knapp muß im Juli ihre Unterrichtstätigkeit im Burckhardthaus aufgeben, Folge der Denunziation durch eine ältere Gastschülerin. Auch die Rundfunkarbeit erfährt weitergehende Einschränkungen: Aus dem Programmbeirat wird sie entlassen, ihre Vortragsreihen im Rundfunk werden abgesetzt. Theodor Heuss verliert – ebenfalls im Juli – sein Reichstags-

mandat. Der Direktor des Reichstags läßt ihm lapidar mitteilen: »Da Sie auf Reichswahlvorschlag der SPD gewählt worden sind, ist Ihr Mandat erloschen. Ich bitte Sie demgemäß um Rückgabe Ihrer Ausweiskarte als Mitglied des Reichstags, der Freifahrkarten für Eisenbahnen und Kraftposten sowie der noch in Ihren Händen befindlichen Schrankschlüssel.
Hochachtungsvoll…« Seine Arbeit im Bezirksparlament endet im September.
Und vor allem: die jüdischen Freunde Toni und Gustav Stolper wandern in die Vereinigten Staaten aus. Und Eugen Katz verläßt Deutschland ohne Abschied.

Im Jahr der »Machtergreifung« büßen Elly und Theodor Heuss ihre wirtschaftliche Basis ein.
Sie erleben persönliche Enttäuschungen: lange war es Elly Heuss-Knapp nicht möglich, sich zu dem Verrat der Schülerin zu äußern. Nur, »Unterricht fehlt mir wie ein abgeschnittenes Bein«, so schreibt sie im August an ihre Schwester, und einige Wochen später: »Ich kann nichts von meiner früheren Schule hören ohne schlaflose Nacht. Alles Material für den Unterricht weggeworfen … Mag keine Stunden mehr geben …«
Und sie verlieren die Möglichkeit zum unmittelbaren Gedankenaustausch mit ihren wichtigen Gesprächspartnern. Während in weiten Teilen der Bevölkerung Aufbruchstimmung herrscht, viele Adlige und Großindustrielle von höchsten Erwartungen beflügelt sind (So zum Beispiel die beiden Herren, die Elly vor vielen Jahren so beeindruckten: Prinz August-Wilhelm wird SA-Gruppenführer und trägt stolz deren Uniform, und Hugo Stinnes unterstützt die Nationalsozialisten durch Geldspenden.), befinden Elly und Theodor Heuss sich auf dem Weg in die innere Emigration.

Was bedeutet das materiell und ideell für Elly Heuss-Knapp? Sie erinnert sich daran, wie sie als Kind oft auf dem Kutsch-

bock mitfahren durfte zu Ausflügen in die Miltenberger Umgebung. Hinter jeder Wegbiegung vermutete und befürchtete sie das Ende der – ihr bekannten – Welt. Inzwischen hat sie wohl gelernt, daß dieser Schein trog, das ängstliche Gefühl ist ihr aber wieder sehr gegenwärtig.
Wie geht man als erwachsener Mensch damit um? Wie betäubt man die überwachen Sinne, die auf Signale eines bevorstehenden Sturzes ins Nichts lauern? Wie schärft man das Bewußtsein für akzeptable Überlebensstrategien? Wie bleibt man vor allem aber fest und unbeirrbar bei dem, was man als Kern seiner Persönlichkeit entwickelt hat – und was so gar nicht in die Zeit paßt?
Ihre innere Stabilität bezieht Elly aus ihrem Glauben. Er schirmt sie ab gegen eine Außenwelt, die ihr zunehmend fremd und unannehmbar in ihren Ansprüchen erscheinen muß. Und Elly erwartet von ihrer Kirche, daß sie ihren Prinzipien treu bleibt. An dem Tag, an dem der Arierparagraph in der Kirche durchgeführt wird, so erklärt sie, werde sie aus der Kirche austreten.

Für die wirtschaftlichen Probleme findet sich schließlich eine höchst patente Lösung, die ihr geradezu auf den Leib geschneidert ist. Doch zunächst gibt es noch eine andere Möglichkeit, die durch fehlende Rundfunk- und Unterrichtstätigkeit entstandenen Verluste auszugleichen: Im März 1933 startet sie zu einer Tour durch Ostpreußen, wo sie im Verlauf von zehn Tagen in neun Städten Vorträge vor den örtlichen Hausfrauenbünden hält. Sie bringt hochwillkommene 250 Mark Honorar mit nach Hause.
Eine weite Reise ist das, in »unwirtliche Gegenden, wo … meine Geographie aufhört«. Über Königsberg geht es nach Sensburg, dann nach Lyck. Etwa 600 km von Berlin ist sie jetzt entfernt, genausoweit wie es von Berlin nach Straßburg ist. Aber welch ein Unterschied für einen »südwestlichen Men-

schen«: Lockere Kiefern- und Birkenwälder im ruhigen Wechsel mit Heidegebieten. Das Zimmerfenster öffnet sich zum See hin. »Starenzüge fliegen fast in meine Stube. Man hört ihr Flügelschlagen.« Auch Störchen, Kranichen und Reihern folgt sie mit ihren Blicken. In Johannisburg bewundert sie eine schöne alte Kirche im Scheunenstil, in der ein riesiger schwebender Holzengel das Taufbecken hält – »Bei Taufen zieht man ihn am Bein herunter. Sehr sonderbar.« – und den Markt, der sie russisch anmutet: »Die Männer bärtig in Pelzmützen und die Frauen mit dicken Kopftüchern.« Über Allenstein, Deutsch-Eylau, Rosenberg und Marienburg geht es dann durch deichgeschützte fruchtbare Ebenen Danzig entgegen.
Aber wo sie auch ist, die politischen Ereignisse sind immer gegenwärtig. Am »Tag von Potsdam« schreibt Elly aus Ostpreußen an Theodor Heuss, der als Reichstagsabgeordneter selbst an dem Staatsakt in der Garnisonkirche teilgenommen hatte, über das Echo der Feierlichkeiten in der Provinz: »Eine Vorstandsdame hatte mich im Auto abgeholt, selig über den ganzen Festtag, hatte alles am Radio gehört … Da die meisten Mitglieder dort Angst vor einem Vortrag haben, bat sie, es kurz zu machen, dreiviertel Stunden, und dann wollten die Hausfrauen Gymnastik vorführen. So geschah es: Kaffee, Kuchen, *Erschütterung der Familie* kurz und schmerzlos – sehr nette Gymnastik von dicken und dünnen Hausfrauen. Dann einsamer Abend im Hotel: Fackelzug, Radiobericht aus Berlin – einsamer Spaziergang durch die eiskalte Stadt, wo alles auf den Beinen und auf der Straße war … Am Nachmittag vor meinem Vortrag hatten sie unter meinem Fenster eine alte Fahne verbrannt im Schneesturm.«

Als Elly Ende März wieder in Berlin eintrifft, ist sie körperlich und seelisch ausgelaugt. So fühlt sie sich außerstande, ihre silberne Hochzeit am 11. April in der freudigen und dankbaren Stimmung zu begehen, die dem Ereignis angemessen wäre. Sie bespricht sich mit Theodor, und beide beschließen, den Tag im Hause des Elly geschwisterlich verbundenen Vetters, des Sohnes von Tante Lella Geiger, in Riehen bei Basel zu feiern.

Wie erwachend schaut sich Elly um. Wie apart frühe Iris und erstes rötliches Buchenlaub in der flachen Schale direkt vor ihr auf dem Tisch arrangiert sind. Das leise Klirren des Porzellans, der warme Glanz der Kerzen, der Duft des Mokkas, den man ihr gerade eingießt, alles ist getan, um eine wohlig-entspannte Atmosphäre nach einem festlichen Essen zu schaffen, und doch … die Flucht ist nicht geglückt. Denn einer Flucht kommt es schon gleich, daß sie jetzt hier in der Schweiz ihr Ehejubiläum feiert. Raus aus Berlin und aus Deutschland, wo sie fast an »kollektivem Schuldgefühl« erstickte, ein paar unbeschwerte Tage genießen, mit Theodor altbekannte Spazierwege gehen und über die fünfundzwanzig guten Jahre sprechen, die sie zusammen gelebt haben, das hatte sie sich erhofft. Aber sie kennt sich ja gut genug, um zu wissen, daß sie sich nie ganz fallenlassen, dem Augenblick leben kann.
Wie freundlich und besorgt Theodor jetzt seine Hand auf die ihre legt. Er weiß genau, daß ihre Gedanken und Gefühle wieder beherrscht sind von den Ereignissen der letzten Wochen und Monate. Auch ihm geht es da nicht anders. Sie nimmt sich also zusammen, um ihren Gastgeber nicht zu enttäuschen. Doch der Apotheker Hermann Geiger-Otto, Begründer der Wybert-Werke, ist ein lebenskluger Mann. Er weiß sehr wohl, was die beiden bedrückt. Und er hat sich schon seine Gedanken gemacht, wie er wenigstens auf die berufliche Seite der Probleme entspannend einwirken könnte. Seine Idee ist, Elly sollte Rundfunkwerbung für seine Pastillen gegen Husten und Heiserkeit machen. Und genau das wird er ihr jetzt vorschlagen.
So kommt es, daß Elly und Theodor Heuss auf ihren Spaziergängen durch frischgrüne Laubwälder kaum einen Blick für

Anemonen und Veilchen haben, die in verschwenderischer Fülle zu ihren Füßen blühen, und auch keinen Gedanken für Apriltage vergangener Jahre, sondern die Möglichkeit diskutieren, die der Vetter aufgezeigt hat.
Allerdings ist beiden klar, daß das Ausmaß ihrer finanziellen Probleme durch einige Aufträge von Wybert nicht zu bewältigen sein wird. Alle Möglichkeiten, Ausgaben zu verringern und Einnahmen zu erzielen, sind zu erwägen. Man kann beispielsweise mit weniger Haushaltshilfe auskommen oder auch wieder Zimmer vermieten. Und natürlich ist die Idee, Rundfunkwerbung zu machen, faszinierend. Es müßte möglich sein, auch für andere Firmen zu arbeiten, daraus einen regelrechten Beruf zu machen ... Na ja, eine Hebung des Niveaus wäre es nicht.

Aber zunächst gilt es, neue Kräfte zu sammeln und die Situation gründlich zu überdenken. Badenweiler muß helfen. Und in dieser Zeit wird das längst angstvoll Erwartete für Elly Realität. Ab Mai verliert Theodor Heuss seine Arbeit an der Hochschule für Politik und damit die Familie ihre wichtigste, weil konstant fließende, Einkommensquelle. »Auf sonderbare Weise habe ich den schicksalschweren Brief gelesen: im Café Grether, wo ich mit Sissi und Schw. Elisabeth saß, in dem dicken Brief mit nachgeschickten Briefen kam ein maschinendiktiertes Blättchen ohne Unterschrift, worin das Urteil dann stand ... die Tasse Kaffee schmeckte etwas versalzen. Aber sonst war ich sehr brav bekam kein Herzklopfen, und denke sogar: Besser als daß du unter ewigem Druck und Aufsicht Eiertanz vollführst.« So berichtet sie Theodor von ihrer Reaktion auf die schlimme Nachricht. Als dann noch im April die für Stuttgart und Heilbronn angesetzten Vorträge polizeilich verboten werden und damit eine weitere Aufgabe entfällt, in die sie viele Jahre Herz und Verstand investierte, ist sie sicher: im Mai nimmt sie offiziell den Auftrag der Wybert GmbH an.

Elly Heuss-Knapp hat sich damit für einen verhältnismäßig jungen Beruf entschieden. Nach französischen, englischen und amerikanischen Vorbildern hatte er sich etwa um 1900 herum entwickelt. Zu dieser Zeit war Werbung im großen und ganzen gleichbedeutend mit Zeitungswerbung. Eine zunehmend auf Massenproduktion ausgerichtete Industrie machte so ihre Erzeugnisse breiten Käuferschichten bekannt. Annoncenexpeditionen vermittelten damals zwischen Inserenten und Zeitungsverlegern und machten die Reklame zu ihrem Geschäft.

Als Elly in den dreißiger Jahren nach Mustern für die von ihr zu entwerfenden Texte sucht, stellt sie fest, daß Rundfunkwerbung häufig nur im Herunterlesen dessen besteht, was ursprünglich für Printmedien entworfen worden ist. Statt an Zeitungs- und Zeitschriftenverleger gibt man die Manuskripte an die Rundfunkanstalten, und die Sprecher lesen sie als »Geschäftsnachrichten« einfach ab. Zur Auflockerung werden Schallplatten mit Unterhaltungsmusik abgespielt. Fast täglich wird bis zu einer Stunde ein derartiges Programm gesendet – und eigens in den Programmzeitschriften angekündigt. Die Zeiten liegen so, daß sie in den üblichen Tagesablauf von Hausfrauen passen, also etwa, wenn sie kochen oder nach dem Essen mit Abwasch beschäftigt sind. Diese Sendungen sind sehr beliebt, die Werbung hat daran allerdings den geringeren Anteil.
Für Elly ist die Situation sofort klar. Die Werbebotschaften müssen so verpackt werden, daß sie die Aufmerksamkeit der Zielgruppe, nämlich der Hörerinnen erregen. Das heißt: »Zunächst muß man sich bemühen, die natürliche Sprache, das gesprochene Wort zu gebrauchen. Die Wiedergabe erfordert, wo es irgend angängig ist, mehrere Stimmen. … Kinderstimmen verfehlen ihre Wirkung auf Zuhörerinnen nie. … Die Mannigfaltigkeit der Stimmen wird kaum gut zur Geltung kommen, wenn die Werbetexte als Manuskript an die einzelnen Sender gehen, sondern die gewünschte Wirkung kann mit Sicherheit nur

erreicht werden durch Schallplattenaufnahmen. Der Texter, der das Manuskript entwirft, sollte zugleich die Regie führen, gute Stimmen auswählen und so lange proben, bis die Werbung tatsächlich der Idee entspricht, die ihm vorschwebt.«

Als Elly Heuss-Knapp das aus eigener Erfahrung schreibt – in einem Artikel, der im November 1933 in einer Fachzeitschrift erscheint – ist sie gerade aus dem Gröbsten heraus. Sie arbeitet für fünf Firmen, darunter neben Wybert auch Henkel (Persil!) und Reemtsma. Noch im September war es überhaupt nicht klar, ob sie sich würde durchsetzen können. Doch mit ungeheurem Lerneifer, Hartnäckigkeit und vor allem auch zündenden Einfällen hat sie es schließlich geschafft. So bringt sie zum Beispiel das Problem, daß der Name Wybert durch die Lautsprecher der damaligen Zeit häufig nur undeutlich wiedergegeben wird, auf eine völlig neuartige Idee. Sie läßt den Firmennamen in einzelnen Buchstaben nach der Melodie des Dreiklangs sprechen. Zu Beginn und am Ende jeder Wybert-Werbeeinheit ertönt dieses akustische Warenzeichen.

Elly textet Rundfunkdurchsprüche, kleine Hörspiele. Sie schildert auch, mit welchen Tricks sie ihre Geräuschkulisse für eine Strandbadszene schafft: Eine Schüssel mit Wasser, dicht unterm Mikrophon, die Hand erzeugt den Wellenschlag. Und für eine Aufnahme, die Teppichklopfen erfordert, werden die Studiovorhänge bearbeitet. Sie enthalten am Ende kein Stäubchen mehr! Und sie schreibt Lieder wie das folgende:

»Beim Rauchen, beim Singen beim Wandern,
Sagt's immer der Eine dem Andern:
Nimm, nimm, nimm
Wybert für die Stimm!
Wähle, wähle, wähle
Wybert für die Kehle!

Die kleinen, die schwarzen, die netten,
Die Wybert, ja Wybert-Tabletten.
Für fünfzig Pfennig kriegst Du sie
In jeder Apotheke,
Für fünfzig Pfennig kriegst Du sie
In jeder Drogerie.«

Wähle, wähle, wähle … Elly scheint wieder ganz die alte, und, oberflächlich betrachtet, kommen diese Verse leicht und harmlos-heiter daher. Aber in den Zeiten des Nationalsozialismus schwimmt dergleichen auf einer trüben Brühe – immer in der Gefahr, darin zu versinken.

Seit März 1933 ist die Überwachung des Rundfunks dem Reichsminister für Volksaufklärung und Propaganda, Joseph Goebbels, unterstellt. Schon Wochen vorher schilderte Elly Heuss-Knapp die Stimmung im Berliner Sender als äußerst gespannt. »Wer weiß, ob es nicht das letzte ist, was ich machen kann, denn ich glaube, daß wir einen nationalsozialistischen Intendanten bekommen, und dann ist es aus. Schon in unserer ersten Sitzung des Programmrats habe ich einen Krach wegen der Deutschen Christen[23] gemacht. Schon das allein kann mich den Kopf kosten, was meine Stellung im Programmbeirat betrifft. Alle unsere Freunde … wagen es nicht mehr, Verabredungen zu treffen auf länger als vierzehn Tage hinaus, so sehr wackeln ihre Stühle.« Und: »So verrückt wie im Haus des Rundfunks ist man nirgends, seit Hitler da ist. Es werden mit der Kriminalpolizei Leute Knall und Fall entlassen, nur weil sie ›links‹ sind, aus Angst vor Störungen bei den Hitlerreden. Alles zittert und bebt. Es ist ekelhaft.« Ellys böse Vorahnungen, ihre Arbeit für den Rundfunk betreffend, haben sich ja dann auch erfüllt. Dennoch macht sie sich, wie sehr viele durchaus kritische Bürger ihrer Zeit, keine Vorstellung von dem, was darüber hinaus noch auf sie zukommen wird.

Über den Zeitraum, in dem sie ihr neues Geschäft aufbaut, vollzieht sich die Eingliederung der Werbewirtschaft in den nationalsozialistischen Staat. So erläßt Hitler am 30. Juni die »Verordnung über die Aufgaben des Reichsministeriums für Volksaufklärung und Propaganda«. Der Werberat wird eingesetzt und Goebbels direkt unterstellt, seine Mitglieder unter dessen Aufsicht ernannt. »... Aufgabe ist ..., die gesamte deutsche Wirtschaftswerbung unter einen einheitlichen Willen zu stellen ... und die Werbung nach den Erfordernissen des neuen deutschen Staates durchzuführen.« Die dazu nötigen Befugnisse werden durch die zweite Verordnung zur Durchführung des Gesetzes über Wirtschaftswerbung vom 27. Oktober 1933 konkretisiert. »Der Werberat gibt bekannt, welchen Personen und Gesellschaften er die Genehmigung zur Wirtschaftswerbung allgemein erteilt und welche Arten der Wirtschaftswerbung er allgemein genehmigt ... Der Werberat kann eine Genehmigung jederzeit zurückziehen.«

Organisatorisch findet diese Verordnung ihren Ausdruck durch die Gründung der Nationalsozialistischen Reichsfachschaft deutscher Werbefachleute im November 1933. Sie vereinigt circa 18500 Mitglieder und untersteht der Dienstaufsicht des Werberates. Alle in der Werbung Beschäftigten müssen dieser Fachschaft angehören, im Fragebogen zur Aufnahme werden selbstverständlich auch Angaben zur Parteizugehörigkeit und zur Rasse des Antragstellers verlangt. Welche Kriterien dann letztendlich zur Entscheidung über die Aufnahme herangezogen werden, ist Ermessenssache, die daraus entstehende Verunsicherung beabsichtigt.

In diesem politischen Umfeld debütiert also 1933 die Werbefrau Heuss-Knapp. Schritt für Schritt wagt sie den Balanceakt zwischen Weiterkommen und Absturz und ist erleichtert, daß von den Auftraggebern keine ihr unmöglichen ideologischen Kunststücke eingefordert werden. Denn sie ist auch so unglaublich gut. Ihr ist ja schon seit frühester Kindheit bewußt, wie sich durch Sprache Stimmungen erzeugen lassen. Sie hat ein angeborenes und geschultes Gefühl für Rhythmik und Klangfarbe. Und sie kann sich in Menschen hineindenken. Das ihr fehlende Handwerkszeug der Werbetreibenden eignet sie sich entschlossen an. Ihr beruflicher Erfolg, das verdiente Geld, ja die Arbeit selbst, entschädigen sie für die unvorstellbaren Mühen und helfen ihr, die weiteren Schwierigkeiten des Jahres 1933 durchzustehen. Die wirtschaftliche Situation des Heussschen Haushalts ist immer noch äußerst angespannt. Dem in Bonn studierenden Sohn muß Elly schreiben, daß man sich nur noch einmal pro Woche eine Haushaltshilfe und ein weiteres Mal eine Waschfrau leisten kann. Er weiß, was das bedeutet, schickt er doch – wie damals üblich – mit der Post seine Wäsche zum Waschen nach Hause. Selbst Lotti Kaempffer, die starke Stütze im Tippen von Manuskripten und Ordnen desolater Archive, kann nicht weiter beschäftigt werden, und das, obwohl »Lottichen« sogar bereit war, auch ohne Bezahlung zu arbeiten – ein auf die Dauer unannehmbares Angebot. Das alles sind wahrhaftig sehr schlechte Zeichen. Dagegen kann man sich mit dem Gedanken, ab Oktober ein Zimmer an einen Holländer zu vermieten, gut anfreunden. Man muß lernen, sich zu arrangieren. »Und laß keine Bitterkeit in Dein Herz«, ist ihre Mahnung an den Sohn in diesen Tagen. Auch sie muß sich ständig darum bemühen, denn andere, politisch bedingte Ereignisse wirken wie Tiefschläge: im September endet auch noch Theodor Heuss' Mitarbeit im Berliner Stadtparlament. Im Oktober müssen Elly und Theodor Heuss feststellen, daß ihre Post geöffnet wird. Auch eine Hausdurchsuchung findet statt. Elly wird vor die Gestapo zitiert und verdankt den glimpflichen Ausgang ihrer Vernehmung vor allem dem glücklichen Umstand, daß sie von einem älteren Beamten durchgeführt wird, der nach einiger Zeit mit der Bemerkung »Meine Dame, das ist heute das Übliche geworden«, die Akte zur Seite legt und sie entläßt. Auch durchleidet sie mit ihren jüdischen Freunden, die noch in Berlin sind, deren alltägliche Diskriminierung und Bedrohung. Wie widerlich war ihr, als sie, von einer Geschäftsreise nach Düsseldorf zur Firma Henkel zurückkommend, beobachten mußte, daß auf dem Bahnsteig ein SA-Sturm aufmarschiert war, um jeden Zug mit Sprechchören »Juden raus!« und »Juda verrecke!« zu empfangen. Sie schreibt ihrer Schwester nach Heidelberg: »Ich kaufe nur bei bedrohten (jüdischen) Geschäften und kümmere mich um alle, denen es schlecht geht, so viel ich kann.« Aber sie kann nichts tun, als für ihre Ersatztochter Gertrud Stettiner-Fuhrmann und deren Familie die Situation so unerträglich wird, daß schließlich im November 1933 alle nach Brasilien gehen. (Ende 1934 wird aus den gleichen Gründen ihre Freundin Luise Bresslau-Hoff folgen.) Im Oktober hält ihre Gesundheit nicht mehr stand: Elly Heuss-Knapp erleidet einen schweren Herzanfall.

Als das Jahr 1933 zu Ende geht, hat sie viele Trennungsstriche ziehen müssen. Doch auch sie hat die Erfahrung gemacht, daß Arbeit geeignet ist, zumindest tagsüber die bittersten Gedanken zurückzudrängen.

»Ich bin nach wie vor entschlossen, eine Menge Geld zu verdienen«

Aber selbst dieses schreckliche Jahr 1933 hielt am Ende noch ein »Gutsle« bereit: Im Dezember erteilte der Ullstein-Verlag Elly Heuss-Knapp den Auftrag, ihre Lebenserinnerungen zu schreiben, ein erstaunliches Angebot an die zweiundfünfzigjährige Frau.

Mittagsruhe in Schloß Hausbaden. Doch Elly schlägt die Decke zurück, erhebt sich von der Liege und geht zum Fenster. Eingerahmt von zwei hohen schneeüberpuderten Tannen geht der Blick über die Rheinebene bis zu den Vogesen, hin zum Elsaß – das will sie möglichst jede freie Minute auskosten. Wunderliche Tage sind das hier in Badenweiler. Ihre Brautzeit ist ihr augenblicklich so nah. Lächelnd dreht sie sich um, das rosarot getünchte Zimmern mag seinen Anteil daran haben. Gerade war ihr ein schwärmerischer Brief eingefallen, den sie ihrem Dorle 1906 aus Amsterdam geschrieben hatte. Sie sucht ihn aus den mitgebrachten Unterlagen heraus. »Ich träume von einem ernsten Giebelhaus unter hohen Bäumen, durch die man den Kanal sieht, von außen gar keine Pracht und innen alles sehr wohnlich, farbig und mit schönen Teppichen stillgemacht. Da sollte man in schwarzen seidenen Kleidern mit weißen Spitzen und altem Schmuck drin herumsitzen, schöne Gespräche führen und sich bewundern lassen. Sie dürfen oft hineinkommen, ein Barett müssen Sie aber tragen und dürfen keine schlechten Witze über mich machen, sondern müssen mich ernst nehmen und schön finden.« Und die Antwort darauf? »Also: Ich bin zur Unterhaltung zugelassen. Ich trage einen breiten Hut, der mich ziert und rede die ernsthaften Sachen mit Ihnen, die Mynfrow wünschen. … Ach, es wird mir etwas warm in dem schwarzen Tuch und der stillen Luft. … Ich werde Sie in den Arm kneifen, und Sie werden lachen und mich zu kitzeln suchen.« Was für ein hübsches Bild. Aber heute möchte sie gar nicht als saturierte Frau, behaglich und etwas gelangweilt, im Empfangszimmer sitzen und schöngeistige Gespräche führen. – Doch so etwas gehört wahrhaftig nicht in ein Buch, das beschreiben soll, wie sich die Zeitläufte in einem Einzelschicksal spiegeln und es gestalten. Elly wendet sich den frisch getippten Bögen auf ihrem Schreibtisch zu. Unter den zwölf Hausgästen des Erholungsheims ist auch ein katholischer Oberpfarrer aus Freiburg: ihn hat sie sich als ersten Leser und Kritiker ausersehen. Wie er wohl das neue Kapitel beurteilen wird?

Nur drei Wochen dauert es, dann ist das Manuskript für den schmalen Band fertig. Der Titel *Ausblick vom Münsterturm* ergibt sich wie von selbst, denn ohne von Elly zunächst so beabsichtigt, ist es aus der Sichtweise einer im Elsaß aufgewachsenen Deutschen geschrieben. Bis das Buch dann endlich erscheint, wird es allerdings Oktober. Diese Verzögerung ist zeittypisch. Der jüdische Ullstein-Verlag bekommt ›Schwierigkeiten‹, der Zwangsverkauf ist das Ende, und ein anderer Verleger muß gesucht werden. Theodor Heuss übernimmt diese Aufgabe, da Elly von ihrer Werbetätigkeit so stark in Anspruch genommen ist. Im Dezember 1934 kann sie dem Sohn Ernst Ludwig vermelden: »Es sind jetzt eintausendachthundert Stück des *Münsterturm* verkauft. Die neue Auflage ist heraus, in fünf Tagen ausgedruckt und gebunden. Ich gebe mir Mühe, nicht zu eitel zu werden, wenn mit jeder Post Huldigungsbriefe kommen.« Das ist eine wirklich gute Nachricht.
Überhaupt kann Elly, was ihre Arbeit betrifft, zufrieden auf das Jahr 1934 zurückblicken. Sie hat weitere Firmen als Kunden gewonnen und alte Geschäftsbeziehungen ausgebaut. Geschickt geht sie dabei vor: In Berlin grassiert gerade die Mode, zum Nachmittagstee zu bitten. Bei Elly Heuss-Knapp gibt es für die geladenen Werbeleiter und Industriellen »Tee mit Plattenabhören«, und ihr Reklamespektrum reicht mittlerweile vom Abführmittel über Briketts, Fotoapparate, Gasbadeöfen, Kühlschränke, Knäckebrot, Kaffee und Tee bis hin zu Weckgläsern und Zigaretten – unmöglich, alle Artikel aufzuzählen.

Zu dem in Werbekreisen befürchteten Verbot der Rundfunkwerbung ist es glücklicherweise noch nicht gekommen. Trotzdem ist Elly durch diese Bedrohung zutiefst beunruhigt. Sie versucht, sich darauf vorzubereiten, indem sie die Möglich-

keiten sondiert, andere Werbemittel zu nutzen. So ist ihr früh klar, daß die Tonfilmreklame ein weiteres Standbein für sie werden muß. Als sie allerdings einen Brief an die Firma Wybert losläßt, um begeistert den Einsatz von Lautsprecherwagen zum Abspielen von Werbeplatten anzupreisen, ist das Echo sehr verhalten.
Ellys Einsatz für ihr Geschäft ist pure Notwendigkeit. Als Theodor Heuss 1934 seinen fünfzigsten Geburtstag feiert, findet er sich nicht, wie es seinem Alter wohl gemäß wäre, in einer gefestigten beruflichen Position als Resultat seiner bisherigen Arbeit, sondern er muß die Sicherung des Familieneinkommens seiner Frau überlassen. »Ich bin nach wie vor entschlossen, eine Menge Geld zu verdienen. Mein Beruf hat nur darin seinen Sinn. Früher habe ich andere Arbeit zu tun gehabt ...« So sieht sie die Situation. Und in dem gleichen Brief an Gertrud Stettiner-Fuhrmann heißt es auch: »Und man hat das Schweigen schon sehr gut gelernt, zu gut. Man kann ja auch so schwer viel sagen.« Viel Kummer und Resignation spricht aus diesen Zeilen.

Mittlerweile hat sich das Naziregime weiter festigen können. Nach dem Tod des Reichspräsidenten von Hindenburg übernimmt Hitler auch dessen Amt. Fortan wird die Reichswehr auf den Führer und Reichskanzler Adolf Hitler vereidigt. Etwa ab 1934 fließt ein immer größer werdender Anteil des Volkseinkommens in die Rüstungsindustrie. Für den privaten Bedarf bleibt entsprechend weniger übrig. Dadurch entsteht der widersinnige Anspruch an die Werbung, einmal den Interessen der Anbieter von Konsumgütern zu entsprechen, die in der Steigerung ihres Absatzes liegen, zum anderen aber – unter dem Druck der Regierenden – eigentlich überhaupt nicht zum Kauf solcher Waren anzuregen. Elly äußert sich empört: »Wir sollen Werbung treiben, ohne daß die Werbung auffällt.« Unter anderem auch mit Blick auf das Ausland, wo

gegen harte Devisen deutsche Erzeugnisse abgesetzt werden sollen, sind die Nationalsozialisten dennoch darauf aus, daß sich einige wenige starke Markenartikel herausbilden, die Werbung soll dies unterstützen. Auch Gemeinschaftswerbung, zum Beispiel für alle deutschen Sekt- – nein: Schaumweinhersteller – wird gerne gesehen. Und damit ist schon das nächste Problem der Werbetreibenden angesprochen. Der Werberat schreibt vor, Werbung müsse deutsch sein. So wird aus dem Keks das Knusperchen, aus dem Whisky der Rauchbrand und aus dem Sekt eben das bessere (?) deutsche Wort Schaumwein. Auch Elly Heuss-Knapp muß sich mit der Zensur herumplagen und ihre Texte vorlegen, bevor sie veröffentlicht werden. Und einmal wird doch tatsächlich beanstandet, daß in einer Anzeige ein fiktiver Lehrer als »amtliche Person« … »Propaganda« für Hansaplast macht. Sie muß der Reichspostreklame auch den »Niveaubeweis« erbringen – was immer darunter zu verstehen ist.
Da sind Kunden, die von vornherein klarstellen, daß ihnen das Erwähnen oder Zeigen von NS-Symbolen in der Werbung unerwünscht ist – eine starke Stütze. Auf dieser Basis entwickelt sich eine langjährige gute Geschäftspartnerschaft mit dem Haus Beiersdorf in Hamburg.

1974 schreibt Herr Clausen zu deren Beginn: »Da nahm ich einmal (im Frühjahr 1934) als derzeitiger Werbeleiter an einer Tagung des Werbefachverbandes teil. Soweit Sie mich kennen, werden Sie sich vorstellen können, daß ich von berufsmäßigen Tagungsrednern, die sehr oft mit der Praxis wenig Berührung hatten, nicht gerade sehr viel hielt und noch jetzt halte. Aber da erschien plötzlich die ›Werbefrau‹ Knapp, wie sie sich selbst nannte, auf dem Podium. Schon nach den ersten Sätzen merkte ich: Die hier, die bietet mehr als der Durchschnitt. Das tat sie dann auch: Mit klaren Worten und im besten Stil bot sie einen Vortrag, der auch dem Praktiker einiges sagte, und den man sich daher aufmerksam anhören mußte.

Und nach dem Vortrag eilte ich, um niemanden zuvorkommen zu lassen, zum Rednerpult, um diese Dame für eine Zusammenarbeit für mich zu gewinnen.
Ein enger Kontakt kam dann auch sehr schnell zustande, und es zeigte sich, daß meine sachliche Prosa, die ich in der Werbung bevorzugte, durch der Heussens poetische Ader im Rundfunk und später auch in der Filmwerbung ausgezeichnet ergänzt wurde. Frau Heuss und ich, wir wurden immer sehr schnell nach kurzem Gedankenaustausch miteinander einig.
Nur einmal wurden wir nicht einig, als nämlich Frau Heuss meinen Slogan ›Mit Nivea in Luft und Sonne‹, der ihr zu hart erschien, ändern wollte in: ›Mit Nivea in Luft und *in* Sonne‹. Ihnen mag das unwichtig erscheinen, ist es aber gar nicht. Diese Änderung ließ mein Stolz (männlicher) nicht zu und so haben wir monatelang miteinander gestritten …«

In den darauffolgenden Jahren werden viele Briefe zwischen Berlin und Hamburg gewechselt. Zunächst gibt es für Elly keine Anrede, nach einer Weile ist sie die »Sehr verehrte, gnädige Frau«. Anfangs enden die Briefe »Mit freundlichem Gruß« oder »Mit deutschem Gruß«, später, in den Kriegsjahren, wird auch mit »Heil Hitler« unterzeichnet.
Im Februar 1935 erhält Elly, wie alle Mitglieder des Reichsverbands der Werbungtreibenden, ein Schreiben der Reichspostreklame, in dem das unmittelbar bevorstehende Verbot der Rundfunkreklame nunmehr offiziell angekündigt wird. Sie schließt sich dem Protest ihrer Berufsgenossen an und spricht auch mit dem Reichswirtschaftsminister Schacht darüber. Er stimmt ihr grundsätzlich zu, kann aber nur etwas in der Sache tun, wenn nachweisbar wirtschaftliche Interessen betroffen sind – ansonsten liegt die Zuständigkeit beim Popagandaministerium. Am Ende kommt es tatsächlich zu dem Verbot, aber wegen des Widerstands und des Kompetenzgerangels erst Anfang 1936.

Elly stürzt sich also zunächst einmal in die Frühjahrs- und Sommerwerbung 1935. Für den 1. April hat sie sich etwas besonders Nettes einfallen lassen – ein kleines Hörspiel mit dem Titel »Aprilscherz«:

»Man hört von der Straße herauf eine Autohupe, die recht ungeduldige Zeichen macht.
Vater ruft (polternd):
Ja Peter, wir kommen. – Die Frauenzimmer sind noch nicht fertig. Wo fehlt's denn, Mutter?
Mutter:
Ich suche Nivea-Creme, und auch das Nivea-Öl kann ich nicht finden. Vor dem Autofahren muß ich mich einreiben, sonst kriege ich spröde Haut und Sonnenbrand.
Peter ruft von unten herauf:
Vater komm doch, ich habe was Feines gemacht. Ich habe das Auto ganz mit Nivea geölt, ...«
... und so geht es weiter, bis zum erlösenden »April, April!«

Dazu noch Auszüge aus einem Brief, der wichtige Einzelheiten dieser Tonaufnahme klären soll: »... darf die Familie schwäbeln ? ... Mehrkosten verursacht es nicht, der polternde Vater stellt sich ehrenamtlich zur Verfügung.« Diese Rolle hat sie ihrem Mann zugedacht, und so kommt es, daß Dr. Theodor Heuss schwäbelnd und polternd auf der Nivea-Werbeplatte zu hören ist. Aber leider wird sie kein Erfolg. Mit der ersten Fassung ist Beiersdorf schon nicht zufrieden, zur zweiten Fassung kommt gar der folgende Brief:
»Nehmen Sie es uns nicht übel: Aber wenn man schon bei der ersten Fassung der April-Platte manches nicht verstand, bei der zweiten ist es noch viel schlimmer.«
Das geht Elly nun doch an die Berufsehre. Sie muß erklären, wie es zu der schlechten Aufnahme kam. Wissen die Herren von Beiersdorf überhaupt, unter welchen Bedingungen diese Platten entstehen?

»Telefunken hat den Aufnahmetermin eingeschoben auf 2 Uhr, um 3 Uhr war eine große musikalische Aufnahme festgelegt. Herr Mühlhardt, der Hauptsprecher, kam erst um 1/2 3 Uhr und zwar weil er bei der SA Übung hatte, es war der Verdunkelungstag. So kam es, daß wir bei der Aufnahme drei Mal gestört wurden, weil schon die Musiker für die nächste Aufnahme kamen. Drei Wachsplatten waren verdorben; aber viel schlimmer, die heitere Stimmung war weg und auf diese kommt tatsächlich alles an.«

Nach diesem Desaster kann Elly aber auch wieder triumphieren. Im April werden die Platten mit Durchsprüchen für die Sommerkampagne aufgenommen, und alle enden mit dem Slogan: Mit Nivea in Luft und *in* Sonne!. Selbstverständlich handelt es sich um Gereimtes. Wie hatten die hohen Herren von Beiersdorf anfangs geschrieben? Nur keine Verse. Um Himmels willen nicht Thea – Nivea. Elly lacht leise in sich hinein. Mittlerweile agiert sie wie ein Profi: Sie schickt Fragebögen aus, um die Resonanz ihrer Werbung zu kontrollieren. Sie schlägt sich mit der Kalkulation der Kosten herum und muß sie ihren Auftraggebern gegenüber mitunter heftig verteidigen. Sie klopft ihre Urheberrechte fest, zum Beispiel das akustische Warenzeichen betreffend. Und sie hat wieder eine Hilfe in Büroangelegenheiten: Lotti Kaempffer tippt Geschäftsbriefe, legt Akten an, hält vor allem in Abwesenheit der »Chefin« am Telefon die Stellung. Ihre Stimme ist auch hin und wieder auf einer Werbeschallplatte zu hören.

Doch diese harte Arbeit fordert ihren Tribut. Elly Heuss-Knapp beklagt, bei Abendeinladungen immer und überall einzuschlafen, dafür aber um vier Uhr in der Früh hellwach zu sein und sich nicht mehr lösen zu können von sorgenvollen Gedanken an ihre Arbeit und an die Menschen, die ihr nahestehen. An ihre Schwester schreibt sie in diesen Monaten: »Ich

habe … zum ersten Mal gespürt, was die Leute ›Nervenzusammenbruch‹ nennen. Ich war ganz dicht dran. Aber jetzt geht es wieder. Glaub mir, ich darf nicht sparen. Gute Kleider und gelegentliche Erholungsfahrten sind bei mir wirklich nötig. Ich muß arbeitsfähig bleiben, nicht zehnmarkweise sparen, sondern tausendmarkweise verdienen.«
Das ist wirklich nicht übertrieben, gelingt es Elly doch in den wenigen Jahren bis 1937 ihrem Sohn das Jurastudium zu finanzieren (er schließt es in diesem Jahr mit der Promotion ab), ihrem Mann den Rücken freizuhalten zum Schreiben der großen Naumann-Biographie und das Haus in der Kamillenstraße zu erwerben, das die Familie bis dahin zur Miete bewohnte. Bedenkt man, daß sie für jeden neuen Plattentext bzw. für jede neue Idee 100 RM berechnet, wird klar, daß ihr schon viel einfallen mußte, um diese finanziellen Lasten zu tragen. Allerdings ist auch zu berücksichtigen, daß in diesen Jahren das durchschnittliche monatliche Einkommen eines Arbeiterhaushalts bei 157 RM liegt. Elly Heuss-Knapp verdient ausgesprochen gut.

Über Berlin liegt eine unerwartete Frühsommerhitze. Elly und Theodor Heuss haben ihren Arbeitsplatz in den Garten verlegt, im Schatten der Johannisbeerbüsche sitzen sie sich gegenüber, wie sie es seit Jahren auch im Arbeitszimmer gewöhnt sind. Schäferhund Rex döst zu ihren Füßen. Wundervoll duften Jasmin, Madonnenlilien und vor allem die Rosen. Hin und wieder muß Elly aufstehen und hinübergehen, um ihre flüchtige Schönheit mit allen Sinnen in sich aufzunehmen. Hier die rahmweiße *Boule de Neige*, eine Bourbonrose, die im vergangenen Jahrhundert gezüchtet wurde. Dort *Variegata di Bologna* – diese Sorte ist ungefähr so alt wie ihre Bekanntschaft mit Theodor; ein Traum in Rot und Weiß, gefleckt und gestreift, wie Himbeeren mit Sahne. Und ihr besonderer Schatz, die altehrwürdige Rosa alba *Maiden's Blush*, sie errötet wirklich so zart wie ein Mädchen.

Elly hat ihren Spaß daran: Diese Rosen sind keine »Markenartikel«, und glücklicherweise ist noch niemand auf die Idee gekommen, ihnen deutsche Namen statt der französischen, italienischen und englischen zu verpassen. Sie kommen aus einer anderen Zeit und einer anderen Welt. Doch bei genauerem Hinsehen entdeckt Elly die Feinde dieser Schönheit, die Blattläuse. Sie hat schon ganz verfärbte Hände vom Entfernen, denn »deren Lebenssäfte sind viel echter braun als alles andere«. Es ist kühler geworden. Sie ruft nach Rex, der begeistert aufspringt. Er weiß, jetzt ist der tägliche Spaziergang fällig. Theodor Heuss unterbricht seine Arbeit an der Biographie und schließt sich ihnen an. Am Abend kommen noch Nachbarn herüber, die Gespräche werden wohl wieder um die Haltung der Kirche zum Naziregime kreisen. Doch es ist gut, in diesen Zeiten Menschen zu kennen, mit denen man seine Sorgen teilen kann. Morgen muß sie den Frühzug nach Hamburg nehmen.

»Mein innerer Mensch nimmt nicht zu, sondern ab«

Für Elly Heuss-Knapp war Glaube nie Verzierung und Schmuck des diesseitigen oder Trost und Vertröstung auf ein jenseitiges Leben, sondern die treibende, alles durchdringende, aktiv machende Kraft. Und Kirche war für sie schon immer Gemeinde, die Gemeinschaft derer, die in diesem Sinne leben wollen. So einfach – und doch so schwierig ist es, im Nazideutschland Mitglied einer solchen Kirchengemeinde zu sein.
»Das weltanschauliche Durcheinander in Deutschland ist doch zu erstaunlich. Jetzt haben wir etwa sieben Konfessionen. Die katholische Kirche geht mir immer mehr auf.« Sie nennt das ihre Neigung zur Katholizität der evangelischen Kirche und spricht damit das Zurückgehen auf elementare Glaubensfragen

an, hat auch sicher einen Hang zur Symbolik der älteren Kirche. Das Wort interkonfessionell aber kann sie nicht leiden. »Der Mensch soll eine Überzeugung haben«, so sagt sie entschieden und bekennt sich auch dazu. Wenn sie es in ihrer knappen Freizeit einrichten kann, geht sie nun häufig in die Annenkirche zu Dahlem, um Martin Niemöller[24] predigen zu hören. Diese Gottesdienste sind stets überfüllt. Mehr als zwei Stunden vor Beginn muß Elly dort sein, um hineinzukommen. Noch im Januar 1933 hatte Niemöller Hitlers Ernennung freudig begrüßt, er hatte dessen Beteuerung vertraut, die Zusammenarbeit zwischen Staat und Kirche zu fördern. Bald schon erkannte er seinen Irrtum und reagierte einige Monate später mit der Gründung des Pfarrernotbundes, aus dem 1934 die Bekennende Kirche[25] hervorging. Seitdem ist der Zulauf des evangelischen Pastors ständig gestiegen. Wie Elly sind viele Menschen froh, daß ein Kirchenvertreter in diesen Tagen so deutliche Worte findet, und sie wollen das durch ihre Anwesenheit zeigen. Die Konsequenz für Niemöller: 1937 wird er verhaftet, man wirft ihm umstürzlerische Tätigkeit vor. Aber die Nationalsozialisten machen die Erfahrung, daß man zwar den Mann einsperren kann, nicht aber den Geist, der von ihm ausgeht. Es gibt Protestaktionen wie die Unterschriftensammlung, an der sich auch Elly Heuss-Knapp beteiligt. Niemöllers Nachfolger Gollwitzer[26], dessen Predigten sie ebenfalls hört, wagt man, aus Furcht, einen neuen Märtyrer zu schaffen, nicht mehr zu verfolgen. Beides, sowohl die Verhaftung als auch die Reaktionen darauf, kennzeichnet den geistigen Zustand Deutschlands in diesen Jahren.

Aber 1936 haben die Nationalsozialisten noch ganz anderes im Visier. Es ist das Jahr der Olympiade, und es kommt darauf an, am Bild, das Deutschland im Ausland abgibt, kräftig zu polieren. Es zeigt sich, daß Veranstaltungen wie Goebbels' Fest auf der Pfaueninsel, das in einer riesigen Peinlichkeit endet[27], eher gegenteilige Wirkung zeigen. Eine solidere Grundlage bieten da deutsche Produkte, wirtschaftliche Macht repräsentierend, mit der sich die Regierung Hitler schmücken will. Folgerichtig wird ab Januar 1936 die Auslandswerbung staatlich subventioniert.

Damit erweitert sich das Aufgabenspektrum auch für Elly Heuss-Knapp. Sie muß sich zusätzlich um Übersetzer und fremdsprachige Sänger beziehungsweise Sprecher ihrer Texte kümmern. Meist wird der Kontakt zu ihnen durch die Botschaften vermittelt. Elly stellt Adressenlisten zusammen, lädt zu Probeaufnahmen ein, wählt aus. Dabei schafft sie es, durchaus renommierte Künstler für sich zu gewinnen, ist aber auch stolz darauf, daß sie einem mittellosen russischen Komponisten Arbeit verschaffen kann, der nun nicht mehr hungern muß. Allerdings – bei einem ihrer Interpreten stößt sie auf unüberwindliche Schwierigkeiten. Schon lange textet sie Werbesprüche für Ada-Ada-Schuhe. Eines Tages bittet man sie, auch ein paar einfache Reime zu entwerfen, die der Papagei (!) eines Schuhhändlers sprechen soll. Er wird als kluges Tier geschildert, das schon Ada-Ada krächzen könne, und man traue ihm ohne weiteres mehr zu. Elly macht auch einige Vorschläge. Aber nach etwa sechs Wochen kommt ein Brief, mit dem das Projekt abgebrochen wird, da es »... nicht möglich ist, den Papagei dazu zu bringen, den Text zu sprechen, da er anscheinend (doch) schwer lernt«.

Es ist acht Uhr früh. Konzentriert geht Elly noch einmal die Manuskripte durch. Hoffentlich trifft die neue spanische Fassung Klangfarbe und Melodik ihrer deutschen Vorlage besser als der erste Entwurf. Sie seufzt. Um jede Silbe hatte sie mit dem Übersetzer ringen müssen, bis sie am Ende beschloß, die ganze Sache von einem spanischen Humoristen überarbeiten zu lassen. Dessen Text liegt noch nicht vor. Er wird doch wohl früh genug ins Studio kommen, so daß sie noch einen Blick darauf werfen kann?! Glücklicherweise sind für die heutige

Aufnahme keine Kinder erforderlich. Es ist Elly nie ganz recht, wenn sie bei Vormittagsterminen die Schule versäumen.
Dann nimmt sie den Zeitplan für den heutigen Aufnahmetag zur Hand. Sieben Titel sollen fertig werden, natürlich mit unterschiedlichen Sprechern, Sängern und Musikbegleitung. Anhand einer Tabelle hat sie ausgearbeitet, welche Produkte in welcher Form im argentinischen Rundfunk vorgestellt werden sollen, so daß sich einerseits ein einheitliches Firmenbild einprägt, andererseits die Durchsprüche so abwechslungsreich sind, daß sie die Aufmerksamkeit der Hörer erregen. Um die Studiomiete möglichst gering zu halten, ist das Programm zeitlich sehr knapp kalkuliert. Es hatte ohnehin viel Geschick erfordert, alle Beteiligten auf den heutigen Tag festzulegen. Jede Verzögerung wird den mühsam ausgetüftelten Plan gefährden, das ist Elly klar. Entschlossen packt sie die Papiere in ihre Tasche. Da kommt auch schon Lotti, das heißt, daß das Taxi wartet. Im Hinausgehen schnell noch ein prüfender Blick in den Dielenspiegel, eilig die Eingangstreppe hinunter und durch das Gartenpförtchen: Die Geschäftsfrau Elly Heuss-Knapp ist auf dem Weg. »Zur Singakademie, Eingang Dorotheenstraße« ruft sie dem Fahrer zu.
Als Elly spätnachmittags um sechs Uhr wieder nach Hause kommt, ist sie noch ganz aufgedreht. Was für ein Tag! Mit dem Ergebnis ist sie zufrieden, aber von dem Ablauf macht sich kein Mensch eine Vorstellung! Dankbar nimmt sie von Lotti die angebotene Tasse Tee an, legt die Füße hoch und diktiert ihr das folgende Protokoll in die Maschine:

»Ein Tag in der Singakademie.
Motto des Auftraggebers:
›Die Schwierigkeiten wollen wir gar nicht wissen.‹

11 Uhr

Der Komponist: Aber gnädige Frau, warum sind Sie so unruhig, das ist doch sonst nicht Ihre Art?

Frau H.-K.: Gestern ist der Humorist eine Stunde zu spät gekommen, heute sind es schon anderthalb Stunden, und seine ›Ansprache an die Raucher‹ habe ich noch nicht zu sehen bekommen!!
Der Komponist: Sie haben ihn ja eine Stunde früher bestellt, als wir ihn brauchen, er wird schon kommen. Was ist denn da los?
Der Übersetzer (wild fuchtelnd): Sie *können* es eben nicht singen. Es ist falsch, falsch, falsch!
(Die Sängerin weint, Frau H.-K. streichelt sie, die Backen färben rosa ab.) Sie sagt dem Übersetzer in einer Ecke: Davon singt sie doch auch nicht besser, bitte sagen Sie Ihr Urteil nur mir. Aufnahme!
(Die Aufnahme wird gut, der Übersetzer vergißt, daß noch eine Ansage kommt und klopft vor Freude mit dem Cellobogen aufs Pult.)
Frau H.-K.: Abbrechen!
Der Geiger: Na da hört es aber auf, das ist doch einfach Disziplinlosigkeit.
Frau H.-K. (abseits, sehr sanft): Bitte überlassen Sie die Erziehung der spanischen Mitarbeiter mir. Der Cellist ist zugleich Übersetzer und mir unentbehrlich. – Aufnahme!
(Die Sängerin macht den eben abgelegten Fehler wieder.)
Techniker (telefoniert aus dem Keller): Aber gnädige Frau, das ist das sechste Wachs, das kostet uns jedes Mal ...
Frau H.-K.: Ich weiß, ich weiß, aber jetzt wird es wunderschön. (zum Komponisten) Bitte, solange das neue Wachs angewärmt wird, telefonieren Sie nach dem Humoristen, es ist halb zwölf.
Ruf von draußen: Frau H.-K wird am Telefon gewünscht.
Frau H.-K.: Mein Mann hat telefoniert, mit der zweiten Post sei das Manuskript des Humoristen gekommen. Er schreibt dazu, er wolle Punkt zehn in der Singakademie sein ... Ah, da kommt er ja.
Der Humorist: Gnädigste, verzeihen. Ich habe einen Nervenzusammenbruch ...
Frau H.-K. (ganz ungerührt): Bitte, haben Sie ihr Manuskript?
Der Humorist: Aber das habe ich doch heute morgen um drei Uhr in den Kasten gesteckt!

Frau H.-K.: Bitte setzen Sie sich in das Künstlerzimmer, hier ist der erste Entwurf, schreiben Sie es neu. (Der Humorist ab.) Aber meine Herren, jetzt brennen sechs Zigaretten, wenn jemand von der Singakademie kommt und Sie anzeigt, kostet das sechs Mal dreißig Mark. – Aufnahme!
– – – so, die Aufnahme ist gut geworden. Wir hören sie ab. Aber bitte zuhören. (zum Komponisten) Ich bitte Sie flehentlich, stellen Sie sich zwischen die beiden spanischen Herren, sonst gibt es wieder politischen Streit, wie gestern, sie stehen an verschiedenen Fronten!

12 Uhr

Frau H.-K.: Bitte die nächste Aufnahme. Wir haben alles geprobt, nur die Ansage fehlt noch.
(Der Humorist kommt herein)
Fau H.-K. (nicht mehr ganz sanft): Ach bitte nicht rauchen, es ist hier streng verboten.
Der Humorist: Aber der Herr von Telefunken raucht ja selbst, und meine Nerven …
Frau H.-K. (schnell): Ach bitte sprechen Sie die Ansage recht vergnügt, das kann niemand so gut wie Sie.
(Der Humorist strahlt. Die Aufnahme wird vorzüglich.)
Die Sängerin: Bei der Ufa bekomme ich viel höhere Honorare …
…und so fort
(Um fünf Uhr, als sie die Treppen hinuntergehen …)
Der Komponist: Was werden Sie nächstens noch für einen Beruf ergreifen?
Frau H.-K.: Zirkusdirektorin!«

So, jetzt hat sie sich abreagiert. Der Kopf ist frei für einige Notizen zu den Honorarabrechnungen. Der Übersetzer bekommt für Verse 20 RM, für Prosa 6 RM. An Aufnahmekosten berechnet Telefunken 105 RM pro Platte, jeder Abzug davon wird, je nach georderter Stückzahl, durchschnittlich 2 RM kosten. Natürlich gibt es auch die deutlich billigeren Alumini-

umplatten. Aber Elly ist mit deren Klang nicht zufrieden, außerdem sind keine Abzüge möglich. Für eine einmalige Sendung gehen sie zur Not. Dazu kommen die Künstlerhonorare: Sänger und Sprecher erhalten zwischen 20 RM und 60 RM – je nach Aufwand. Ellys eigenes Honorar orientiert sich ebenfalls am Marktpreis für derartige Leistungen. Wie sich ihre Kosten dazu verhalten, ist ihr schleierhaft. Aber sie will sich schlau machen: im nächsten Wintersemester wird sie Kurse an der neugegründeten Reichswerbeschule[28] besuchen und auch etwas über Kalkulation lernen.
Bevor Elly den heutigen langen Arbeitstag beendet, macht sie noch ihre eigene Honorarabrechnung fertig. Die Überweisung des Geldes erbittet sie, wie immer, auf das Konto ihres Mannes … Sie schaut hinüber zu ihm, betrachtet seinen gesenkten Kopf im Lichtkreis der Lampe. Auch er hat einen langen Tag gehabt. Manchmal fragt sie sich, woher er die Kraft nimmt, die für ihn so schwierigen Zeiten durchzustehen. »Man muß ein festes Herz haben und irgendwie fleißig sein«, so hört sie ihn immer sagen. Das ist wohl wahr. Leise geht sie zum Bücherregal hinüber, ihre Hand gleitet über die Buchrücken, verhält bei einem zerlesenen Bändchen. Es sind Gedichte von Friedrich Rückert. Die Erinnerung an vergangene Zeiten ersteht vor ihr. Rückert war ein Lieblingslyriker ihres Vaters. Viele seiner Gedichte kennt sie auswendig. Aber das Buch bleibt unaufgeschlagen an seinem Platz. Jetzt ist keine Zeit für dergleichen, jetzt ist Gebrauchslyrik an der Reihe. In einigen Wochen ist Weihnachten, da sollen die Freunde wieder eine Sammlung ihrer ›Ergüsse‹ auf dem Gabentisch vorfinden. Und tatsächlich gibt es sie, zierlich mit grünem Seidenschleifchen zusammengebunden und auf dem Deckblatt mit dem handschriftlichen Vermerk versehen:

»Zaghaft frag ich: wird's gelingen
Ohne alle feinen Listen

Meiner klugen Komponisten?
Werden noch die Worte klingen
In der eignen Melodie?
– Lest und sagt mir: hört Ihr sie?«

Was die Blätter enthalten? Werbung für Plattenspieler, Zahnpasta, Hautcreme, Sonnenöl, Schuhcreme und – Fliegenfänger. Eine Kostprobe:

»Zieh den festen Klebestreifen
Aus der Hülse sanft im Drehen,
– Fliegen werden's nie begreifen,
Auf den Leim die Fliegen gehen.
Und so wirst Du Ruhe kriegen, –
Fliegenfrosch fängt fleißig Fliegen!«

Und Elly klagt: »Zeitungen lese ich kaum, Bücher nur, wenn ich sie besprechen muß.« – »Mein innerer Mensch nimmt nicht zu, sondern ab.«

»Arbeit, Arbeit, Arbeit und sonst nur Scham und Schmerz«

»Gnädige Frau, pünktlich wie immer. Ich freue mich sehr ...« Juan Clausen, Werbeleiter der P. Beiersdorf & Co. A.G. in Hamburg, betrachtet sein Gegenüber aufmerksam. Klein, sie mißt wohl nicht sehr viel mehr als 1,55 m, rundlich, agil, das dunkelblonde Haar sorgfältig gelegt und frisiert, so sitzt Elly Heuss-Knapp vor ihm. Er weiß, daß sie eine lange, anstrengende Bahnfahrt hinter sich hat an diesem kalten, regnerischen Februartag. Trotzdem wirkt sie absolut gepflegt in dem maronenfarbenen Kostüm mit der beigen Seidenbluse. Er weiß, diese Frau bereitet ihre Geschäftstermine immer gut vor, ist voll auf den Gesprächspartner eingestellt und setzt die gemeinsam entwickelten Ideen effizient um. Und sie verfügt über eine beträchtliche Portion Charme.

Der heutige Termin soll der endgültigen Abstimmung der diesjährigen Sommerkampagne dienen. Vehement setzt sich Frau Heuss-Knapp dafür ein, den Stil der letztjährigen Werbung beizubehalten und damit an bereits Bekanntes anzuknüpfen. Durch geschickte Variation wird es trotzdem gelingen, Interesse zu erregen. Und Elly legt einige Entwürfe vor, die ihre Behauptung unter Beweis stellen. Dem kann sich Herr Clausen nicht verschließen. Und was jetzt kommt, das weiß er eigentlich auch schon genau.

Frau Heuss-Knapp hatte 1935 und 1936 mehrere sehr erfolgreiche Werbefilme für das Haus Beiersdorf gedreht. Vor allem die Idee, blau-weiße Scherenschnitte für den Nivea-Film zu verwenden, erregte einiges Aufsehen, aber auch der Realtrickfilm, in dem Zahnbürsten und Zahnpasta miteinander tanzten, war ganz auf der Höhe der Zeit, eine besonders gut gelungene Arbeit, sowohl in bezug auf die bildliche als auch auf die musikalische Darstellung. Und nun ist sie sicher der Meinung, daß eine neue Filmserie in Angriff genommen werden sollte. Seit einiger Zeit enthalten ihre Briefe mehr oder weniger verhüllte Hinweise darauf.

Aber zunächst einmal gilt es, ihre Begeisterung etwas zu dämpfen. Schließlich ist Kinowerbung eine kostspielige Angelegenheit, noch mit allerlei Kinderkrankheiten behaftet. Er muß sie doch wohl nicht daran erinnern, daß einmal, gerade als ein Herr der Beiersdorf-Direktion den neuen Nivea-Film im Kino anschauen wollte, die Kopie gerade für dieses Filmtheater zu spät eingetroffen war und es erheblichen Ärger – auch für ihn, der ja so etwas unterstützte! – gegeben hatte. Und was ist mit der schlechten Aufführungsqualität, die zu Ausfällen von bis zu 20 Prozent führt? Mal ist es im Raum zu hell, und man sieht nur Schemen über die Leinwand huschen, mal ist der Ton zu

schrill, so daß statt der angestrebten sympathischen Grundstimmung genau das Gegenteil bewirkt wird ... Doch da kommt schon die erwartete Entgegnung: »Diese Pannen werden doch immer seltener. Die Aufnahme- und Aufführungstechnik verbessert sich ständig. Und von welchem anderen Werbeträger kann man sonst behaupten, daß ihm die volle Aufmerksamkeit der Adressaten sicher ist? Eine Zeitungsannonce beispielsweise, mag sie noch so gut gemacht sein, wird längst nicht von jedem, der die Zeitung aufschlägt, auch gelesen.«
Dieses Argument hat er vorausgesehen. »Aber, Frau Heuss-Knapp, mögen die Kinobesucher überhaupt die Werbefilme sehen?« Das ist eine knifflige Frage. Jedoch Elly pariert gut, wendet das Blatt zu ihren Gunsten: »Einen langweiligen Film, der mit erhobenem Zeigefinger dozieren will, natürlich nicht. Aber auch die Werbefilme, bei denen sich das Publikum zwar herrlich amüsiert, am Ende aber gar nicht recht mitbekommt, was die Werbebotschaft war, liegen nicht im Interesse des Auftraggebers.« Und es steht völlig außer Frage, daß Elly Heuss-Knapp keinen dieser Fehler machen wird.

Am 12. April 1938 diktiert Herr Clausen die folgenden Zeilen:

»Sehr verehrte gnädige Frau,
wenn wir nicht wüßten, daß es für Sie kein schöneres Osterei gibt, als daß wir Sie mit einer filmischen Aufgabe betrauen, dann würden wir Ihnen diesen Brief erst einige Tage später schreiben ...« Und dann folgt die genau umrissene Aufgabenstellung: Es sollen zwei Filme gedreht werden, beide unter dem Motto »Gesundes und gepflegtes Aussehen«. Generell soll beachtet werden: Keine Salonatmosphäre, nichts Mondänes, völlig unkompliziert, vom Beschauer »nicht die geringste Gedankenarbeit« fordernd. Der erste Film soll die Aspekte Nivea-Creme beim Rasieren, zur Pflege der berufstätigen Frau, bei rauher Witterung und bei Sport und Wanderung an-

sprechen, und das alles in zwei Minuten. Elly weiß, das wird ein schwieriger Spagat werden. Da klingt die Aufgabe für den zweiten Film schon besser: Nivea für die Hausfrau, in der Kinderstube, gegen spröde Haut und zu deren Pflege am Abend.
Schon einige Tage zuvor hat Elly Heuss-Knapp erfahren, daß Beiersdorf mit einer Filmfirma in Kontakt steht, die folgendes anbietet: 45 Meter Film im 3-Farben-Sachtrickverfahren für circa 7000 RM, fertig in etwa drei Monaten. Das trifft sie empfindlich. In dem Preis sind Text und Regie enthalten, die Dienstleistungen, die sie anbietet! Sie hat also eine starke Konkurrenz.

Aber Elly wäre keine tüchtige Geschäftsfrau, würde sie sich nicht unverzüglich in die Arbeit stürzen. Einige Punkte an dem Auftrag sind aus ihrer Sicht noch zu diskutieren. Da ist zum Beispiel die komplizierte Aufgabenstellung für den ersten Film, und vor allem, daß es ein Sachtrickfilm sein soll, in dem statt Menschen Puppen agieren, behagt ihr nicht. Sie kennt sich in der Branche gut aus und weiß, daß es mittlerweile auch möglich ist, Realfarbfilme in befriedigender Qualität herzustellen. Warum nicht das fortschrittlichere Verfahren wählen, das viel mehr Ausdrucksmöglichkeiten bietet? Doch hier stößt Elly auf Widerstand, und so reicht sie schließlich ihre Entwürfe ein – und erhält den Zuschlag, trotz Mehrkosten für Beiersdorf.

Nun fängt die Arbeit erst richtig an. Das eigentliche Manuskript muß geschrieben werden. Das bedeutet Dichten mit der Stoppuhr in der Hand. Dann das Handwerkliche: Es muß jemand gefunden werden, der Puppen herstellen kann, die dem Nivea-Idealbild entsprechen, also eine helle, adrette Ausstrahlung haben. Immer wieder bittet Elly um Korrekturen, bis das einigermaßen erreicht ist. Mit einer Schneiderin müssen die Kleider und Textilien in der Puppenwohnung besprochen

werden, und schließlich wird ein Modellbauer benötigt, der die kleinen Möbel anfertigt. Wenn die Akteure und die Bühne hergerichtet sind, kann mit der Verfilmung begonnen werden. Jede der unzähligen Einstellungen wird von Elly begutachtet. Endlich ist sie mit dem Ergebnis einverstanden.
Jetzt kommt der Ton dazu. Die Sprecher werden zum Synchronisieren ins Studio bestellt, Elly führt bei der Aufnahme Regie. Eine Filmkopie geht an den Komponisten, der den Auftrag für die musikalische Umrahmung bekommen hat. Es ist Norbert Schultze, ein sehr bekannter Mann, von dem Melodien wie *Das kann doch einen Seemann nicht erschüttern*, *Ich kauf mir einen bunten Luftballon*, *Es geht alles vorüber*, *Lili Marleen* oder auch die Filmmusik zu *Die Drei von der Tankstelle* Evergreens werden[29].

Viel, sehr viel Arbeit steckt Elly in diesen Film, der den Namen *Katherine* bekommt. Und doch macht er ihr wenig Freude. Es gibt erhebliche Probleme mit den Kopien. Mal sind die Farben schlecht, mal der Ton und mal gar beides. Bei einer nachträglichen Kontrolle müssen 50 Prozent als fehlerhaft ausgesondert werden. Elly läßt Freunde und Bekannte in Kinos ausschwärmen, und ein Kollege bestätigt ihr, was sie eigentlich die ganze Zeit gewußt hat: Abgesehen von den technischen Schwächen ist auch die Fülle der Werbeaussagen in so kurzer Zeit problematisch. Doch ausgerechnet die *Katherine* wird 1951 der Bundespräsidentengattin zugeschickt werden mit einem langen Gedicht und der Bitte um ein paar Zigarren, wie sie Herr Heuss rauche. (Der freundlich-pfiffige Herr wird dann auch tatsächlich drei Zigarren bekommen. Ob es die Präsidentenmarke war, ist nicht bekannt.)

Doch Elly Heuss-Knapp lernt daraus, und der zweite Film dieser Serie, der den Namen *Die blaue Schachtel* trägt, wird ganz entzückend und findet viel Anerkennung.

Szene aus dem Werbefilm »Die blaue Schachtel«

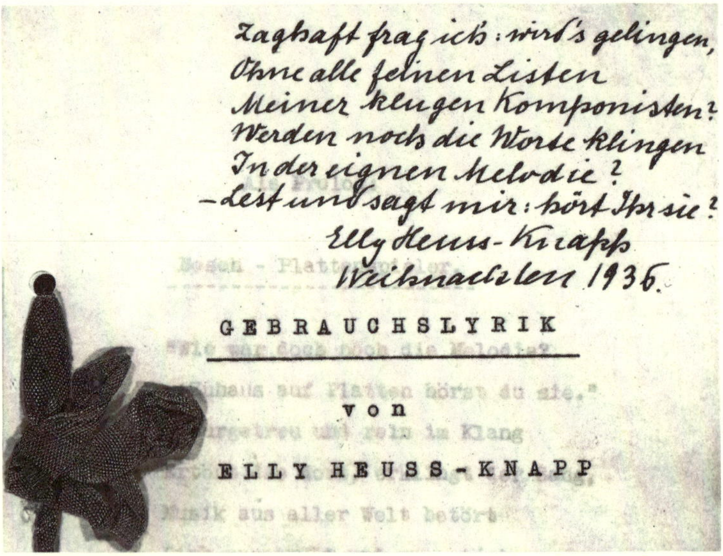

Zaghaft frag ich: wird's gelingen,
Ohne alle feinen Listen
Meiner klugen Komponisten?
Werden noch die Worte klingen
In der eignen Melodie?
– Lest und sagt mir: hört Ihr sie?
Elly Heuss-Knapp
Weihnachten 1936.

GEBRAUCHSLYRIK

von

ELLY HEUSS-KNAPP

Und sie bekommt ihren großen Auftrag für einen Realfilm. Im Sommer 1939 dreht sie auf der Nordseeinsel Baltrum den Werbefilm *Frische Fische* für die Deutsche Großeinkaufsgesellschaft mbh (GEG). Es wird eine rundum gelungene Sache, die sie sehr genießt. Das spricht aus jedem Wort des Aufnahmeberichts, den sie zum Abschluß der Arbeit anfertigte.

»Die Darsteller:
Die ersten Tage auf der Insel Baltrum hatten wir schlechtes Wetter, aber genügend Arbeit, denn wir mußten fast alle Darsteller erst unter den Insulanern finden. Zunächst suchten wir die Fischerkinder in der Schule aus. Der große Junge ist der Sohn des Kapitäns, mit dessen Schiff wir von Norddeich hierher fuhren. Ein großer strammer Junge, der natürlich zur Kriegsmarine will. Er ist dreizehn Jahre und immer die Ruhe selbst. Das kleine Schwesterchen Hannele ist acht Jahre alt. Der Lehrer hielt sie für zu schüchtern, aber sie ist vertrauensvoll, wie ein zugeflogenes Vögelchen, und leider haben wir gemerkt, daß sie in ihrem Leben noch nie so gut behandelt wurde, wie in diesen Tagen. Das Drolligste ist, daß sie aus Nachahmungstrieb schon jetzt bayerisch redet. Sie war mit uns in Norddeich und hat zum ersten Mal eine Eisenbahn gesehen. Große Sensation! Der Oberinspektor erlaubte ihr eine Fahrt 1. Klasse von Norden bis Norddeich. Als Fischervater gewannen wir einen Strandarbeiter, der ebenso wie die Fischersfrau seine natürliche Ruhe immer bewahrt. Die Fischersfrau ist eine jüngere Haushälterin des alten Kapitäns, in dessen schönem Haus die meisten Szenen spielen. Er hat eine prächtige Küche mit alten Kacheln und es tut uns nur leid, daß er wegen Ischias nicht mitmachen kann. Unsere beiden mitgebrachten Bayernkinder machen sich gut. Besonders der Junge sieht bildhübsch aus, und wenn er nicht manchmal auf ein Dach kletterte oder auf dem schmalen Fischkutter seinen Beschützern auswitschte, wäre nichts an ihm auszusetzen. Am schwierigsten war das Auffinden des bayerischen Vaters. Gesehen und gehört haben wir ihn schon am ersten Tag. Es ist ein Arzt, ursprünglich aus München, jetzt in Berlin wohnhaft, und es

war nicht eben leicht, ihn mit dem Ansinnen mitzuspielen in seiner Pension aufzusuchen. Aber schließlich muß ein Bayer ja Humor haben! Die bayerische Mutter wird von der Regieassistentin gespielt.

Die ersten Aufnahmen:
Die ganze Insel Baltrum ist längst orientiert über die hochwichtigen, beinahe schon offiziösen Aufnahmen zu einem Kulturfilm. Man muß den Kranz von Zuschauern immer etwas fern halten. Wir haben gutes Sonnenwetter und die Szenen vor und hinter dem Fischerhaus, Ankunft der Kinder, Feierabend und Rückkehr von der Arbeit, konnten sehr sorgfältig geprobt werden und sind in Bild und Beleuchtung sicher sehr gut geglückt. Ein Schäfchen lief uns über den Weg und wurde gleich zum Mitspielen engagiert. Gage: eine Handvoll Salz. Das Mäh mußte auch in den Ton kommen. Die Feierabendszenen wurden durch die Auffindung eines alten Fernrohres im Haus des Kapitäns sehr günstig verändert gegenüber dem Manuskript. Der kleine bayerische Junge sieht durch das Fernrohr einen Fischkutter und hört dabei, daß sie bis Island fahren und dort fischen. Aufgespannte Fischernetze machen es glaubhaft, daß es sich um ein Fischerhaus handelt. Ein echtes gibt es auf ganz Baltrum nicht mehr, denn die Fische sind ausgeblieben und seit Jahren gibt es hier sehr selten frische Fische. Und die werden aus Wesermünde geschickt. Die ganze Insel hofft, daß der Erfolg unserer Expedition u.a. auch dahin führen wird, daß sich die Fischversorgung hier bessert.

Die Fahrt auf dem Fischkutter:
Die Szenen am Bahnhof machten große Schwierigkeiten, denn mit dem fahrplanmäßigen Dampfer kann man nicht hin und zurück fahren und dabei genügend Zeit haben, um in Norddeich Aufnahmen zu machen. Wir charterten also einen Fischkutter aus Akkumersiel, der keineswegs für Personentransporte eingerichtet ist. Die Erwachsenen waren dauernd damit beschäftigt, auf die vier lebhaften Kinder zu achten. Auf hoher See wurde dann Anker geworfen, die Kinder geschminkt und einige Aufnahmen gemacht. Ein gün-

stiges Schicksal bewahrte uns davor, den Apparat auf die Insel Norderney zu richten. Von dort wurden wir genau beobachtet, und als wir in Norddeich an Land gingen, stand die hohe Obrigkeit schon bereit, verwarnte uns, weil der Kutter nicht das Recht habe, in Norddeich zu landen, und nachdem wir den Polizisten von unserer Vertrauenswürdigkeit überzeugt hatten, fragte er, ob wir ihn wohl mit aufnehmen würden. ›Wenn mich dann Hermann sieht, denkt er womöglich, den Langen kann ich hier brauchen.‹ Ein Gepäckträger verriet uns dann, wie sehr wir beobachtet worden seien, und daß man uns das Material weggenommen hätte, wenn Norderney ins Bild gekommen wäre. Tatsächlich flog beim Rückweg ein Wasserflugzeug in schönen Kreisen über uns. Unsere Kinder warfen ihm Kußhändchen zu. Die Erlaubnis, auf dem Gebiet der Reichsbahn zu filmen, war recht schwer einzuholen. Die schönsten Stunden der Nachmittagssonne gingen darüber hin. Die geschminkten Kinder und die dazugehörigen Erwachsenen wurden wie ein Zirkus angestaunt und in dem eleganten Hotel so mißtrauisch angesehen, daß wir vorzogen, in ein kleines Logierhaus zu gehen. Die Aufnahmen mußten auf den nächsten Morgen verschoben werden. Da kam ein Beamter aus Emden, doch leider regnete es. Schließlich konnte die Empfangsszene gedreht werden – bei flauem Licht und in großer Eile, denn der Zug hielt nur wenige Minuten. Dann gab es noch eine Expedition mit Zug und Auto, um einen vier Pfund schweren Schellfisch herzubringen, der nun in Baltrum auf Eis liegt für die morgige Kocherei. Die Kinder fanden die ganze Expedition herrlich. Sie durften sich zu Essen aussuchen, was sie wollten und wählten sich Kartoffelsalat mit Würstchen. ›So etwas Leckeres habe ich noch nie bekommen‹, war das Urteil der kleinen Hannele. Ihr größter Schrecken waren aber die Autos. Sie nahm mich fest an die Hand, weil sie die gute Tante vor dem Überfahrenwerden schützen wollte. Gegessen wurde ununterbrochen. Besonders wurde der Eiswagen belagert. Dazwischen wurden mehrere Pfund Krabben, frisch gefangen und auf dem Schiff abgekocht, ausgepult und gefuttert. Ganz entrüstet waren die Inselkinder über die sonderbare Vorrichtung, womit der Eintritt in

ein wichtiges Örtchen durch einen Zehnpfennigautomaten geregelt wurde. Um Spesen zu sparen, wurde die Tür zum dreimaligen Durchgang offengehalten. Die Erwachsenen waren recht froh, als sie bei beginnendem Sturm mit allen Kindern und den Apparaten wieder auf Baltrum landen konnten.«
Aus der Spesenaufstellung für den Baltrum-Film:
»16 RM Abendessen für Lehrer und Arzt (Bayern-Vater), zugleich Gage für den überredeten Arzt.«

Als Elly Heuss-Knapp im September 1939 den fertigen Film sieht, steht ihr das Bizarre der ganzen Situation noch einmal so recht vor Augen. Hier die fröhlichen Menschen, die Kinder! Was wird aus ihnen werden? Und – unsichtbar, aber doch vorhanden – die Befestigungsanlagen, die die Inseln vor allem unterirdisch vor Waffen starren lassen, Inseln wie Baltrum, auf denen kaum mehr Fisch zu bekommen ist und die doch die Kulisse für einen Fischereifilm abgeben. Seit dem 1. September befindet sich Deutschland mit Polen im Krieg. Was wird die Zukunft bringen? Noch vor einem knappen Jahr war sie so hoffnungsvoll gewesen und hatte geglaubt, die Kriegsgefahr sei gebannt. Das war nach den Ergebnissen der Münchener Konferenz, als es möglich schien, durch englische und französische Zugeständnisse den Expansionskurs Hitlers einzudämmen. Aber die Phantasie hatte nicht weit genug gereicht, um sich vorzustellen, daß Lug und Trug eine Form staatlichen Handelns sein könnten.
Zwar sind auch Elly und Theodor Heuss immer wieder von den Schikanen der Nazis betroffen, aber da handelt es sich um Repressalien gegenüber Einzelpersonen oder kleinen Gruppen. Ein derartiges Verhalten gegenüber anderen Staaten – unvorstellbar!
So kamen beispielsweise Mitte 1938 folgende Ereignisse zusammen: Der frühere Oberbürgermeister von Nürnberg wurde verhaftet wegen Verdachts auf Hochverrat, ohne daß jemand

ahnte, weshalb. Das einzige, was seiner Frau mitgeteilt wurde, war die – falsche – Behauptung, er habe bei einem Aufenthalt in der Schweiz den früheren Finanzminister gesprochen. Bei der Haussuchung fand man die Einladungen eines Kreises, der gelegentlich zu Vorträgen zusammenkam. Dabei war auch die Einladung zu einem Vortrag von Theodor Heuss. Daraufhin erklärte man, in diesen Kreis müsse hineingeleuchtet werden. Dazu kam, daß bei einer anderen Sistierung ein junger Mann gefragt wurde, ob er zur Bekennenden Kirche gehöre und weiter, ob er Frau Heuss kenne. Offenkundig hat man sie daraufhin beobachtet, ob sie kirchliche Nachrichten im Ausland verbreiten würde. Außerdem wurde ihr Mann auf eine Parteistelle gerufen und angemahnt, daß sich erstens ihr Haus durch ungenügende Beflaggung auszeichne und zweitens, daß sie noch mit Juden verkehrten. Daraufhin wagte Elly zeitweise nicht mehr, aus Deutschland an die emigrierten Freunde zu schreiben, »denn natürlich kann man hinter jedem Satz irgend etwas vermuten«, und dann hätte man ihr vielleicht die Möglichkeit genommen, ins Ausland zu reisen und von dort offene Briefe an die in Südamerika und USA Lebenden zu schreiben, sie zu treffen und auch manchmal denen, die noch in Deutschland sind, zu helfen. So nutzt Elly beispielsweise eine Geschäftsreise nach Basel, um ihrer Freundin Toni Stolper diese Ereignisse zu schildern, die ihr erklären sollen, warum es derzeit besser ist, keine Briefe an Heussens zu schreiben. »Persönliches ist kaum zu erzählen«, endet dieser Brief, »Arbeit, Arbeit, Arbeit und sonst nur Scham und Schmerz. – Ich habe geholfen, wo und wie ich konnte, aber was ist das.«

Unwirklich, wie der Schlußpunkt eines Lebensabschnitts kommt es ihr heute vor, daß sie mit Theodor noch im Mai eine wundervolle Reise nach Italien machen konnte. Ein Sonderwagen brachte sie zu allen Dante-Orten in der Toskana und in Umbrien. Und es war auch eine Reise in die Vergangenheit.

Noch vor dem Weltkrieg, der später als der Erste beziffert werden wird, hatte das frischgebackene Ehepaar Heuss mehrere Italienreisen unternommen. Damals, vor nunmehr dreißig Jahren, war alles ausgelassene Fröhlichkeit. 1963, nur wenige Monate vor seinem Tod, erinnert sich Theodor Heuss in seinen Aufzeichnungen: »Diese Fahrt durch die alten toskanischen Städte war für uns beide die Fahrt durch ein Stück beglückte Jugend – als wir, Florenz erreichend, in die Via Sienese einbogen, fielen Tränen auf meine Hand, die die ihrige hielt. Ich war erschrocken; schier fassungslos brach es aus ihr heraus – Wiederkehr der Jugend, Freude der gemeinsamen Erneuerung eines dankbaren Glücksgefühls, sicheres Wissen um die kommende Tragödie! Sie war schwer zu beruhigen. Ich kann daran nach all den Jahren nur mit Rührung denken.«

Nach all den Jahren … Und heute?
Unschlüssig steht Elly vor einem Korb mit Blumenzwiebeln, die ihr ein Nachbarskind gerade mit schönen Grüßen von den Eltern herübergebracht hat. Sicher, sie wird Tulpen, Narzissen, Schneeglöckchen, Krokusse und Traubenhyazinthen stecken – aber was wird im nächsten Frühjahr sein, wenn sie blühen wollen?

»Ihr Lieben draußen in der weiten und ein bißchen weniger unglücklichen Welt«

Am 20. Juli 1940 schreibt Herr Clausen von Beiersdorf in einem Brief an Elly: »Daß Sie bei ihren Hamburger Besuchen von 24 Stunden ganze 10 im Luftschutzkeller zubringen mußten, ist bedauerlich vor allem insofern, als sie auch dadurch noch einen etwas gar zu ungünstigen Eindruck von unseren Hamburger Verhältnissen mitgenommen haben. So schlimm ist es ja nun nicht, aber immerhin sind wir so weit, daß wir uns, wenn wir wirklich mal eine Nacht durchschlafen konnten, am nächsten Morgen erstaunt angucken.« – Diese Zeilen werfen ein Schlaglicht auf die äußeren Bedingungen, unter denen im ersten Kriegsjahr Geschäftsbeziehungen gepflegt werden.

Die Werbetätigkeit für Hersteller von Markenartikeln ist allerdings in dieser Zeit eher die Ausnahme. Hauptsächlich arbeitet Elly für den Sparkassenverband (Entwurf eines Kinderspiels), für den Reichsausschuß für volkswirtschaftliche Aufklärung (Text der Kriegswaschfibel und ebenfalls ein Würfelspiel) und wieder für die GEG (Hausfrauenkalender).
Oh Elly! Jetzt muß die leidenschaftliche Nichthausfrau Verse machen unter dem Motto »Aufklärung über wirtschaftliche Haushaltsführung«. Zu diesem Thema gibt die Reichsfrauenführerin Scholz-Klink die – sprachlich besonders geglückte – Parole aus: »Wenn auch unsere Waffe nur der Kochlöffel ist, soll seine Durchschlagskraft nicht geringer sein als die anderer Waffen«.
Und Elly Heuss-Knapp textet für den aus illustrierten Schmuckblättern bestehenden Abreißkalender:

Hausfrau merk auf!
Die Ihren zu betreuen
Mit froh besorgter Liebe
Wird jede Frau erfreuen.
Die GEG-Betriebe
Sind treulich heut und morgen
Ihr Helfer für dies Sorgen.

Und dann folgen Produktinformationen, beispielsweise über Nudeln, und passende Kochrezepte. Wie beruhigend, daß Elly sich umgehend der Beratung durch eine Hauswirtschaftsmei-

sterin versichert hat. Ebenfalls für die GEG kreiert Elly Heuss-Knapp 1941 eine Serie von Markennamen. So nennt sie ein Waschmittel *Wascheleicht* oder Waschsoda *Löseleicht*, gute deutsche Namen eben.
Ging es bei der Aufklärungskampagne noch vordergründig um Informationen beispielsweise zur sparsamen Verwendung von Lebensmitteln (es gibt auch Aufklärung über faserschonendes Waschen, richtiges Heizen, die Haltung von Kaninchen ...), so stehen die Aufrufe »Kampf dem Verderb« und zur Altmaterialsammlung eindeutig im Zeichen der Kriegswirtschaft. Der Werberat richtet 1940 eine Abteilung »Marktforschung« ein, auf deren Erhebungen Strategien aufbauen mit dem Ziel, durch abgestimmtes Agieren von Industrie, Handel und Werbetreibenden entschieden auf eine Verhaltensänderung der Bevölkerung hinzuwirken. Ob alle Beteiligten den Gedanken zu Ende denken, welchen Herren sie eigentlich wozu dienen?

Im November kann Elly Heuss-Knapp noch einmal einen Fachaufsatz mit dem Titel *Vom Werben und Waschen* unterbringen. Diese Veröffentlichungen waren ihr immer sehr wichtig, denn sie gaben ihr die Möglichkeit, oft hart erkämpfte Erfahrungen einem fachkundigen Publikum zugänglich zu machen und natürlich auch ein bißchen zu belehren. So gibt es von ihr beispielsweise einen Artikel über das Entstehen eines Werbefilms, einen über die Werbung für Markenartikel, einen über die akustische Werbung und so fort.
Die gleiche Funktion haben ihre Fachvorträge zu diesen Themenkreisen. (Beispielsweise spricht sie einmal im Institut für Wirtschaftsbeobachtung der deutschen Fertigware auf Einladung des damaligen Geschäftsführers Ludwig Erhard.)

1941 häufen sich in den Beiersdorf-Briefen die Hinweise auf Bombenangriffe. Auch Personalprobleme durch Einberufun-

gen werden beklagt. Bei den Geschäftsbriefen verzichtet man immer mehr auf schmückendes Beiwerk und schreibt so eng wie möglich. Die Qualität der Anzeigen leidet zunehmend unter Materialmängeln, ihre Formate werden immer mehr begrenzt. Schon 1938 war man auf maximal halbseitige Anzeigengröße übergegangen, dann waren es Viertelseiten, und seit dem 1. 10. 1941 sind nur noch Achtelseiten erlaubt.
Das betrifft in diesem Jahr Elly direkt. Denn neben Werbeschallplatten, die entweder verschickt, im Kino zu gezeigten Diapositiven abgespielt oder durch Lautsprecherwagen übertragen werden, sowie der gelegentlichen Produktion von Werbefilmen, ist sie verstärkt auf Printmedien übergegangen.
So hat sie auch für Nivea eine Anzeigenserie entwickelt, die Kindercreme und Kinderpuder anpreist – dafür darf noch unter dem Markennamen geworben werden, da es sich um Kinderpflegemittel handelt. Allerdings steht der Satz »Nivea ist knapp, darum verwende es sparsam!« unter jeder Annonce. Im Text wird eine neue Streudose erwähnt. Sie ist aus Pappe und nicht mehr, wie bisher, aus Metall. Auch die vertraute Cremedose mußte sich im Lauf der Zeit einige Veränderungen gefallen lassen. Man experimentierte bei Beiersdorf mit Glas (zu schwer), Bakelit (zu spröde), paraffinierter Pappe (zu schwach) und einer Verbindung von Holzmehl und Phenol, die der Creme zu einem durchdringenden Phenolduft verhalf. Auch ein weißer Kunststoff erwies sich als unbrauchbar, da sich nach einiger Zeit die Creme mit der Dose untrennbar verband.

Es freut Elly, daß die Anzeigenserie ihr die Möglichkeit gibt, mit ihrer Schwester Marianne Lesser-Knapp, die gelernte Fotografin ist, zusammenzuarbeiten. Hartnäckig versucht sie, als nunmehr versierte Geschäftsfrau, Marianne ebenfalls auf diesen Pfad zu locken. Das heißt, sie besteht darauf, Geschäftsbriefe mit ihr zu wechseln.

Maschinengeschrieben am 13. 5. 1941:
»Liebe Marianne,
heute schreibe ich Dir einen Geschäftsbrief mit Durchschlag, ganz ungewohnt.«
(Dann folgen streng geschäftsmäßige Mitteilungen. Kinder sollen fotografiert werden. Marianne wird unter anderem gebeten, eine schriftliche Einverständniserklärung von deren gesetzlichen Vertretern mitzuschicken.)
»Mit schönen Grüßen
NB Antwort bitte auch mit der Maschine geschrieben, Durchschlag behalten und ohne weitere persönliche Mitteilungen.«

Handschriftliche Antwort der Schwester vom 27. 5. (ohne Jahr!):
»Liebes Ellychen,
für Nivea-Kinder eignet sich M. Lesser-Knapp hervorragend, besonders im Sommer.«
(Und dann geht es genauso »geschäftsmäßig« weiter.)
»2 Kinder mit allen 8 Gliedern, das wird sehr schwer. Heute mich 2 Stunden mit einem bösen Bub geplagt, der so wütend war, daß er gefotelt werden sollte, daß er die Blumen zerhackt hat, einmal hab ich ›alte Schachtel‹ verstanden, hab's aber taktvoll überhört, weil die Mama so unglücklich war, aber die Lederhosen hab ich ihm zuletzt doch vollgehauen!

Ade Ade Marianne«

Diese Frau ist ein Kobold! Elly antwortet – denn es hatte wegen der fehlenden Einverständniserklärung eine Rüge von Beiersdorf gegeben:

Maschinengeschrieben am 4. 6. 1941:
»Liebe Marianne,
leider hast Du meinen ersten Aufschrieb nur sehr flüchtig gelesen, das mit der Einverständniserklärung war doch ganz klar geschrieben. Schwesterherz, wir werfen uns immer gegenseitig

Mangel an Pedanterie vor, das hat seine guten Gründe, weil Knapps Mädchen leider von Natur unordentlich sind und das arme Löttchen mit der Erziehung nicht fertig wurde. Aber mit allem, was mein Geschäft betrifft, bin ich absolut ordentlich. Deshalb hatte ich Dich gebeten, die Antwort mit der Maschine zu schreiben mit Durchschlag für Dich, Du hast aber doch auf zehn Zetteln und Kuverts geantwortet.«

Und »Bitte diesen Brief pedantisch aufheben« lautet nach allerlei Geschäftlichem Ellys abschließende Mahnung. Aber eine »persönliche Mitteilung« muß sie doch noch in ihrer Begeisterung anhängen:

»Fast hätte dich Dich gestern angerufen, aber da kamen, o Wunder, Erdbeeren, unter Lebensgefahr aus Werder geholt. Mein energisches Fräulein Anni hat's geschafft. Wir haben bis Mitternacht eingemacht.«

In dieser Anzeigenserie verwendet Elly die Vornamen von Bekannten und Verwandten, in einem Textvorschlag auch den Namen »Marianne«. Daraufhin erhält sie den Entwurf von Beiersdorf zurück mit folgendem Vermerk:

»Bild in Ordnung. Beim Text empfehlen wir, einen anderen Namen zu nehmen als Marianne[30], um allen Meckereien von Überpatrioten aus dem Wege zu gehen.« Aus Marianne wird also eine Annemarie …

Die Anzeigen haben für Elly noch einen hochwillkommenen Nebeneffekt. Sozusagen zum Probieren bekommt sie hin und wieder eine Dose Nivea-Creme. Das ist in Kriegszeiten ein kleiner Schatz. Als sie aber einmal anfragt, ob sie als Honorar Zahnpasta statt Geld bekommen kann, muß Beiersdorf ablehnen: das wäre ein Wirtschaftsvergehen.

Bald dürfen in den Anzeigen für kosmetische Erzeugnisse überhaupt keine Markennamen mehr genannt werden, nur über eine Kennziffer ist der Hersteller zu identifizieren.

Liebe Annemarie!

Hier stelle ich Dir meinen großen Peter und unsere kleine Inge vor, in der Stunde des Wiedersehens von mir geknipst. Während seines Urlaubs meinte es die Sonne fast zu gut. Wir drei haben täglich zusammen gesonnt. Freilich haben wir es vorsichtig angefangen und ich habe die beiden immer wieder mit Nivea-Creme eingerieben, mich natürlich auch. Jetzt ist Inge so braun wie Vati, und doch ist ihr Pfirsichhäutchen zart geblieben. Peter nennt sie sein Nivea-Mädel…

P. BEIERSDORF & CO. A.-G. HAMBURG 30

BLATT 3 ZUM BRIEF AN Frau Elly Heuss-Knapp, Berlin-Lichterfelde.

3/ Nr.6046: Bild in Ordnung. Beim Text empfehlen wir, einen anderen Namen zu nehmen als Marianne, um allen Meckereien von Überpatrioten aus dem Wege zu gehen. Am Schlußm halten wir es für besser zu sagen: "Peter nennt sie sein Nivea-Mädel."

also Annemarie! ..!

Dafür funktioniert die Propaganda für den Nazistaat noch immer hervorragend. Kürzlich sah Elly auf der Lokomotive eines Frontzuges in weißer Farbe die Aufschrift »Räder rollen für den Sieg«. Schon seit Jahren gibt es das Hakenkreuz auf allen möglichen Gegenständen, vom Hundehalsband bis zur Bettwäsche. Und an »Führers Geburtstag« werden selbst ausgebrannte Ruinen und Schuttberge noch mit Hakenkreuzfahnen geschmückt.

Nach 1941 gibt es für Elly Heuss-Knapp keine nennenswerten Werbeaufträge mehr. Aber es zeigt sich, daß die Jahre intensivster Arbeit ihre Gesundheit schwer angegriffen haben. In den dreißiger Jahren hatte sie mehrere schwere Herzanfälle, und ihre Arbeitskraft konnte nur durch Kuren und Erholungsaufenthalte in Badenweiler einigermaßen aufrechterhalten werden. Eine große Operation im März 1942 verschafft ihr Besserung, aber keine Genesung.
In dem neuen, zurückgezogenen Leben ist der Garten ihre größte Freude. Freilich, wo früher im Spätsommer Zinnien und Brokatblumen glühten, wachsen heute Bohnen, Tomaten und Rotkraut. »Besonders auf das letztere sind wir sehr stolz, weil es richtige Kugeln bildet. Ganz ohne Blumen bin ich aber nicht, wenn es auch sehr wenige sind, zu denen der Platz noch reicht.«

»Ihr Lieben draußen in der weiten und ein bißchen weniger unglücklichen Welt«, so beginnt einer der Briefe, den sie wie schon so oft, aus Basel an emigrierte Freunde schreibt. Die machen sich natürlich größte Sorgen und wollen wissen, wie es der Familie Heuss geht. Nüchtern bewertet Elly die Situation. Sie ist glücklich, daß es ihnen allen dreien noch vergleichsweise gutgeht. Vor allem die Männer haben ihre Arbeit. Theodor sitzt an der Bosch-Biographie[31], und der Sohn *Ludwig* ist mittlerweile Abteilungsleiter der Reichsstelle für Lederwirtschaft. In der nächsten Umgebung hat es zwar schon Bombenschäden gegeben, aber das Haus in der Kamillenstraße ist bisher davon verschont geblieben. »Man liegt nachts doch häufig nah beisammen im Keller, jeder auf einem Liegestuhl, und denkt, ob wohl die nächste Bombe uns trifft ... Man ist eben in der Hand Gottes, das spürt man jedes Mal, so wie noch nie im Leben.« Aber fatalistisch das ganze schreckliche Geschehen auf Gottes Willen abschieben, das kann Elly nicht. In ihren Briefen an die Freunde ist immer wieder davon die Rede, daß durch menschliches Handeln versucht werden müsse – und sie gibt Beispiele dafür, daß das auch geschieht –, selbst unter Risiko den Zwängen der Machthaber entgegenzusteuern. Doch selbstkritisch erkennt und benennt sie die Apologetik in ihrer Argumentation.

Natürlich ist Elly Heuss-Knapp froh, daß ihre jüdischen Freunde rechtzeitig ausgewandert sind. Seitdem eskalierte die Judenverfolgung in aberwitzigem Ausmaß, ganz abgesehen von den zunehmenden kriegsbedingten Belastungen des täglichen Lebens. Und doch, die Sehnsucht nach ihnen ist groß.

Es ist gegen 23 Uhr, die gefährlichste Stunde. Der Radiosender funktioniert noch, die Fliegerstörgeräusche sind demnach noch nicht in Aktion getreten. Elly geht im Zimmer hin und her, ordnet Kunstdrucke. Sie ist dabei, eine Mappe zusammenzustellen und die Begleittexte dazu zu schreiben. Es ist schon der zweite Band dieser Art, den sie für den Druck fertigmacht. Sie kann sich nicht nur mit Überlebensfragen beschäftigen, will auch Reste von Schönheit retten, herüber in die Brutalität des täglichen Lebens. Vielen Menschen geht es zur Zeit so. Gedichte werden abgeschrieben und herumgereicht. Vor Blumenläden bilden sich Schlangen, wenn frische Ware eingetroffen ist. Auch wird leichter als in früheren Zeiten Geld ausgegeben für Kino, Theater oder Konzert – selbst wenn Musiker und Zuschauer in Mänteln dasitzen. Wozu denn spa-

ren? Oder man geht in eins der großen Hotelrestaurants, ins Adlon vielleicht, wo jeden Abend einem eleganten Publikum mehrgängige Menüs mit Weinen und Champagner serviert werden – nicht zu vergessen: das Adlon hat einen der sichersten Bunker Berlins! Auf dem Heimweg geht man nicht selten zwischen brennenden Häusern, klettert über Schuttberge und splitterndes Glas, schaut den Entgegenkommenden ins Gesicht und sieht Angst und Entsetzen in ihren Augen. Seit Minuten besitzen sie vielleicht nicht mehr als das, was sie auf dem Leibe tragen. Man fängt an zu laufen und geht erst wieder langsamer, wenn das Haus zu sehen ist, in dem man lebt – noch bewohnbar! – gegen den von grünen Phosphorblitzen durchschnittenen Himmel.
Vertraute Klänge im Radio nehmen Ellys Aufmerksamkeit gefangen, sie hält in ihrer Arbeit inne. Es ist die Vertonung des Rückert-Gedichts *Um Mitternacht*.

Um Mitternacht
Hab ich gewacht
Und aufgeblickt zum Himmel;
Kein Stern vom Sterngewimmel
Hat mir gelacht.

Um Mitternacht
Hab ich gedacht
Hinaus in dunkle Schranken;
Es hat kein Lichtgedanken
Mir Trost gebracht
Um Mitternacht.

Um Mitternacht
Nahm ich in acht
Die Schläge meines Herzens;
Ein einzger Puls des Schmerzens

War angefacht
Um Mitternacht.

Um Mitternacht
Kämpft' ich die Schlacht
O Menschheit, deiner Leiden;
Nicht konnt' ich sie entscheiden
Mit meiner Macht
Um Mitternacht.

Um Mitternacht
Hab ich die Macht
In Deine Hand gegeben:
Herr über Tod und Leben,
Du hältst die Wacht
Um Mitternacht.

Gustel Stolper! – Nie kann sie dieses Lied hören, ohne an ihn zu denken. Wie oft hatte er es gesungen in seiner leisen, aber sehr eindrucksvollen Art. Noch bis 1937 war es ihnen gelungen, sich wenigstens einmal im Jahr, meist in der Schweiz, zu treffen. Welten trennen sie jetzt, und nicht einmal zum gleichen Himmel kann sie aufschauen, eingesperrt zwischen Verdunklungsblenden. Elly laufen die Tränen übers Gesicht.

Am Abend des 17. Januar 1943, gegen zehn Uhr gibt es Alarm. Sausen, Wackeln, Krachen und der bekannte – und gefürchtete – Luftzug, der die Fensterscheiben zerbersten läßt: Auf dem Grundstück der Familie Heuss ist eine 25-Kilogramm-Sprengbombe niedergegangen, im Luftschacht des Nachbarhauses liegt eine Brandbombe.
Das ist ein Warnzeichen. Im Februar ordnen Elly und Theodor Heuss das Familienarchiv und schaffen es aus Berlin hinaus.

Die Stadt selbst zu verlassen, dazu können sie sich noch nicht entschließen.

In Ellys täglichen Aufzeichnungen aus der ersten Hälfte des Jahres 1943 ist viel die Rede von Reparaturen an Teppichen und Vorhängen, die ein wenig gegen die bittere Kälte der Januarwochen abschirmen sollen. Auch ihr gutes blaues Kostüm aus der Vorkriegszeit muß zur Schneiderin, denn, oh Schreck, sie hat zugenommen. Das liegt sicher an der sehr kohlehydratreichen Ernährung dieses Winters, vorwiegend bestehend aus Erbsensuppe, Rotkohl, Brot. Wenn sie sich mit Freunden treffen, bringt jeder mit, was er hat, und so kommt es zu wahrhaft bizarren Speisefolgen. Ihre gesundheitlichen Probleme mehren sich. Einmal versetzen sie leichte Blutungen in Angst und Schrecken. Die Ursache erweist sich als harmlos. Schlechter ist es um ihr Herz bestellt. Sie weiß jetzt, sie leidet an einer Insuffizienz der Coronargefäße mit den belastenden Begleiterscheinungen von hohem Blutdruck, Schwierigkeiten beim Atmen, Flüssigkeitsstau in den Beinen. Ihr alter Badearzt verordnet, nach dem aktuellen Stand der Medizin, eine Strophantinkur. Doch die kann nur vorübergehende Erleichterung verschaffen. In dieser physischen und psychischen Verfassung ist Berlin keine erträgliche Umgebung mehr für sie. Nachdem sich die Angriffe mehren und Anzeichen dafür sprechen, daß Schlimmeres bevorsteht, entschließt sich das Ehepaar Heuss doch zum Verlassen der Stadt. Es besteht die Möglichkeit, auf einem Anwesen der Familie Bosch zu leben und zu arbeiten – Theodor an der Robert-Bosch-Biographie und Elly als Hauslehrerin für die Kinder.

Abschiednehmend geht Elly noch einmal durch Berlin. Ihr Weg führt nur durch Trümmer. Man sieht kaum Kinder, denn Anfang August wurden alle Schulen geschlossen. Wer die Möglichkeit hatte, brachte Söhne und Töchter aufs Land oder

vertraute sie der »Kinderlandverschickung« an. Wie obszön sie wirken, die bunt blühenden Gärten – nur Steinhaufen lassen erkennen, wo einmal ein Haus stand …
Und der liebe treue Rex ist tot.

KAPITEL 8

Heidelberg und Stuttgart 1943–1949

»Jetzt müssen wir ein tapferes Herz bewahren, auch wenn wir wenig Hoffnung für ein Leben vor uns haben, das nach unsern Wünschen wäre«

Statt der Ruinen ein liebliches Tal, der kleine Fluß, die Loisach, gesäumt von Schwarzerlen und silbrigen Weiden, Gruppen von Pappeln in der Ferne und hin und wieder eine dunkle Fichte, die sich weit heruntergewagt hat von den Berghängen ins oberbayerische Alpenvorland. Breit und behäbig liegen die Gebäude des Boschhofs in der fahlen Septembersonne, lange Schatten werfend. Langsam und bewußt setzt Elly einen Fuß vor den anderen, atmet tief die klare, kühle Luft ein, genießt es, frei von Pflichten zu sein. Ihre beiden Schüler, Eva und Robert Bosch, liegen mit einer leichten Grippe zu Bett, daher dieser Spaziergang. Doch in ihrer Jackentasche knistert der Zettel, auf dem sie sich das große Einmaleins notiert hat, und unter dem Arm trägt sie ihre englische Grammatik. Sie weiß einen guten Platz, eine Bank inmitten von Herbstzeitlosen, wo sie ungestört ihre »Hausaufgaben« machen kann. Die Kinder sind aufgeweckt, fordern sie ganz schön. Da muß sie immer eine Nasenlänge voraus sein. Doch als Elly am Ziel ist, ungestört arbeiten könnte, schweifen ihre Gedanken ab. Wie geht es dem Ernst Ludwig in Berlin und der Marianne in Heidelberg und den vielen anderen, an die sie immer, immer denken muß? Man ist hier so abgeschnitten von allem! Voller Unruhe eilt sie zurück, wenigstens in der Nähe des Telefons, des Radioapparates will sie sein.

Im Oktober 1943 wird im Haus der verwitweten Marianne Lesser-Knapp die winzige Dachwohnung frei. Am 29. 10. trifft das Ehepaar Heuss dort ein, »mit Päckchen und Jäckchen beladen«.

Sie müssen sich, wie viele Menschen, sehr einschränken. In den Räumen ist für Bücher so gut wie kein Platz, der Tagesablauf mit den Sorgen für das Nötigste vollgepackt. »Was ich treibe?« schreibt Theodor Heuss. »Sehr viel. Um 1/2 7 rüttle ich den Heizofen u. besorge ihn, dann steige ich von unserem Hügel mit zwei Blechkannen in das Dorf Handschuhsheim hinab u. hole für einige Pfennige ›entrahmte Frischmilch‹, ich lüfte und mache die Betten, decke den Tisch zu allen Mahlzeiten, trockne Geschirr und Besteck ab, schaffe die Kartoffeln aus dem Keller und ›hole ein‹, außer dem bißchen Fleisch, was ich mir nicht zutraue. Man sieht mich auch gelegentlich mit einem Handkarren Briketts heranschaffen oder Wäschebündel fortbringen.« Besonders stolz ist er auf die Obsthürden, die er zusammen mit der Schwägerin Marianne konstruiert hat. Sorgsam werden die von Freunden geschickten Äpfel darauf gebettet. Sie sind von beträchtlichem Wert, denn die von Berlin aus nachgesandten Lebensmittelmarken waren auf dem Postweg verlorengegangen. Im Dezember treffen Päckchen mit einigen Kerzen und Wein ein, Schätze fürs kommende Weihnachtsfest. Derweil kümmert sich Elly um eine einigermaßen behagliche Einrichtung der beiden Dachstuben. Ihr Anteil an der Hausarbeit muß sich aufs Kochen und leichte Putzarbeiten beschränken, denn ihre gesundheitliche Verfassung hat sich eher verschlechtert. Vor allem deshalb ist der Sohn froh, die Eltern in Heidelberg-Handschuhsheim zu wissen. Er ist in dem Haus in der Kamillenstraße geblieben. Da Ernst Ludwig Heuss mittlerweile in der Reichsstelle für Lederwirtschaft eine wichtige Position bekleidet – er ist für die Lederverteilung in ganz Deutschland zuständig –, muß er nicht in den Krieg. Dagegen schöpft er alle Möglichkeiten aus, um bedrängten Menschen zu helfen und scheut dabei nicht die Gefährdung seines eigenen Lebens. So versteckt er beispielsweise im Keller des Hauses einen aus dem KZ geflüchteten Polen.

Im Januar 1944 wird Theodor sechzig. Vor zehn Jahren, an seinem fünfzigsten Geburtstag, war das Gefühl des Aus-der-Bahn-Geworfenseins frisch, stark und brennend. Jetzt geht es nur noch um die elementaren Überlebensfragen. Allerdings zählen dazu für Elly und Theodor Heuss nach wie vor nicht nur Nahrung, Kleidung, Wohnung. Schon immer hatte ihre Arbeit einen sehr hohen Stellenwert. Und so ist es für den Schriftsteller Heuss eine Frage auch des intellektuellen Überlebens, alle noch verfügbaren Kräfte auf die Vollendung der Bosch-Biographie zu konzentrieren.

Elly Heuss-Knapp erhält im Verlauf des Jahres 1944 sogar noch einige Werbeaufträge. So schreibt im April Beiersdorf an ihre alte Berliner Adresse: »Es ist lange her, seitdem wir von Ihnen gehört haben« und fragt an, ob sie Hansaplast-Werbung machen könne. Über diesen Brief freut sich Elly sehr. Einmal natürlich wegen des Auftrags, fast noch mehr aber, weil sie endlich überhaupt etwas von ihrer »Hamburger Firma« hört. Schon im Sommer 1943 hatte sie den Kontakt zu Beiersdorf gesucht, von Sorge getrieben nach den schlimmen Nachrichten von den verheerenden Angriffen Ende Juli – Anfang August. Fast achthundertmal in einer Nacht hatten Engländer und Amerikaner Hamburg überflogen und mit vernichtender Präzision ungezählte Spreng-, Brand- und Phosphorbomben abgeworfen. Von Zehntausenden von Toten war die Rede gewesen, von Hunderttausenden Verletzten. Mit Entsetzen hörte Elly Heuss-Knapp die Berichte über das alte Speicherviertel: Mit Eimern und Bütten hätten Überlebende aus dem heißen Wasser der Kanäle die Leichenteile herausgeschöpft. Selbst von den Dächern der Berliner Hochhäuser aus konnte man den Widerschein der himmelhoch auflodernden Flammen sehen!

Jetzt endlich erfährt sie, wie es den Menschen ergangen war, mit denen sie jahrelang in engem geschäftlichen Kontakt stand. Elly liest, und Gefühle der Bestürzung und Erleichterung wechseln einander ab.
»Die Schreiberin dieses Briefes hat bei und nach der Katastrophe böse Zeiten durchgemacht. In der Nacht, in welcher das Beiersdorfsche Werk brannte, hatte sie Brandwache. Es wurde ihr, zusammen mit anderen Frauen, vom Feuer der Rückzugsweg abgeschnitten. In der Verzweiflung wagte sie den Sprung vom 5. Stockwerk eines Fabrikgebäudes und – kam mit dem Leben davon, während ihre Kameradinnen leider den Tod erlitten.«

Diese Sätze gehen Elly nicht aus dem Kopf, während sie am Tisch sitzt und das vor ihr liegende Blatt Papier vollkritzelt: Last – Hast – Hansaplast … Sie tut sich heute schwer mit dem Reimen. Ihr steht ganz und gar nicht der Sinn nach Werbung, die die Kriegsmoral stärkt und auf den Endsieg ausgerichtet ist, wie sie der Werberat in seiner neuesten Verordnung fordert. Erleichtert hört sie die Schritte ihrer Schwester auf der Treppe. Wie fast täglich, kommt Marianne eine kleine Weile herauf zum Reden. – Am nächsten Morgen bringt Elly dann die bestellten Fließsatzverse[32] zustande.

»Blinder Eifer schadet nur!

Wer sich beim Helfen überhetzt
und sich durch eigne Schuld verletzt,
der fällt den andern nur zur Last
und braucht dann auch noch Hansaplast.«

oder

»Ist alles in Ordnung?

Sorgt, daß kein Löschgerät entzwei,
daß Axt und Leiter splitterfrei!

Man reißt sich wund sonst in der Hast
und braucht dann auch noch Hansaplast.«

Diese Texte werden sicher die Zensur des Werberates passieren, denn sie sind ganz und gar nicht kaufanreizend und betonen, daß durch Umsicht Hansaplast gespart werden kann und muß. Tatsächlich ist es ja ohnehin kaum mehr zu bekommen, was produziert wird, geht fast alles an die Wehrmacht.

Der Alarm wird eine alltägliche Erfahrung. Die Bewohner des Hauses Am Kehrweg 4 haben es sich zur Gewohnheit gemacht, abends nicht in den Keller zu gehen, sondern die Nacht angezogen im Erdgeschoß zu verbringen, schmale, müde Gestalten, nur Schatten im dämmrigen Zimmer. Bei Angriffen auf Mannheim klirren in Handschuhsheim die Fenster. Im September schreibt Elly: »Hier sind die dreizehn- bis fünfzehnjährigen Buben in Riesenscharen ausgezogen mit Spaten, um im Elsaß und Saarland zu schippen. Die Mütter laufen mit traurigen Augen herum, es ist erschütternd. Es rückt alles so nah an uns heran ...« Und: »Jetzt müssen wir ein tapferes Herz bewahren, auch wenn wir wenig Hoffnung für ein Leben vor uns haben, das nach unsern Wünschen wäre. Das ist jetzt die große Aufgabe, mutig zu bleiben. Ich lerne jede Nacht daran.« Doch als am 4. Dezember 1944 Heilbronn durch einen Luftangriff innerhalb von 25 Minuten zerstört wird, viele Freunde und Bekannte von Theodor und Elly in den Trümmern umkommen, da wird das Mutigsein fast zu schwer, der Verlust geht zu tief.

Und dazu kommen noch die großen Sorgen um die Berliner Freunde, die sich dem Widerstand angeschlossen haben. Seit dem 20. Juli 1944 befinden sich viele von ihnen in Haft, und die Berichte des Sohnes Ernst Ludwig künden verschlüsselt von dramatischen Entwicklungen. So schreibt er beispielsweise: »Heute nachmittag war ich bei Agnes (von Zahn-Harnack) zum

Kaffee. Für den Bruder besteht nach dem Spruch des Arztes gar keine Hoffnung mehr. Er wird nur noch wenige Tage zu leben haben, ebenso wie Klaus.« Elly weiß, daß es um Ernst von Harnack und Klaus Bonhoeffer geht, sie ist mit beiden Familien verwandt. Und mit dem Spruch des Arztes ist das Urteil des Volksgerichtshofes gemeint. (Beide Männer wurden hingerichtet, wie auch die Freunde Carl Goerdeler, Julius Leber, Fritz Elsas, Albrecht Bernstorff.) »Wenn wir Berlin nicht verlassen hätten ...«, Elly wagt nicht, den Gedanken zu Ende zu denken.

Unter dem 30. März 1945 findet sich in Theodor Heuss' Notizen folgende Eintragung: »Als ich um 1/2 8 Uhr in das Dorf gehe, sagen die Nachbarinnen: Die Amerikaner sind da. Am Kapellenberg überzeuge ich mich: Es ist nicht bloß ein Gerücht.«

Die Agonie des Dritten Reiches hatte schon längst begonnen, als im von der Roten Armee eingeschlossenen Berlin Hitler am 22. April 1945 ausspricht, was viele ahnen, hoffen, wissen: »Der Krieg ist verloren.« Es sind nur noch acht Tage bis zu des Führers völliger – auch physischer – Vernichtung, bis er tief unten im Bunker, eingegraben in die Berliner Erde, seine Gefährtin Eva Braun heiratet, Dr. Joseph Goebbels zu seinem Nachfolger als Reichskanzler ernennt, eine Zyankalikapsel zerbeißt, sich in den Mund schießt. Ganz sicher will er sein am Ende. Seine Getreuen übergießen ihn mit Benzin, immer und immer wieder. Fünfeinhalb Stunden lang brennt seine Leiche und die seiner Frau im Garten der Reichskanzlei, umtobt vom Granatenbeschuß durch die Russen. Auch der neue Reichskanzler Goebbels macht sich auf die gleiche Weise davon mit seiner Frau Magda. Ihre sechs Kinder nehmen sie mit.

Der 8. Mai wird zum Jahrestag der deutschen Kapitulation, zum Tag, der – nach einem Wort von Theodor Heuss – Erlösung und Vernichtung in einem brachte.

Was haben Elly und Theodor herüberretten können aus den furchtbaren Jahren? Materielle Güter gibt es wenige. Fast alle Bücher und Möbel, Zeugnisse des Lebens, wie sie es sich einst einrichteten, bleiben vorerst unerreichbar. Nein, das Kapital, das sie einzusetzen haben, bemißt sich nach dem Wert ihrer Persönlichkeit – zunächst natürlich in den Augen der Alliierten, die sich umschauen nach Menschen, die wegen ihrer Haltung gegenüber den Nationalsozialisten unbelastet genug sind, um politische Aufgaben übernehmen zu können. Folgerichtig haben die Amerikaner Heuss schon entdeckt.

Und Elly? Wie wird nun das Leben aussehen, das nach ihren Wünschen wäre? Wird sie einen völlig neuen Anfang suchen? Das ist nicht zu erwarten. Das Gesicht, das sie jahrzehntelang der Welt zeigte – erfolgreich zeigte, vom Standpunkt dessen aus betrachtet, der geliebt und geachtet sein will – ist ihr ureigenster Ausdruck geworden. Niemand hat ihr in ihrem ganzen bisherigen Leben nahe genug gestanden, um auf den Grund ihres Wesens blicken zu können: nicht die abwesende Mutter, nicht der von seinen Interessen okkupierte Vater, dessen in dieser Hinsicht kongeniale Nachfolger sich in ihrem Mann fand, und auch nicht der Sohn, der sie zuzeiten hätte zwingen können, sich mit sich selbst auseinanderzusetzen, zu tieferen Schichten ihrer Persönlichkeit vorzudringen – was sie energisch zu verhindern wußte. So verläuft denn auch ihr Leben ohne Bruch als eine Synthese ihrer bisherigen Erfahrungen weiter. In den kommenden Jahren wird das für viele, sehr viele Menschen ein Gewinn sein.

»Ich muß mich in die Sozialpolitik wieder einarbeiten, denn da liegen große Aufgaben«

Mit dem Krieg endet zwar die unmittelbare Todesgefahr, doch der Kampf ums Überleben geht weiter. Es herrschen wahrhaft katastrophale Zustände. Fast die Hälfte aller Bahngleise, Züge, Straßen und Brücken sind zerstört, in manchen Gebieten gibt es überhaupt keine passierbaren Verkehrswege mehr. Dabei sind große Wanderbewegungen im Gang: Von Ost nach West, von den Städten hinaus aufs Land und umgekehrt schieben, zerren, schleppen die Menschen ihre paar Habseligkeiten. Unter ihnen gibt es viele Kinder und Jugendliche, die allein auf sich gestellt sind. 1946 hat jeder sechste Deutsche seine Heimat verloren.

Erreichen die Flüchtenden die großen Städte, so bietet sich ihnen ein entmutigender Anblick. Kaum ein Gebäude ist unbeschädigt, ganze Straßenzüge sind völlig zerstört. Aus Schuttbergen heraus ragen Fassaden wie Skelette. Manchen Wohnungen fehlt eine Außenwand, und was einst private Kulisse des alltäglichen Lebens war, stellt sich nun öffentlich zur Schau. Viele Mauern und Bretterzäune, die sich zu schon freigeräumten Straßen hinwenden, sind mit Zetteln übersät. Auf ihnen kann man die ersten Suchmeldungen lesen, mit denen Mütter ihre Kinder, Kinder ihre Eltern, Männer ihre Familien finden wollen …

Aber es ist Leben in diesen Ruinen. Da und dort kräuseln sich dünne Rauchfahnen aus Ofenrohren, die sich aus zugemauerten Fensteröffnungen recken. Beneidenswerte Menschen müssen das sein, die da wohnen, denn sie haben Brennmaterial, Wärme. Vielleicht steht sogar ein Topf auf dem Herd, in dem etwas Eßbares köchelt. Dann war wohl eine Hamsterfahrt erfolgreich, oder man besaß noch etwas, das auf dem schwarzen Markt einen Wert hatte. Möglicherweise ist auch nur jemand früh genug aufgestanden, um bei der Ausgabe von, sagen wir, Trockenkartoffeln gegen die richtigen Markenabschnitte noch etwas abzubekommen. Es sind vor allem die Frauen, die sich dem Kampf um die lebenserhaltende Mahlzeit täglich aufs neue unter unvorstellbaren Schwierigkeiten stellen. Sie gehen auf Beutezüge aus, ernten Beeren und Pilze in den Wäldern. Ja sie heben sogar Federn auf, die die Gänse auf der Straße verloren haben – Elly weiß von einer Frau, die auf diese Weise in sechs Jahren ein Federbett ersammelt hat! Sie bücken sich noch nach dem kleinsten Holzspan, schaben ihn selbst von den Stümpfen gefällter Bäume. Sie schleppen schwere Steine, um irgendwo anzufangen, um irgendeine Ordnung in das Chaos zu bringen. Und sie hüten ihr letztes Paar Seidenstrümpfe für den Tag, an dem der Mann, Bräutigam, Freund nach Hause kommen wird. Aber wie nach Hause kommen wird! Beklommene Blicke streifen die Kriegsversehrten, die die Straßen bevölkern. Die Kinder werden sich kaum an die Väter erinnern. Sie spielen unter Lebensgefahr in den Ruinen.

Auch dem Haus in der Berliner Kamillenstraße hat der Krieg seinen Stempel aufgedrückt. Es ist zwar nahezu unbeschädigt geblieben, obwohl die Hauptkampflinie ganz in der Nähe, im Botanischen Garten, verlief. – Ach, wie gerne ist Elly früher dort mit Theodor spazierengegangen. – In letzter Zeit war im Haus ein russisches Lazarett. Außerdem bot es vier Frauen Unterkunft. Dem Sohn war es gelungen, sie noch in den letzten Kriegswochen aus dem Gefängnis Moabit herauszuholen, wo sie als politische Gefangene einsaßen. Der Garten beherbergte derweil einen kleinen Zoo: Zehn Kosakenpferdchen fraßen darin alles ab, was sie erreichen konnten. Sehr kurze Zeit leistete ihnen ein Schwein Gesellschaft, das die Russen irgendwo aufgetrieben hatten. Anni, die Haushälterin, konnte zu ihrer grenzenlosen Freude Schlachtfest halten.

Das Mühen um die Deckung der elementaren Lebensbedürfnisse – wie ein roter Faden zieht es sich in den ersten Nach-

kriegsjahren durch die Briefe an die Freunde. Viele Male betont Elly, wie dankbar sie sei, daß ihr das härteste Darben erspart blieb. Doch Fotografien aus jener Zeit zeigen Elly und Theodor Heuss von Entbehrungen gezeichnet. Aber die Familie Heuss hat den Krieg unversehrt überstanden, und im August 1945 nimmt sie ein neues Mitglied auf. Elly schreibt am 22. August 1945:
»Heute bekamen wir durch einen Boten einen langen Brief von unserem Sohn mit der Mitteilung, daß er am 4. August in der Annenkirche in Dahlem von Bischof Dibelius getraut wird. Der Brief ist datiert vom 22. Juli. Seine Frau ist die Tochter unseres Freundes Fritz Elsas[33], der im Zusammenhang mit dem 20. Juli hingerichtet worden war. Auch seine Frau und Kinder waren schwer verfolgt, und unser Ludwig hat sich aufs treueste der Familie angenommen. Wir kennen die Hanne Elsas seit Jahren und lieben sie sehr. Daß wir nicht auf der Hochzeit sein können, ist ein Schmerz, aber so sind halt die Zeiten.« Dieser Bericht enthält aber noch eine zweite große Neuigkeit: Theodor soll Kultminister* von Nordwürttemberg und Nordbaden werden. Ein Umzug nach Stuttgart steht bevor. Das auch als Staatswesen zerstörte Deutschland ist dabei, sich unter der Aufsicht der alliierten Besatzungsmächte eine neue politische Infrastruktur zu geben.

Es ist eine hübsche Anekdote, daß Theodor Heuss gerade beim Teppichklopfen gewesen sei, als er gefragt wurde, ob er das Ministeramt übernehmen wolle. »Ja«, sei die Antwort gewesen, »wenn Sie mir ein Dienstmädle verschaffe.« Das scheint geklappt zu haben. Im August mietet Elly eine Vier-Zimmer-Wohnung mit Garten in Stuttgart-Degerloch und »... soll auch ein Mädchen bekommen«. Im September ist Theodor Kultminister. Fast zeitgleich erscheint in Heidelberg die erste Aus-

* Die offizielle Bezeichnung in dieser Zeit.

gabe der von ihm als Lizenzträger mitherausgegebenen *Rhein-Neckar-Zeitung*. Der Leitartikel stammt aus seiner Feder. Die Menschen hungern nicht nur nach Brot, sondern auch nach Lesestoff. Verlage werden gegründet und, als Kuriosum der Nachkriegszeit, sogenannte Rotationsromane aufgelegt, preiswerte »Bücher« im Zeitungsformat. Auch Theodor und Elly veröffentlichen wieder, beide legen Sammelbände vor, die selbstverständlich zuerst die amerikanische Zensur passieren müssen: er vor allem historische Essays, sie »Short Stories«, die unter dem Titel *Schmale Wege* von Schicksalen aus dem anderen, verborgenen Deutschland während der Herrschaftsjahre der Nationalsozialisten berichten. Auch die Jugenderinnerungen ihres Vaters gibt sie wieder heraus, ergänzt durch ein Kapitel über den Ururgroßvater. Mit besonderer Freude stellt sie eine Auswahl Rückert-Gedichte zusammen. Und Elly »funkelt« wieder. Sie führt mit jungen Leuten vor dem Mikrophon »Round-Table-Gespräche«, macht auch Sendungen für den Schulfunk. Sie wird zu Vorträgen eingeladen, ist vor allem in der Evangelischen Akademie Bad Boll ein häufiger Gast. »Es ist wunderlich«, schreibt sie ihren Freunden, »man überhüpft die letzten zwölf Jahre und fängt wieder da an, wo man damals aufhörte.« Dabei ist die über sechzigjährige Elly durchaus nicht von vorgestern, bedient sich, wie man sieht, neuester Ausdrucksformen.

Der erste Nachkriegswinter ist bitterkalt. In der Stuttgarter Wohnung wird nur ein Zimmer geheizt. Mittlerweile ist sie mit teils geliehenen, teils neuen Möbeln einigermaßen eingerichtet. Oft denkt Elly wehmütig an ihre schönen alten Sachen: der Sekretär, die Anrichte, Theodors Schreibtisch … sie sind natürlich aus Berlin nicht herauszubekommen. Im provisorisch in einem unzerstörten Teil der Technischen Hochschule untergebrachten Ministerium sitzt Theodor im dicken Wintermantel. Das heißt, meist geht er zum Aufwärmen in seinem Zimmer hin und her. Es hat den repräsentativsten Grundriß, was lediglich bedeutet, daß es besonders groß und besonders eisig ist. Frostbeulen hat er schon an den Händen. Elly sorgt sich! Von so vielen Besuchern wird er jeden Tag beansprucht, er kommt kaum zum eigentlichen Arbeiten. »Er muß noch die nötige Ministertechnik lernen, sich von seiner Sekretärin herausrufen lassen ...« Elly nimmt lebhaften Anteil an seiner Arbeit, begleitet ihn auf vielen Dienstreisen. Bald kommen Wahlreisen hinzu. Die Alliierten entlassen zunächst die Länder ein Stück weit in die politische Selbständigkeit, es sollen Wahlen stattfinden. Elly Heuss-Knapp, Schriftstellerin, und Theodor Heuss, Schriftsteller, kandidieren für den Landtag. Beide werden am 24. November 1946 gewählt – sie über die Landesliste, er als Direktkandidat der Demokratischen Volkspartei. An diesem Tag wird in einer Volksabstimmung auch die Landesverfassung angenommen, an deren Entwurf Theodor Heuss als Mitglied der Verfassungsgebenden Landesversammlung von Juli bis Oktober 1946 mitgearbeitet hatte. Als Ergebnis des Wahltages büßt Theodor aber sein Ministeramt ein. Den sich neu ergebenden Mehrheitsverhältnissen entsprechend, beansprucht die CDU das Kultministerium. Elly erklärt den Freunden: »Im Grunde handelt es sich rein darum, daß die Demokratie als Formsache verstanden und angewandt wurde. Von keiner Seite wurde der Theodor angegriffen oder seine Eignung bestritten, aber die CDU ist nun einmal die größte Partei und bestand darauf, den Ministerpräsidenten und den Kultusminister zu stellen, und der Theodor selbst hat dann in der Fraktionssitzung auseinandergesetzt, daß politisch für ganz Deutschland unser Ministerpräsident Reinhold Maier absolut wichtiger ist. Da er so tief davon durchdrungen ist, so zeigt sich auch wieder seine alte Eigenschaft der Gelassenheit, und er ist heiter wie immer und freut sich auf literarische Arbeit.«

Den Zauber des Anfangs, es gibt ihn wirklich. Elly spürt ihn an diesem Frühlingstag 1949 ganz besonders. Auf den heutigen Termin hat sie sich schon lange gefreut. Von einer ländlichen Volksschule ist sie eingeladen, mit einer Anfängerklasse den ersten Schultag zu verbringen. Sie soll Geschichten erzählen, sich Lieder vorsingen und Gedichte aufsagen lassen. Oh, wie aufgeregt werden jetzt schon die Kinder sein, während sie bequem ihrem Ziel entgegenchauffiert wird. Elly weiß, daß vor allem die Mütter diesen Ehrentag schon lange vorbereiteten. Da wurden Kleidchen aus alten Erwachsenensachen geschneidert oder, welcher Luxus, aus neuen, vorzugsweise modisch-schottenkarierten Stoffen gefertigt und zur Feier des Tages vielleicht gar mit einem weißen Krägelchen garniert. Viele Jungen haben ihre Hosen besser erhaltenen Teilen von Uniformen zu verdanken. Die geerbten Schnürstiefelchen sind auf Hochglanz poliert, und so manches Pfund Butter wurde gegen Wolle für ein neues Paar Kniestrümpfe getauscht, von der Großmutter im kompliziertesten Zopfmuster gestrickt. Was für ein Problem muß es gewesen sein, ein Gummiband zu beschaffen, das sie über den dünnen Waden hält! Die ganze Wonne der Kinder aber ist die mit kleinen Überraschungen gefüllte Schultüte, am ersten Schultag für manche schon eine Art Statussymbol. Muß man, überlegt Elly, nicht alles daransetzen, um die Wünsche, ja Träume der Eltern wahr werden zu lassen, daß dieser Tag für ihre Kinder der Beginn einer vielversprechenden Zukunft sein könnte? Muß man nicht täglich dafür sorgen und kämpfen, daß alles Menschenmögliche gegeben wird an Einsatzfreude der Lehrer, an Ausstattung in den jetzt noch so armseligen Schulräumen, in denen sich viel zu viele Kinder drängen, an Büchern und Arbeitsmaterial? Ach, und was Theodor von den Hochschulen erzählt. Studenten, die mit dem Lernen wieder anfangen und schon so viel vom Leben – und Sterben – gesehen haben. Auch die Mädchen und Buben, jetzt wohl schon mit frisch gekämmten Haaren zum

Begrüßungslied aufgestellt, und sicher mit Butterblumen in den Händen – die Aprilwiesen, die sie vom Autofenster aus sehen kann, haben einen goldigen Schimmer davon –, tragen schwer an den unkindlichen Bildern ihrer Erinnerung. Dabei sind sie noch privilegiert gegenüber den vielen Heimatlosen und Elternlosen, die immer noch herumvagabundieren, vielfältigen verderblichen Einflüssen ausgesetzt.
Die Landtagsabgeordnete Elly Heuss-Knapp (Sie leitete sogar die erste Sitzung als Alterspräsidentin!) hat sich intensiv mit dieser Problematik befaßt. Als Berichterstatterin des Sozialpolitischen Ausschusses hat sie im Juli 1948 in einer Rede über die Konflikte gesprochen, denen Aberhunderte von heimatlosen Kindern und Jugendlichen ausgesetzt sind und die sie aber auch gerade im Zusammentreffen mit jenen auslösen, die ihnen helfen wollen. Ihre Vorträge sind immer sorgfältig recherchiert und klar und sachlich formuliert. Vielleicht spricht sie gerade deshalb ihre vorwiegend männlichen Parlamentskollegen so unmittelbar an. Sie spüren ihre innere Betroffenheit und Anteilnahme. Immer wieder weist Elly darauf hin, daß sie als Fachfrau auftritt, nicht als Frau. Das geht einmal an die Adresse der Männer, die sie aufruft, sich mit ihren Themen in ihrer Weise auseinanderzusetzen. Vor allem aber wendet sie sich an die Frauen, will sie ermutigen, sachbezogene politische Arbeit zu leisten, ohne den weiblichen Standpunkt ständig wie eine Fahne vor sich herzutragen. »Ich bin nicht naiv genug zu glauben, alles käme in Ordnung, wenn mehr Frauen in der Leitung der Dinge, auch im Landtag wären. Aber gewiß ist es die Aufgabe der Frau, sich ins öffentliche Leben einzuschalten. Sie wird am meisten dann Erfolg haben, wenn sie nicht dauernd ihre Forderungen einstellt auf den Begriff ›Wir Frauen‹.« Und: »Man muß sehen, das Mögliche zu erreichen, und das ist nach einem berühmten Wort das Wesen der Politik.« Dieses Mögliche steuert Elly allerdings ohne Umschweife an. Dabei ist sie in der Wahl der geeigneten Schritte mit dem Landtagsabgeord-

neten Theodor Heuss nicht immer einer Meinung. Einem Gesetzentwurf, der auf die Freiwilligkeit des Kriegsdienstes abzielt, stimmt sie zu, obwohl er sich dagegen ausspricht. Viele Aufgaben hat Elly auf der Grundlage ihres Politikverständnisses in den letzten Monaten angepackt und bewältigt. Im Landtag waren es unter anderem die Themen Schulreform, Schulbücher, Wohnungsbau, das Verhältnis der Ärzte zu den Krankenkassen, Betriebsrätegesetz, Reichsversicherungsordnung ... Aber auch mit der Frage, wieviel Wein den Bewohnern von Altersheimen »pro Bett und Monat« zugestanden werden soll, beschäftigt sich Elly mit nimmermüder Einsatzfreude. »Jetzt muß ich mich in die Sozialpolitik wieder einarbeiten, denn da liegen große Aufgaben«, schreibt sie in einem ihrer häufigen Berichte an die Freunde.

Aber alles das tritt jetzt zurück. Elly ist gespannt auf die Kinder. Sie hat entzückende Geschichten im Gepäck, neu entdeckt auf einer internationalen Jugendbuchausstellung: *Ferdinand the Bull*, *Little Lord*, *Barbar*, *Tom Sawyer*. Lange haben deutsche Kinder auf sie verzichten müssen. Der Wagen hält, der Chauffeur öffnet den Schlag. Da stehen ja schon die Jungen und Mädchen zu ihrer Begrüßung aufgereiht! Eine Kleine tritt hervor, stramm geflochtene Affenschaukeln, Hahnenkamm, Taftschleife und gesticktes Kleidchen, ach ja, und mit einem dicken Strauß Butterblumen in den Händen lächelt sie die vornehme Dame zaghaft an. Und Elly nickt ihr aufmunternd zu, bereit, sich in der nächsten Stunde voll auf ihre jungen Gastgeber einzustellen. Es wird ihr warm ums Herz, denkt sie an ihre im September 1947 geborene Enkelin Barbara Toni. Wie sehr wünscht sie sich, deren Entwicklung noch viele Jahre verfolgen zu können. Doch insgeheim gesteht Elly sich ein, daß sie die deutlichen Alarmsignale ihres Körpers immer wieder sträflich mißachtet. In den letzten Jahren haben die Herzanfälle dramatisch zugenommen, zeitweise kommt sie keinen Tag ohne Nitroglyzerin aus. Schonen sollte sie sich. Vor allem nach der schweren Gelbsucht, die sie viele Wochen ans Bett fesselte, hätte sie sich entschieden zurückziehen müssen aus dem politischen Tagesgeschäft. Aber das kann und will sie gerade jetzt nicht. So viele wichtige und interessante Aufgaben liegen vor ihr, Gestaltungsmöglichkeiten bieten sich an. Und so läßt sie sich mit dem Auto zu den Terminen fahren und achtet darauf, daß sie keine Treppen steigen muß. Glücklicherweise liegt der Stuttgarter Plenarsaal im Parterre, so daß sie an den mittwochs, donnerstags und freitags stattfindenden Sitzungen teilnehmen kann.

Nach dem Chaos des totalen Zusammenbruchs waren gleichwohl Kristallisationskeime vorhanden als Ansatzpunkte für die sich in den folgenden Jahren entwickelnden vielfältigen Netzwerke des sozialen, kulturellen, ökonomischen und politischen Lebens. Teils hatten sie das tausendjährige Reich überdauert, teils lag ihr Ursprung in dieser Zeit, und teils waren sie auch von außen, das heißt von den Besatzungsmächten eingepflanzt worden. Und durch Anlagerung in vorbestimmter Ordnung bilden sich Strukturen. Das geht nicht immer glatt und störungsfrei ab. Aber Elly und Theodor Heuss haben ihre Vorstellungen, nach welchen Mustern dieser Prozeß ablaufen müßte.

Für Elly ist die soziale Verantwortung handlungsleitend. Sie bestimmt ihre politischen und privaten Aktivitäten fast völlig. Schon gleich nach Kriegsende, in der Zeit krassesten Mangels, bemühte sie sich, Hilfe aufzutreiben für ihre Mitbürger. Bittbriefe gehen über den Ozean, zu alten Freunden. Und diese wenden sich nicht ab von den Deutschen in Not. Sie schicken Stoffe, Seife und Waschpulver, Fett und auch mal Süßigkeiten. Und sie bekennen sich zur nie erloschenen Liebe zu diesem Land. »Von Gertrud Stettiner-Fuhrmann bekomme ich immer furchtbar nette Briefe ... Jetzt hat sie zum ersten Mal geschrieben, daß sie in jedem Frühjahr Zeiten von entsetzlichem

Heimweh hat, während derer sie nur heulen kann. Das hatte sie noch nie gebeichtet.« Schon 1947 kam Gustav Stolper als Begleiter von Herbert Hoover von Amerika nach Deutschland. Im Auftrag von Truman sollte dessen Vorvorgänger im Präsidentenamt Deutschland bereisen und die dort herrschenden Verhältnisse erkunden. Das Ergebnis dieses mehrmonatigen Aufenthalts, während dessen die Delegation mit Tausenden von Einzelschicksalen konfrontiert wurde, ist der Hoover-Report, letztlich das Fundament für den Marshall-Plan als europäisches Wiederaufbauprogramm auf der Grundlage der Unabhängigkeit der einzelnen Länder. Stolper selbst schreibt unter dem Eindruck seiner Recherchen *German Realities*, oder *Die deutsche Wirklichkeit*, wie das Buch nach der Übersetzung durch seine Frau heißt. Sie verfaßt außerdem die Einleitung dazu – Annahme des Vermächtnisses ihres am 27. 12. 1947 verstorbenen Mannes, der sein Werk nicht mehr selbst vollenden konnte. Auch Elly und Theodor tragen Leid um diesen Menschen, der ihr Freund war. Der Verlust verstärkt die ohnehin schon intensiven Beziehungen zu seiner Familie.

Elly macht die auf eine Idee von Hoover zurückgehende Schulspeisung zu ihrer Sache. Die geht sie, wie gewohnt, pragmatisch an: »Die Amerikaner wollen jetzt die Lebensmittel ganz umsonst geben, stellen aber die Bedingung, daß die Kinder auch nichts mehr zu zahlen haben. Ich kämpfe dafür, daß man sehr weitherzig allen Kindern von Witwen, Kriegsversehrten etc. die Speisung umsonst gibt, aber die zahlungsfähigen Eltern zehn Pfennig pro Mahlzeit zahlen läßt. So hoch belaufen sich nämlich die Kosten von Umschlag, Transport, Verarbeitung der Sojabohnen, Verarbeitung des Rohmaterials, zum Beispiel Kakao in Schokolade, was wir selbst zu leisten haben. Das ergibt für Württemberg-Baden eine Summe von siebenhunderttausend Mark im Monat, und ich sehe nicht ein, warum die zahlungsfähigen Eltern die Speisung umsonst bekommen sollen. Wenn wir die Hälfte der Summe dadurch einsparen, so kann man schon wieder zum Beispiel Schulhäuser bauen.« Man spürt es, die Stimmung hat sich grundsätzlich gewandelt. Die Gedanken kreisen nicht mehr nur um niederdrückende Gegenwartsprobleme, der Blick geht entschlossen in die Zukunft. Einen großen Anteil an diesem Umschwung hat die Währungsreform vom 20. 6. 1948. »Endlich können wir ja wieder wirklich etwas kaufen. Besonders in den kleinen Sachen ist das eine wahre Freude, etwa Nähnadeln, Schuhbänder oder gewöhnliche Teller. Das gab es doch jahrelang nicht. Die großen Dinge sind noch sehr teuer und noch sehr schlecht. Zum Beispiel Herrenkleidung. ... und auch mit dem Essen geht es jetzt viel besser, vor allen Dingen gibt es Gemüse ... Nächstens kaufe ich mir sogar neue Schuhe, meine jetzigen stammen alle noch von vor dem Krieg.« Und Elly staunt über das Angebot in den Blumenläden: »... Pflanzen, die man seit zehn Jahren nicht mehr gesehen hat, wie eine blühende Kamelie, Amaryllis, Azaleen neben vielen Alpenveilchen.«

Die allmählich sich entfaltenden Kontakte zum Ausland finden Ellys volle Unterstützung. All die Jahre hat sie darunter gelitten, daß ihr der Weg nach Straßburg versperrt war. Jetzt wird sie Vizepräsidentin des Deutschen Rats der Europäischen Bewegung mit Sitz in ihrer Heimatstadt. Sie nimmt auch hochzufrieden an der Gründung eines Deutsch-Französischen Instituts teil.

Und sie fährt zum Treffen aller westdeutschen liberal-demokratischen Parteien in Heppenheim. (Die Gründungsversuche für eine gesamtdeutsche liberale Partei waren erfolglos geblieben.) Mit wohlwollender Strenge kommentiert sie: »Die Tagung verlief sonderbar; die Referate waren ganz ausgezeichnet, so hoch im Niveau, wie sicher keine andere Partei es leisten kann, auch in der Diskussion. Aber sonst ist es die alte Geschichte: leichter einen Sack voll Flöhe einigen, als den Liberalismus. Schon der Name war kaum in Ordnung zu bekommen. Schließlich einigte man sich auf Freie Demokratische Partei.« Ihr Vorsitzender wird Theodor Heuss.

Es ist ganz und gar erstaunlich, wie diese gesundheitlich schwer angeschlagene Frau es schafft, die ihr verbliebenen Kräfte ökonomisch einzusetzen. So vereinbart sie beispielsweise mit Radio Stuttgart, ihr einen Aufnahmewagen zu schicken, um den Weg ins Studio zu sparen. Im Wohnzimmer sitzend spricht sie ihre Texte. Und welche Sensation: »Die ganze Nachbarschaft, besonders die Kinder, stehen staunend vor dem Wagen.« Es ist auch ein Auto des Radiosenders, mit dem Elly im Mai 1949 nach Bonn fährt »... um die letzte Etappe mitzuerleben, das Plenum, das über die Grundrechte bestimmt, die Wahl der Bundeshauptstadt und die Festlegung des Wahlrechts. »Das gibt große Besprechungen, und es ist doch interessant, dabeisein zu können. Am 14. ist der große Zauber zu Ende. Wir fahren dann hierher zurück.« Die Daten, die Elly hier mit einigen Sätzen umgreift, gehen in die Geschichte der Bundesrepublik Deutschland ein. Am 8. Mai nimmt der Parlamentarische Rat das Grundgesetz in dritter Lesung an, am 23. Mai wird es verkündet. Das Wahlgesetz für den ersten Bundestag folgt am 15. Juni.

Die Arbeit im Parlamentarischen Rat – das war Theodor Heuss' wichtigste Aufgabe in den letzten acht Monaten, seitdem ihn der Württembergisch-Badische Landtag als Delegierten in dieses Gremium wählte. Er kann beim Ringen um die Formulierung des Grundgesetzes deutlich seine Akzente setzen, auch inhaltlich Einfluß nehmen. Die Art und Weise, wie er dies tut, verschafft ihm höchste Achtung. Neben dieser kräftezehrenden Arbeit und seiner Aufgabe als Parteivorsitzender ist kein Raum für weitere Tätigkeitsfelder: Der Honorarprofessor für politische Wissenschaften und neuere Geschichte an der Technischen Hochschule Stuttgart (Berufung Anfang 1948) und auch der Publizist und Autor Heuss müssen zurückstehen. Kein Wunder, daß seine Frau nachdrücklich aufs Ausspannen drängt. »Aber er hat ja leider gar kein Talent zum Faulsein.« Er hat eigentlich auch gar keine Zeit dazu. Wieder einmal stehen Wahlkampfreisen an, denn am 14. August 1949 wird der erste Deutsche Bundestag gewählt. Theodor Heuss ist Spitzenkandidat seiner Partei, das Bundestagsmandat für ihn eine sichere Sache. Folgerichtig mietet er gleich zwei möblierte Zimmer in Bonn, Koblenzer Straße 89a an. Elly als Landtagsabgeordnete am gemeinsamen Hauptwohnsitz in Stuttgart, er Bundestagsabgeordneter in Bonn mit bescheidener Übernachtungsmöglichkeit, das könnte das Konzept sein. Denn wie schrieb Elly noch im Dezember 1946 aus Stuttgart: »Aber nur nicht noch einmal umziehen, darin sind wir beide ganz einer Meinung.« Doch schon im Juli 1949 liest sich das in einem Brief an Gertrud Stettiner-Fuhrmann ganz anders: »In den Zeitungen steht fortwährend, daß entweder der Theodor oder Dr. Adenauer Bundespräsident würden. Dies erzähle ich hier sonst nie jemandem, der mich nicht schon selbst darauf anspricht, aber Dir gegenüber will ich doch das Herz ausschütten. Stell Dir vor, was das für uns bedeuten würde: Nicht nur nach Bonn ziehen, das täte ich ganz gern ...« Daß es schließlich dazu kommt, hat mehrere Gründe. Einmal natürlich hat sich Theodor Heuss besonders durch sein Auftreten im Parlamentarischen Rat für eine derartige Aufgabe qualifiziert. »... einige politische Erfahrung und eine unkonventionelle Art, mich zu geben ...«, das hält Heuss für seine Pluspunkte. Zum anderen waren die spezifischen Mehrheitsverhältnisse ursächlich, die sich nach der Augustwahl ergeben hatten. Eine kleine Koalition liegt im Bereich des Möglichen, bestehend aus CDU/CSU, FDP und DP, mit einer starken SPD-Opposition. Ein Unionskanzler und ein liberaler Präsident, so könnte dieser Konstellation entsprochen werden. Aber auch Elly hat ihren

Anteil an der Wahl Theodor Heuss' zum Bundespräsidenten. Wie kann das sein?

Schon einige Tage nach der ersten Bundestagswahl hat Konrad Adenauer, der stärkste Mann der stärksten Partei, wichtige Unionsleute nach Rhöndorf geladen. Es ist ein heißer Tag, aber das Haus, in einem großen gepflegten Garten am Berg gelegen, empfängt die Gäste mit wohltuender Kühle. Die großen Fenster geben den Blick frei auf den Rhein, der tief unten im Tal in der Sonne glitzert. Am gegenüberliegenden Ufer, etwas stromabwärts, liegt die kleine Stadt Bonn, die am 1. Mai vom Parlamentarischen Rat zur Hauptstadt bestimmt worden war. Noch einige Kilometer weiter, und der Strom passiert Köln. Seine Fluten eilten beim letzten Besuch des Ehepaares Heuss noch über die geborstenen, herabgesunkenen Bogenaufbauten der Hohenzollernbrücke. Eine Sprengung hatte sie in den letzten Kriegswochen zerstört … Es ist das erste und auch das einzige Mal, daß Adenauer zu einer politischen Konferenz in sein Haus bittet. Aber der Anlaß ist auch ein besonderer: Er will diese führenden Politiker aus CDU und CSU auf das von ihm favorisierte Koalitionsmodell einschwören. Natürlich wird auch die Ämterverteilung diskutiert. Adenauer selbst schlägt vor, Heuss zum Präsidenten zu wählen. Darauf reagieren die Anwesenden zunächst überrascht, nicht alle freudig. Ein Herr aus Bayern gibt zu bedenken: »Soviel ich weiß, ist Professor Heuss nicht kirchenfreundlich eingestellt.« Adenauers Antwort ist knapp und bleibt unwidersprochen: »Aber er hat eine sehr fromme Frau … das genügt.«

KAPITEL 9

Bonn 1949–1952

»Jetzt ist es schon einige Wochen her, daß wir das neue Amt angetreten haben«

So formuliert es Elly. Nun ja, genaugenommen war Theodor Heuss Bundespräsident geworden. Von der Diplomatentribüne der zum Plenarsaal ausgebauten Aula der ehemaligen Pädagogischen Akademie in Bonn war dessen Frau am 12. September 1949 Zeugin des auch ihr Leben verändernden Ereignisses. Als Theodor – vorsorglich feierlich im Cut – sich von seinem Abgeordnetenplatz erhob, um die Wahl anzunehmen, den Amtseid zu leisten, seine vorbereitete Rede zu halten, mag ihr dergleichen durch den Kopf gegangen sein. Einige Jahre jünger und um vieles gesünder sollte sie sein. Doch Jugend und Gesundheit sind unwiederbringlich dahin. Auch denkt Elly mit Bedauern daran, daß sie ihre Abgeordnetentätigkeit aufgeben muß, um, wie sie später in der Abschiedsfeierstunde des Landtags sagen wird, das ganz bescheidene Mitwirken am Amt ihres Mannes zu versuchen. Aber ist es nicht ein Glück, daß sie diesen großen Tag mit ihm teilen darf? Unvergleichlich die Stunde der Kundgebung auf dem Bonner Rathausplatz! Alles ist festlich herausgeputzt, die ärgsten Trümmer notdürftig hinter riesigen Laubsträußen verborgen. Aber dafür hat die Menschenmenge, die sich hier drängt, ohnehin keinen Blick. Alle schauen nach vorne, wo im Schein der Fackeln der schlanke weißhaarige Mann auf der Rathaustreppe zu erkennen ist, der jetzt mit volltönendem Baß einstimmt in das Lied, das allen aus dem Herzen zu kommen scheint: Nun danket alle Gott …

Es ist schon Nacht, als Elly und Theodor gemeinsam im offenen Wagen sitzend die Fahrt in ihr neues Heim antreten, stürmisch umjubelt. Es geht nach Bad Godesberg, hinauf auf die Viktorshöhe. Dort hat man ein ehemaliges Eisenbahnererholungsheim (zu dem eine einstmals hochherrschaftliche Villa umgebaut worden war) teilweise geräumt und zum Präsidentenwohnsitz gemacht. »Da fing das Lustspielmäßige an«, beschreibt Elly in ihrem Bericht an die Freunde den Ausklang dieses aufregenden Tages, »als Koch und Diener und alle Angestellten inklusive Polizei vor dem Haus standen und der Theodor, der so etwas noch nie getan hatte, die Wache abschreiten mußte. Dann kam das zweite Komische, daß nämlich unsere Wohnung von einem berühmten Architekten ganz auf das Schauen und nicht auf das Wohnen eingerichtet war und wir also gleich durchsichtige Schlafzimmerscheiben in der Türe hatten. Es war wahnsinnig komisch, wie der Kammerdiener immer vorbeilief. Erst am nächsten Tag habe ich undurchsichtige Vorhänge bestellen können. … Kaum lagen wir im Bett, ging ein ungeheurer Krach los, und der Theodor im Schlafanzug rannte auf den Balkon und brüllte herunter, was denn eigentlich los sei. Es war aber eine Mischmaschine, denn es wurden Garagen gebaut und die mußten in drei Tagen fertig sein. Na, das wurde abgestellt. Dann konnte ich aber immer noch nicht schlafen, weil unsere Schutzmannschaft durch den Kies spazierenging.«
Es ist ein wunderliches Leben auf der Viktorshöhe. Von den 28 Zimmern bewohnt das Ehepaar Heuss sozusagen privat nur 3 1/2, nämlich je ein Wohn-, Arbeits- und Schlafzimmer sowie eine Küche. Sie befinden sich im zweiten Stock. Sonst gibt es hier nur Arbeitszimmer. Repräsentationsräume, die diesen Namen wirklich verdienen, sucht man vergeblich. Wenn Bedarf daran besteht, wird Schloß Augustusburg in Brühl eingesetzt. Einige der Arbeitszimmer beherbergen untypische Möbelstücke und Gegenstände. Tatsächlich dienen sie Mitarbeitern,

die in der Präsidentenvilla ein Strohwitwerdasein führen, auch als Schlafzimmer. Elly steht als Dame des Hauses also einer Art Wohngemeinschaft vor, bemuttert auch die jüngeren Leute ein bißchen. Ebenso arbeitsbetont wie der sachlich-schlichte Rahmen, in dem Theodor Heuss beginnt, der jungen Republik eine Persönlichkeit zu geben – in des Wortes doppelter Bedeutung – so ist auch der Tagesablauf der Bewohner der Viktorshöhe: etwa um 7 Uhr aufstehen, während des Frühstücks lesen Elly und Theodor die Zonenzeitungen und die örtlichen Blätter. Dieser Mahlzeit haben beide schon immer große Bedeutung beigemessen. Man sitzt gemütlich am abwechslungsreich gedeckten Tisch, bittet schon mal einen Gast hinzu, der dann feststellen kann, daß es bei Heussens schon zum Frühstück Käse und geistreiche Gespräche gibt. Ab 8.30 Uhr kommen die ersten Besucher, meist Politiker, manchmal auch – und besonders willkommen – Künstler zum Bundespräsidenten. Zwischen 11 Uhr und 12 Uhr findet eine kleine interne Pressekonferenz statt, an der außer dem Präsidenten die entsprechenden Sachbearbeiter, der Bundespressechef, der Chef des Bundespräsidialamtes und der persönliche Referent von Heuss, Hans Bott, teilnehmen. Es geht vor allem um die Analyse des Bildes der Bundesrepublik in der Auslandspresse. Von 12 Uhr bis zum Beginn der Mittagspause um 13.30 Uhr diktiert Heuss. Dann zieht er sich in die Privaträume zurück, um mit Elly das Mittagessen einzunehmen. Beide bevorzugen unkomplizierte Gerichte und mögen schwäbische Spezialitäten. Die Mitarbeiter essen derweil gemeinsam. Ab 15.30 Uhr steht Heuss wieder Besuchern zur Verfügung. Nach der Abendmahlzeit macht er gerne einen Spaziergang durch den weitläufigen Park mit dem schönen alten Baumbestand, der das Haus umgibt. Wenn Elly sich gut genug fühlt, begleitet sie ihren Mann. Der Hund Axel ist immer dabei, ein Leibwächter nie. Ab 20 Uhr bittet Theodor Heuss wieder zum Diktat, anschließend arbeitet er an seinen Reden, notiert sich Stichworte, nach denen er sprechen will. Selten kommt er vor 24 Uhr ins Bett. Das ist ein gewaltiges Arbeitspensum. Nicht nur die Vorbereitung seiner öffentlichen Auftritte, sondern gerade auch die Bearbeitung der Briefflut, die ihn erreicht (es sind täglich etwa 250), kostet Zeit und Kraft. Die Aufwandsgelder in Höhe von jährlich 160 000 DM, die ihm zur Verfügung stehen, erscheinen auf den ersten Blick beträchtlich. Aber allein ein Drittel davon geht an seine mittlerweile schon über 1600 Patenkinder[34].

Und was macht Elly? Fixpunkte in ihrem Tagesplan sind zweifellos die gemeinsamen Stunden mit ihrem Mann. Sie steht natürlich auch dem Hauswesen auf der Viktorshöhe vor, unterstützt vor allem von einer tüchtigen Haushälterin und einer Haushaltspraktikantin. Kommen junge Gäste, werden sie mit Kakao, Kuchen und Märchen versorgt. Und selbst ihren Eier- und Milchlieferanten vom nahegelegenen Bauernhof gibt Elly Heuss-Knapp Gelegenheit, bei einer Tasse Tee die neuen Nachbarn zu beschnuppern, die so viel Unruhe in die abgeschiedene Idylle auf der Viktorshöhe gebracht haben. Sie bemüht sich, dem Amtssitz die Ausstrahlung auch eines Heimes zu geben. Klare Linien der Möbel, weißes Porzellan mit schmalem Goldrand – das Ehepaar Heuss bevorzugt nach wie vor auch privat einen schnörkellosen Stil. Die kleine Wohnung in der Villa erlaubt ohnehin keine aufwendige Ausstattung. Üppig ist hier bestenfalls der Blumenschmuck, um den sich Elly mit großer Freude kümmert. Daß aber auch der Platz für Bücher nur gering bemessen ist, stört die Bewohner doch sehr. Aber es gibt Bilder! Schon vor der Präsidentenwahl hatte ein Kuratorium unter der Leitung der Kultusministerin von Nordrhein-Westfalen drei »Kollektionen« aus Museumsbeständen zusammengestellt, unter denen der neue Hausherr eine seinem Geschmack entsprechende aussuchen konnte. Und Theodor Heuss selbst fungiert wieder einmal als Modell: »Kürzlich ist er von Kokoschka gemalt worden«, berichtet Elly. »Es ist ein wunderliches Bild in allen Regenbogenfarben – mit blutroten Händen und einem lila Mund trotz meines Einspruchs, daß er gar nicht herzkrank sei. Aber Kokoschka erklärte, daß er die Farbe braucht und farbig ist das Bild wirklich sehr schön. Es kommt ins Museum nach Köln. Unser oberster Beamte hier hat sein Urteil dahin zusammengefaßt: ›Er sieht aus wie ein Bruder von Theodor Heuss, der täglich Gänseleberpastete ißt und Rotspon trinkt.‹ Das fand Kokoschka doch sehr bedenklich, und es ging ihm den ganzen Tag nach. Ein interessanter Kerl ist der Kokoschka aber. Er war vierzehn Tage hier, wohnte natürlich im Hotel, war aber doch zu mancher Kaffeestunde bei uns hoch oben auf der Viktorshöhe.« Und noch ein prominenter Besucher kündigt sein Kommen an. Dr. Albert Schweitzer, der alte Freund seit Straßburger Tagen, gratuliert zunächst Theodor zur Wahl und sendet gute Wünsche: »… mögen Sie in der rechten Weise den Punkt auf dem I abgeben, als den Hegel das Staatsoberhaupt ansieht.« Und an Elly gewandt: »Daß Du, Ellychen, Deine Sache perfekt machen wirst, daran zweifle ich nicht. Dir haben die Musen verliehen, daß Du in der Hütte und in dem Palast in gleicher Weise am Platze bist.« Der Brief schießt: »So tröste ich mich mit dem Gedanken, Euch nächsten Sommer bei Euch, dans votre résidence, zu besuchen, wobei ich Dir, Ellychen, im voraus verspreche, die Schuhe gut abzuputzen, ehe ich auf die Teppiche trete.«

Als Präsidentengattin begleitet Elly Heuss-Knapp nach Möglichkeit auch ihren Mann auf Staatsbesuchen. Das sind in dieser Zeit beileibe keine glanzvollen Auslandsreisen, sondern beispielsweise Fahrten zur ersten Bundesgartenschau in Stuttgart (Elly hält die Eröffnungsrede) oder zum Evangelischen Kirchentag in Essen. Vor allem ihre Notizen zu den Besuchen der Städte München und Tübingen lassen lebhaft ahnen, wie dergleichen abgelaufen ist. So schreibt sie: »Ganz groß war … der

Elly Heuss-Knapp als First Lady

Empfang in München. Nur gab es leider keinen Aufzug für mich. Zum Glück war auf jedem Treppenabschnitt eine Vitrine, und der Wirt des Hotels war ganz begeistert über mein Interesse für sein Porzellan und für die anderen Dinge, die darin lagen. Eigentlich war es doch nur eine Gelegenheit zum Ausschnaufen«, und »dann kam Tübingen, und das war nun allerdings der Höhepunkt von allem, was wir bisher auf Staatsbesuchen erlebt haben. Der alte Marktplatz, völlig erhalten, war gefüllt mit zwölftausend Menschen, in alle Seitenstraßen hinein staute sich die Menge, und an den Fenstern waren so viele übereinandergeschichtet, daß ich immer Angst hatte, der eine oder andere würde hinunterfallen. Der Theodor sprach vom Balkon des Rathauses und die Leute wollten gar nicht wieder nach Hause gehen. Das Wetter war himmlisch. Vorher, beim Nachtessen am Ufer des Neckar, kamen die Studenten auf Ruderbooten angefahren und … sangen ein bezauberndes Lied, wovon die einzelnen Strophen teils deutsch, lateinisch, griechisch und hebräisch waren. Der Refrain aber lautete einfach: ›Heil dir in unserem Ländle, Herr Bundespräsidente!‹ (Ganz respektvoll; nicht etwa ›Bundespräsidentle‹, was man aber immer durch die Betonung deutlich hindurch spürte).«
Ein Wermutstropfen fällt jedoch in den Becher der Freude. Derartige öffentliche Auftritte stellen einige Anforderungen an das äußere Erscheinungsbild. Und Elly, die mit dem ihrigen zunehmend auf »männliche« Weise verfahren ist, nämlich nach dem Motto Hauptsache, die Kleidung ist sauber, ordentlich und dem Anlaß angemessen, sieht sich weitergehenden Ansprüchen ausgesetzt. Natürlich erwartet man in den Nachkriegsjahren von der Frau des Bundespräsidenten kein Auftreten, das saturiert und repräsentativ wirkt. Und doch, ein gewisses Maß an Selbstbewußtsein und Selbstsicherheit sollte schon sichtbar sein. Über beide Eigenschaften verfügt Elly Heuss-Knapp zwar in hohem Maße, aber es gelingt ihr kaum, sie in ihrer Aufmachung auszudrücken. Das ist ihr wohl

bewußt, und sie engagiert sogar eine Baronin, die über Referenzen aus ersten Kreisen der Berliner Gesellschaft verfügt, als Beraterin in Kleiderfragen. Aber die Absicht, durch die Plazierung von irgend etwas Weißem in der Nähe des Gesichtes den Blick von dem schwerfällig wirkenden Körper abzulenken, hin zu der lebhaften, wachen, intelligenten Mimik, erscheint auf Fotos und Filmen eher mißglückt. Es mag Elly im tiefsten Innern letztendlich auch gleichgültig gewesen sein. Und für Theodors äußeren Menschen wird ebenfalls gesorgt: Elly ordert einen Friseur, der jeden Morgen in der Frühe kommt, um den Präsidenten zu wecken und zu rasieren und ihm bei Bedarf die Haare zu schneiden.

Sogar die Werbefachfrau Elly Heuss-Knapp kommt hin und wieder zum Zug, vor allem dann, wenn Ernst Ludwig Heuss, nunmehr Geschäftsführer der Wybert GmbH in Lörrach, seine Mutter um Beratung in Werbefragen bittet. Einmal geht es um die »Wybert-Stimmgabel«, ein kleines Liederheft als Werbegabe für Chorleiter. Dazu Elly: »Bei der beigelegten Bestellkarte gefällt es mir nicht, daß nur die ›Herren Vorsitzenden und Chorleiter‹ angeredet werden, während es in den Jugendgruppen, auch in den kirchlichen, eine Menge von Chorleiterinnen gibt.« Aber derartiges Geplänkel verursacht ihr heute keine schlaflosen Nächte mehr. Es gibt eine andere Sache, die sie nicht ruhen läßt, die sie ganz fordert: als Präsidentengattin, als Werbefachfrau und vor allem als Mensch mit dem Gespür für soziale Asymmetrien – besonders, wenn sie zu Lasten von Frauen gehen. Elly hat sich der Mütter angenommen. Zur fast gleichen Zeit nämlich, als sie versuchte, ihrem sich abzeichnenden neuen Leben als erste Dame des Landes Konturen zu geben, stand in Stein, ganz in der Nähe von Nürnberg, eine andere Frau vor dem finanziellen Ruin ihres Lebenswerks.
Dr. Antonie Nopitsch hatte schon 1932, wahrlich aus dem Nichts und allen Schwierigkeiten heroisch trotzend, begon-

nen, den Bayerischen Mütterdienst der evangelisch-lutherischen Kirche aufzubauen. Dabei hatte sie, dem eigenen Empfinden nach, zwei besonders hohe Hürden zu nehmen: »Bei den schwer arbeitenden Müttern aus den ärmeren Schichten war es ja bisher völlig unüblich gewesen, sich zu ›erholen‹, und ihre Männer waren dieser Neuerung gegenüber meist verständnislos …«, und »… die drei ›K‹ bestimmten eben das Leben der Frauen: Kinder – Küche – Kirche. Da paßte das ›E‹ der Müttererholung nicht dazwischen.« Nun hatte der Mütterdienst Nationalsozialismus, Kriegswirren und Währungsreform durch Antonie Nopitschs nie erlahmenden, einfalls- und listenreichen Einsatz zwar überdauert, doch jetzt, angesichts der drängenden menschlichen Not der Flüchtlingsfrauen, sah man sich nicht imstande, weiterhin zu helfen. Der Schuldenberg wuchs von Tag zu Tag, Hilfe war nirgendwo in Sicht. Und doch kam diese Hilfe, völlig unerwartet und auf eine Weise, wie es sich Antonie Nopitsch nie hätte träumen lassen. Da sie sich für eine in Stein bevorstehende Tagung evangelischer Fürsorgerinnen nicht mit den hinreichend bekannten und wieder einmal ausschließlich männlichen Festrednern zufriedengeben wollte, und ihr außerdem die württembergische Abgeordnete Elly Heuss-Knapp als sachkundige Referentin empfohlen worden war, machte sich Frau Nopitsch höchstpersönlich auf den Weg nach Stuttgart. »Auf dem Sofa liegend empfing sie (Elly Heuss-Knapp) mich – sie entschuldigte sich mit ihrer damals schon beginnenden schweren Krankheit –, und ich war vom ersten Augenblick an gefesselt von dieser einzigartigen Persönlichkeit.« Elly interessierte sich nicht nur für das ihr angetragene Referat, sie ließ sich die bayerische Mütterarbeit eingehend erläutern und sagte schließlich unter der Bedingung zu, »daß ich oben am Bahnsteig abgeholt werde, ich kann keinen Koffer tragen.« Antonie Nopitsch war bereit, alles zu versprechen, ohne Frage auch dies. Doch als Elly Heuss-Knapp dann aus dem Zug stieg und auf dem Bahnsteig offensichtlich vergeblich auf den so dringend erbetenen Kofferträger wartete, wäre alles um ein Haar noch schiefgegangen. Frau Nopitsch war untröstlich, denn »… ausgerechnet zur selben Zeit, als der Zug in Nürnberg eintraf, stand ein Vortrag für mich auf dem Programm. Der Fahrer hatte die Weisung mißverstanden und wartete unten in der Eingangshalle, während Frau Heuss hilflos alleingelassen oben auf dem Bahnsteig stand. Sie war enttäuscht und empört: ›Wann geht der nächste Zug nach Stuttgart?‹ ›Sehen Sie dort das rote Licht?‹ fragte der Bahnhofsvorstand zurück, ›eben fährt er hinaus‹. Aber er nahm sich ihres Koffers an … Als sie in Stein ankam, lernte ich sofort ihr flammendes Temperament kennen …« Der berechtigte Ärger war schnell verraucht, denn tatsächlich war Elly außerordentlich beeindruckt, ja »so entzückt, wie schon seit vielen, vielen Jahren nicht mehr. … Die Unmittelbarkeit der Wirkung« hatte für sie fast »etwas Geniales …«, Antonie Nopitsch, die unverheiratete Geschäftsführerin, erschien ihr als »Inbegriff der Mütterlichkeit.« Elly glaubt: »Wenn es in jeder Stadt zwei so Weibsbilder gäbe wie die Frau Nopitsch (vielleicht hatte sie auch insgeheim gedacht ›wie ich und die Frau Nopitsch‹), … dann sähe es in der Welt anders aus.« Die Frauen erkannten ihre Wesensverwandtschaft, beide reagieren wie ein Seismograph auf die sozialen Erschütterungen ihrer Zeit. Nur blieb und bleibt es nie bei der nur mitfühlenden Teilnahme: Ab sofort ist die Mütterarbeit nicht nur gesichert, sie wird, so lautet die gemeinsam höchst wirkungsvoll umgesetzte Devise, ausgeweitet, denn es wird daraus eine großangelegte »Aktion …, die Mütter können einfach nicht mehr.«

Jetzt, zwei Monate nach dem ersten Kontakt, im Spätjahr 1949, steht das Hilfskonzept in großen Zügen bereits fest: »Kann man die rein bayerische Sache nicht durchhalten, macht man eine deutsche Sache daraus!« Gesagt, getan. Dank Ellys Integrationskraft und ihrer noch gewachsenen politischen und damit verbundenen persönlichen Autorität gelang es unglaublich schnell, das Deutsche Müttergenesungswerk zu gründen: gerade zum 31. Januar 1950, Theodor Heuss' Geburtstag, und Elly betrachtet es als ihr ureigenstes Geschenk. »Bisher tun alle etwas für die Kinder«, berichtet sie in diesen Tagen Toni Stolper. »Schon daß die Schaufenster voll sind, ist für Mütter, die kein Geld haben, viel schwerer zu ertragen, als die Zeiten, in denen alle aus alten Vorhängen neue Kinderkleider nähten. Wir haben das Deutsche Müttergenesungswerk gegründet, evangelisch, katholisich, sozialistisch (Arbeiterwohlfahrt), Rotes Kreuz – alle, die Mütterheime haben –, vereinigt bei mir in Godesberg.« (Der Deutsche Paritätische Wohlfahrtsverband kommt noch hinzu.) Ein Zusammenschluß von Frauen der großen Wohlfahrtsorganisationen auf dem Gebiet »Müttergenesung« kommt zustande, der Elly Heuss-Knapp mit tiefer Befriedigung erfüllt.

Toni Nopitsch erhält von ihr die Zusage, im eigenen Namen einen Kredit von circa 60 000 DM aufzunehmen, damit die 1950 bei der ersten Muttertagssammlung im Mai ausgeteilten Stoffblümchen überhaupt produziert und vorfinanziert werden können. Über 200 Flüchtlingsfamilien werden durch deren Herstellung in Heimarbeit unterstützt. 26 000 erschöpfte Mütter machen noch im gleichen Jahr den ersten Urlaub ihres Lebens. 2,5 Millionen Mark, eine großartige, eine in dieser Höhe nie erwartete Summe, sammelten ungezählte große und kleine Helfer auf den Straßen. Treppauf, treppab liefen sie unermüdlich von einer Wohnung zur anderen. Pfennige kamen zu Pfennigen, hier und da fiel sogar ein silberfarbenes Geldstück in die Sammelbüchse. Stolz hefteten sich die Spender ein kleines Gänseblümchen, eine Heckenrose, eine Kornblume an Bluse oder Revers.
Und obwohl bald aus dem Bundespräsidialamt besorgniserregende Weisungen kommen: »Frau Heuss darf mit keiner-

Elly Heuss-Knapp mit Sammelbüchse und Stoffblümchen im Mai 1950

lei Fragen direkt belastet werden«, greift Elly immer wieder in den Fortgang des Müttergenesungswerkes ein. Sie gewinnt Förderer, bittet den Deutschen Städtetag um organisatorische Hilfe, Bürgermeister und Landräte sind vor ihren Appellen nicht mehr sicher. Elly formuliert Pressemitteilungen, initiiert Pressekonferenzen und hält aufrüttelnde Rundfunkansprachen. Und einmal mehr agiert sie mit einer ganz besonderen Strategie. Den Kultusministern der Länder ringt sie die Zusage ab, daß auch Schulkinder am Muttertag sammeln dürfen.

Zu einer Tagung der Allgemeinen Ortskrankenkassen im Dezember 1951 wird Elly Heuss-Knapp im Auto liegend transportiert, Antonie Nopitsch ist dabei und hat vom Arzt striktes Redeverbot. Gottlob ist die in herbstliche Farben getauchte Landschaft so faszinierend, daß man sie schweigend zusammen bewundern kann. Ein weiterer, letzter Umzug hatte Ellys Kräfte erschöpft. »Auf der Viktorshöhe bin ich dem lieben Gott näher, doch in der Villa Hammerschmidt dem Herrn Bundeskanzler«, bringt Heuss es auf den Punkt. Letzteres gibt den Ausschlag, die Villa Hammerschmidt, in unmittelbarer Nachbarschaft zu Adenauers Palais Schaumburg gelegen, wird am 5. 4. 1950 vom Staat erworben mit der Bestimmung, Präsidentenwohnsitz und Repräsentationsgebäude in einem zu sein und damit einen weiteren Nachteil der Viktorshöhe aus der Welt zu schaffen. Im Adreßbuch der Stadt Bonn von 1862 erstmals als Neubau im Viertel der Millionäre (damals waren es circa 150 in dieser Gegend!) erwähnt, hat das Haus eine wechselvolle Geschichte hinter sich. Der erste Eigentümer, ein Herr Albrecht Troost, verkaufte das Anwesen schon 1868 wieder. Glückliche Zeiten hatte er dort mit seiner jungen Familie erleben wollen, doch sein Söhnchen ertrank im Bassin der Großen Fontäne im Park von Schloß Augustusburg, und seine Frau verfiel der Schwermut, nahm sich im Rhein das Leben. Da hielt er es in der schönen Villa nicht mehr aus. Der neue Eigentümer war der Kaiserlich Russische Wirkliche Staatsrat Leopold König, der in Rußland ein riesiges Vermögen mit Zucker gemacht hatte, also zurecht der »Zuckerkönig« genannt wurde. Er ließ Haus und Garten umbauen und ein – beheizbares! – Palmenhaus errichten, das die Bonner über die Maßen bewunderten. Ganz sicher traf das auch für die ebenfalls aus dieser Zeit stammende Nibelungengrotte zu, in der sich Tuffsteinnachbildungen des Zwerges Alberich und der Rheintöchter Wellgunde, Woglinde und Floßhilde tummelten. Nicht weit davon wurde ein Aussichtsplatz angelegt und mit Miniaturkanönchen bestückt, aus denen man richtig Salut schießen konnte! In dem Becken des neuen Springbrunnens durfte der später berühmte Sohn des Hauses, Alexander, Zoologe und Gründer des Museums Koenig[35], eine Fischzucht betreiben. Auch die von früheren Aufnahmen der Villa bekannten Türmchen und vasengekrönten Balustraden stammten noch aus der Zeit Leopold Königs, vermutlich Reminiszenzen an seine erfolgreiche Zeit im glanzvollen St. Petersburg. Dreißig Jahre blieb die Familie in Bonn, dann zog es den mittlerweile verwitweten alten Herrn wieder in die russische Heimat. Er verkaufte den Besitz an den Freund seines Sohnes, den Königlich Preußischen Geheimen Kommerzienrat Rudolf Hammerschmidt, der ebenfalls der Villa seinen Stempel aufdrückte, ihr vor allem aber den Namen gab, unter dem sie heute noch bekannt ist. Der rasch aufeinanderfolgende Tod des Kommerzienrates und seines Sohnes führte 1928 zum Übergang des Eigentums an dem Anwesen auf die Erbengemeinschaft Familie Hammerschmidt, von der es die Bundesrepublik, vertreten durch den Bundesminister der Finanzen, zum Preis von 750 000 DM erwarb. Ursprünglich sollte die Villa, die zuletzt dem belgischen General Peron als Rheinquartier gedient hatte (er hinterließ auch einige sehr spezielle Dekorationen, wie zum Beispiel Wandgemälde, auf denen sich Affen über Palmwipfel schwingen, sowie einen eingemauerten afrikanischen Opferstein), nur gemietet werden. Als Theodor Heuss von diesen Plänen erfährt, ist er gar nicht entzückt. Freunden und Bekannten schüttet er brieflich sein Herz aus: »Ich komme in den furchtbaren Kasten – die sogenannte Villa Hammerschmidt –, von der ich am liebsten erst einige Türmchen mit Artillerie abschießen lassen möchte« und »... nun ist in dem Park bei der Rheinfassade eine Grotte gebildet, ›herrliche‹ Plastik in Tuffstein, drei Rheinjungfrauen mit Fischschwänzen, dem Zwerg Alberich und einem unerhörten Pferd. Das bildet zusammen eine Grotte, in der man elektrische Birnen farbig leuchten lassen kann. Die ganze Geschichte ist eine Sehenswürdigkeit für Bonner Schulausflüge und – das mir! ... Aber kann ich es wegsprengen lassen? Dann treffe ich das deutsche Gemüt und bekomme einen Privatprozeß, da wir den ganzen Zimt nicht kaufen, sondern nur mieten. Du siehst also, das Regieren in Deutschland ist nicht leicht.«[36] Es kam nicht ganz so schlimm: Die Villa wurde gekauft, die Türmchen ganz zivilisiert abgetragen, Putten und Vasen entfernt, die Grotte entschärft und noch einige weitere optische und vor allem praktische Verbesserungen durchgeführt. Da kommt es, wie es kommen muß: aus dem vorgesehenen Umzugstermin Oktober 1950 wird die Jahreswende 1950/51, aus den geplanten Kosten in Höhe von 160 000 DM werden 1 250 000 DM (!). Aber das Ergebnis ist ansprechend und angemessen, selbst Theodor Heuss' anfängliche Skepsis ist besänftigt: »Das Fenster des Zimmers, in dem ich diese Zeilen schreibe, öffnet sich zum Rhein, der in einer Entfernung von knapp hundert Metern vorbeiströmt – das Auf und Ab der Schleppzüge, der Dampfer alter und neuer Konstruktion, der schweren, dunklen Lastkähne und flinker heller Boote gibt dem Bild einen abwechslungsreichen Reiz (und das Tuten und Läuten kriegt man gelegentlich als überraschende Morgengabe).«

Dieser neuerliche Umzug also bringt für die Präsidentengattin wieder ein gerüttelt Maß an traditionell hausfraulichen Pflichten, denen sie sich nicht entzieht. Ihre Reisen im Sommer und Herbst 1950 nutzte sie, um sich nach Einrichtungsgegenständen für die Villa umzuschauen. Fünfzehn Zimmer sind zu gestalten. Im Erdgeschoß sind es die Repräsentationsräume: das Arbeitszimmer des Präsidenten, ein großer Speisesaal, für die Herren das Säulenzimmer – das den vielsagenden Spitznamen »Schlotsalon« bekommt – und für die Damen der kleinere Salon, in dem Elly beispielsweise die Diplomatenfrauen zu einer Art »Vorstellungsgespräch« empfängt, bevor sie zu offiziellen Anlässen eingeladen werden. Für größere Veranstaltungen und Pressekonferenzen wird die sogenannte Galerie genutzt, in der es allerdings außer einem Gobelin, dessen Mottenlöcher geschickt repariert wurden (es handelt sich um die Leihgabe eines Flüchtlings, der für das große Stück keinen Platz mehr hatte), nur wenige Bilder gibt. Hier dominieren die mit blauem Samt bezogenen Stühle. Diesen Räumen verleihen die hellen Wände, die schönen dunklen Holztüren, glänzende Parkettböden und geschickt arrangierte, wertvolle alte Einzelmöbel, die vor allem aus den Magazinen der Schlösser in Brühl, Ludwigsburg, Würzburg und Stuttgart zusammengetragen wurden, eine angenehm gediegen-neutrale Ausstrahlung. Dagegen haben die im ersten Stock gelegenen Privaträume einen persönlicheren Charakter. Da gibt es auch schon mal eine geblümte Tapete im kleinen Frühstückszimmer, da gibt es den »Gemütsladen«, das ist eine holländische Barockvitrine voll mit Erinnerungsstücken, und da steht Messingzierat neben schlichten Säuregläsern, das Stück zu 3,50 DM, die als Blumenvasen fungieren. »Das Schönste im Hause sind die Blumenfenster rechts und links neben der Balkontür ... Da stehen allerhand seltene Gewächse drin aus dem Botanischen Garten und auch nicht seltene, die aber sehr schön gedeihen, z.B. über und über blühende Azaleen aus dem vorigen Jahr. Gegenüber von diesem Zimmer nach der Vorderseite des Parks heraus liegt das Kaminzimmer mit den zwölf Aposteln auf den Kacheln. Es hat auch einen geschützten Balkon vor sich, auf dem ich hoffe, viel liegen zu können, wenn es warm genug ist.« So schreibt Elly in einem Rundbrief an Verwandte und Freunde. Glücklich berichtet sie vom ersten Weihnachtsfest in der Villa *Hammerschmidt*, von der Wirkung der Blumenfenster im Kontrast zum dick verschneiten Park, von Lese- und Gesprächsstunden vor dem Kamin, dessen Barockkacheln sie im vergangenen Jahr bei Besuchen auf der Fraueninsel im Chiemsee zusammengestellt hatte. Der nächste Nachbar findet sich übrigens gerne ein. Er unterbricht hin und wieder seine Arbeit, um in diese behagliche Häuslichkeit einzutauchen, um vor allem mit der Hausherrin mal gemeinsame Empfindungen auszutauschen, öfter noch in freundlicher Frotzelei die geistigen Klingen zu kreuzen. Er nimmt dabei die Abkürzung durch ein Pförtchen in der Gartenmauer zwischen der Villa Hammerschmidt und dem Palais, in dem er residiert. Elly Heuss-Knapp und Dr. Konrad Adenauer »können« gut miteinander. Ihr ganzes Leben lang ist es Elly immer wieder gelungen, auf Menschen zuzugehen, Freundschaften zu schließen. Selbst den bärbeißigen Kapitän eines Fährschiffes hatte sie ja auftauen können, und dem amerikanischen Botschafter konnte sie jüngst mit dem lebhaften Erzählen von Anekdoten über eine Verlegenheit hinweghelfen. Wenn sie es darauf anlegte, schaffte sie es immer, im Handumdrehen Mittelpunkt einer Gesellschaft zu werden. Wie viele Menschen sich ihrer freundlich erinnern, wird Elly noch einmal so recht deutlich an ihrem 70. Geburtstag am 25. Januar 1951. Natürlich gilt ein großer Teil der über 600 Glückwunschbriefe auch der Frau des Bundespräsidenten. Aber eine große, sehr große Anzahl meint den Menschen Elly Heuss-Knapp persönlich. Am Abend dieses besonderen Tages nimmt Elly die Zeilen zur Hand, die von all den vielen, die sie erreichten, am unmittelbarsten zu ihr sprechen. Bewegt liest

Elly Heuss-Knapp – von ihrer Krankheit gezeichnet

sie noch einmal das Gedicht, das ihr Theodor gab: »... und der Ewigkeiten Schauer wehn durch dieses Lebens Gang.« – Sie weiß, die Strecke, die vor ihr liegt, wird nur noch kurz sein. Sie faltet das Blatt zusammen und verwahrt es in ihrer Bibel. Sie hat keine Zeit mehr zu verlieren.

Zunächst muß sie sich Kraftreserven für das kommende Jahr zulegen. Wie schon so oft, soll es im Frühjahr nach Badenweiler gehen. Auch ihr Sohn wird mit seiner Familie dort sein, Elly freut sich auf ihr Enkelkind. Und sie träumt von einem schönen, klaren Tag, an dem sie hinauf nach Schloß Bürgeln geht. Dort will sie auf der großen Terrasse stehen, und, an die alte Steinmauer gelehnt, hinüber zu den Vogesen schauen, denn: »Das ist der schönste Punkt in Deutschland, den ich kenne.« Aber Elly fürchtet, daß diese Ausflüge schon der Vergangenheit angehören. Manchmal geht es ihr so schlecht, daß sie nur noch liegen kann. Ihre dringendsten Briefe muß dann »der Bott« beantworten, ohne sie ihr zu zeigen – es gibt da ein Komplott zwischen ihm und den Ärzten, dem Elly stillschweigend zustimmt, obwohl es ihr gegen das Gewissen geht. Ihren Stil kann Herr Bott schon vorzüglich nachahmen … Er ist dem Ehepaar Heuss freundschaftlich verbunden und einen starke Stütze in dieser Zeit. An besseren Tagen erwandert Elly Heuss-Knapp den Park, im Kopf verlockende Bilder von blühenden Rabatten, die sich zu beiden Seiten der großen Freitreppe zum Rhein hin senken, von sanften gänseblümchenübersäten Rasenflächen, die sich unter den alten Baumgruppen ausbreiten (Theodor hat dafür eine Schwäche), und von streng formalen buchsgesäumten Rosenbeeten, in deren Zentrum sich aus dem Wasserbassin eine Fontäne erhebt. Aber noch sieht hier alles schlimm aus. Bagger durchpflügen den Boden, denn auf dem Gelände befindet sich eine große Baustelle. Im rechten Winkel zur Villa Hammerschmidt, parallel zur Kaiser-Friedrich-Straße, von der aus der gewöhnliche Zugang zum gesamten Gebäudekomplex in Zukunft erfolgen soll, entsteht ein Bürotrakt, der vor allem die Bundespräsidialkanzlei aufnehmen wird. Die Hausherrin beobachtet genau, ob die schweren Maschinen den Fortgang ihrer gärtnerischen Pläne behindern. Aber es wäre nicht Elly, würde sie ganz dem »Ästhetischen« leben können. So nutzt sie ihre Bekanntschaft mit einer Gartenbauinspektorin gleich zu zweierlei: sie ordert – und erhält – eine ausführliche Liste mit Pflanzenvorschlägen für die Ausgestaltung des Parks. Mit Sorgfalt studiert sie die fast sechs Seiten umfassende Aufstellung von Stauden und Sommerblumen, während ihr die Situation der Absenderin durch den Kopf geht: Ohne nennenswertes Einkommen muß diese Frau für die Wiederherstellung ihrer Gesundheit und vollen Arbeitsfähigkeit sorgen. Elly schickt ihr folgerichtig einen Dankesbrief für die Liste, aber auch einen Scheck: »Für Ihr Gutachten in meinem Garten sende ich Ihnen heute DM 100,– (hundert) und bitte Sie, diese für etwa notwendige Auslagen für Ihre Krankheit zu verwenden. Es ist ein Teil eines privaten Honorars für schriftstellerische Arbeiten, das ich im Augenblick nie mehr für mich verwende, sondern irgendwie weitergebe.« Daß der Brief auch die Adressen von Ärzten enthält, die Elly schon auf den Fall der Gartenbauinspektorin »angesetzt« hat, versteht sich von selbst.

Nach ihren Gängen durch den Garten ist Elly Heuss-Knapp immer wieder froh, daß sie den Weg in die Wohnung im ersten Stock der Villa nicht über die hübsch geschwungene Marmortreppe nehmen muß, sondern daß ihr dafür ein Aufzug zur Verfügung steht. Sie muß auch keine Angst haben, daß in ihren immer häufiger notwendigen Ruhepausen der Haushalt ins Stocken gerät: Im Privatbereich stehen ihr zwei Mädchen zur Seite, für die untere Etage sind ein Dienerehepaar und zwei Stubenmädchen verantwortlich. Außerdem hat Elly ihr Fräulein Bockmann. Sie hilft bei der Erledigung der sehr umfangreichen Korrespondenz. Zeitweise halten auch Krankenpfleger ihren Einzug in die Villa Hammerschmidt – und sie kommen keineswegs immer zu Elly. Im Sommer 1951 heißt der Patient Theodor Heuss. »Nach 14 Tagen schönen Ferienaufenthalts (in Aschau) mit einem sehr interessanten Besuch beim Kronprinzen von Bayern und allerhand anderen Ausflügen zu Kirchen und Klöstern hat sich der Präsident, wie es in der Zeitung hieß, bei einer Bergkletterung den Arm verletzt. In Wirklichkeit war es ganz unheroisch; er stieg über eine Holzplanke, anstatt auf dem Weg zu bleiben und fiel im Garten eines Hauses auf die Steinfliesen, und leider gab es nicht nur eine Schulterluxation, was wir ja schon oft erlebt haben, sondern einen recht komplizierten Armbruch dicht unter der Schulter. Seitdem trägt er nun den Arm weit in die Welt gestreckt unter einem festen Gipspanzer, und es gehört sein ganzer Humor dazu, um guter Laune zu bleiben. Wir müssen ihn aber alle loben, denn er ist wirklich geduldig – wohl in der Erkenntnis, daß nicht nur der Ministerpräsident von Bayern, der ihm den guten Rat gab, über die Hürde zu steigen, sondern auch er selbst Schuld an dem Unglücksfall hatte.« Ein Pfleger hat also Einzug gehalten, um dem Präsidenten bei den alltäglichen Handreichungen behilflich zu sein und um ihn zu Außenterminen zu begleiten. Nun beschäftigt Elly die Frage, wie die für September ins Auge gefaßte offizielle Berlinreise bewältigt werden soll, wenn sie und ihr Mann gesundheitlich derart angeschlagen sind. Aber trotz aller Schwierigkeiten kommt der Besuch zustande, erleben Elly und Theodor Heuss fernab aller öffentlichen Auftritte bewegende Begegnungen mit ihrer eigenen Berliner Vergangenheit. Im Spätherbst entschließt sich Elly entgegen allen guten und vernünftigen Ratschlägen, ihren Mann und ihren Sohn nach Locarno zu begleiten zu einem Erholungsaufenthalt, der ein Ausgleich für den verunglückten und vorzeitig abgebrochenen Sommerurlaub sein soll. Noch einmal möchte sie glückliche Zeiten ihres Lebens zurückholen, und so klingt in der Reisebeschreibung der alten Dame die junge übermütige Elly durch: »Ich habe die 8 Tage Locarno … sehr genossen. Der Ludwig war unser Chauffeur, und wir haben sogar zwei Ausflüge nach Italien gemacht. Das war sehr echt heussisch! Wir fuhren mit einem kleinen bescheidenen Wagen, der dem Ludwig gehört, ohne Chauffeur und ohne Polizei an die italienische Grenze. Dort standen aber schon wieder Präfekt und Sous-Präfekt und wunderbare Polizei und nahmen uns in Empfang, und als der Ludwig mit uns ins Schiffchen einsteigen wollte, wurde ich erstaunt gefragt, ob der Chauffeur mitkomme. Ich sagte dann, es sei unser Sohn. Wir fuhren auf die Isola Bella, wo ich als junges Mädchen schon einmal war. Wir hatten vor, in eine einfache Trattoria zu gehen und wie Studenten zu leben. Aber, oh nein! Der Fürst von Barromäus stand schon am Ufer bereit, um uns zu empfangen und zeigte uns das ganze Schloß. ... Der Custode, der auch mit herumging und alles miterklärte, fragte, als er einmal kurz mit dem Ludwig allein war, ob das denn wirklich der Dr. Adenauer sei! Dasselbe geschah schon einmal bei einem Besuch in Como, wo das ganze Domkapitel versammelt vor dem Dom stand und man einen Brokatbetstuhl für uns bereit hatte mit hunderten von alten Weibern, die zugucken wollten und einen Priester mit einem Weihwasserkessel, der uns besprengte. ... Das Hotel war wunderbar, nur zu gut. Ich habe natürlich gleich einige Pfunde zugenommen, die ich aber hier prompt abgenommen habe. ... Beim Heimkommen war unser Park ganz wunderschön. Zauberhafte Farben des Herbstes, wie wir sie eigentlich noch selten im Leben gesehen haben. Er ist immer noch prachtvoll. Aber die Beete sind abgeräumt, um für die Frühlingssaat fertig zu sein.«

Was Elly in diesem bemerkenswert optimistisch gefärbten Bericht aber verschweigt, erweist sich als folgenschwer. Beim Nachhausekommen ist sie im Park zusammengebrochen. Später erklärt sie das mit dem Versagen des linken Knies, was sie auf eine Verstauchung zurückführt, die sie sich in der Schweiz beim Einsteigen in den Zug zugezogen hatte und die sich beim Treppensteigen auf der Isola Bella zu einer Kniegelenksentzündung verschlimmerte. Gut eine Woche nach dem Abfassen des Rundbriefs an die Freunde geht sie in die Klinik, wo mit Röntgentiefenbestrahlungen dieses Übel weitgehend behoben wird. Aber ihr Organismus ist nicht mehr belastbar. Eine schwere Gelbsucht zwingt sie für viele Wochen ins Krankenbett – mit allen nachteiligen Folgen für ihr Herz. Elly Heuss-Knapp weiß, daß sie nun ihre schwindenden Kräfte gezielt einsetzen muß. Sie tut dies, um das Müttergenesungswerk zu stabilisieren und im Bewußtsein der Menschen zu verankern. Manches Problem fordert da Ellys Einsatzfreude und Widerspruchsgeist noch einmal heraus. So findet der vorgelegte Entwurf für die Plakatwerbung des Müttergenesungswerks im Februar 1952 ganz und gar nicht ihren Beifall. Die entsprechenden Kommentare, eigentlich sind es dezidierte Regieanweisungen, lassen keinen Zweifel an ihrer abweichenden Meinung zu; sie schmettert ebenso unnachsichtig wie versiert den leider nicht archivierten, vermutlich recht zaghaften Einspruch aus Stein ab. Die ehemals so erfolgreiche und kompetente Werbefachfrau Elly Heuss-Knapp ist offensichtlich noch ganz sattelfest in diesem Metier:

(Zunächst schreibt Ministerialrat Bott, persönlicher Referent des Bundespräsidenten, in ihrem Auftrag.)

»Liebe Frau Nopitsch!
Das Plakat hat leider nicht den Beifall von Frau Heuss gefunden. Sie findet es künstlerisch nicht gekonnt und auch in der Ansprache der Öffentlichkeit nicht werbewirksam genug. Frau Heuss meint, man solle zu dem Stil Ihres Mütterkalenders (z.B. Titelbild) zurückkehren. Der vorgelegte Entwurf mit der Visitenkarteneinrichtung ›Rettung für die Mütter‹ zerstört die einheitliche Wirkung. Für den Text schlägt Frau Heuss folgende Fassung vor:

FELDBLUMEN – HILFE FÜR MÜTTER
Das Deutsche Müttergenesungswerk sammelt zum Muttertag
vom 7.–13. Mai 1952.«

(Gut zwei Wochen später schaltet sich Elly Heuss-Knapp persönlich ein.)

»Liebe Frau Nopitsch!
Wir senden Ihnen das Plakat, und es tut mir sehr leid, daß ich, wie ich fürchte, genau die gegenteilige Auffassung habe wie Sie. Den Kopf auf den anderen Plakaten finde ich gar nicht symbolisch oder charakteristisch für die Mütter im Mütterheim. Es ist so eine griechische Schönheit oder das Ganze wirkt wie eine Aufforderung, nach Haiti zu kommen. Am schlimmsten ist mir das Lila auf dem

Untergrund. Das macht das ganze Plakat sofort anthroposophisch. Es bleiben für mich nur zwei Möglichkeiten bestehen. Entweder (Entwurf) A oder E. Bei E müßte freilich die Vase bedeutend verbessert werden; aber es ist ja auch nur ein erster Entwurf.
Farbig gefällt mir A am besten. Es ist aber noch ein Mißverständnis aufzuklären. Es habe das Gefühl, als ob der Künstler meinte, die Aktion hieße ›Feldblumenhilfe‹. Zwischen Feldblumen und Hilfe müssen mindestens zwei Striche sein, daß es nicht wie ein zusammengesetztes Wort wirkt. Besser noch ist es, wenn wie auf Plakat E, das Wort ›Feldblumen‹ für sich allein steht und auf der nächsten Zeile ›Hilfe für Mütter‹. Bitte sagen Sie dem Künstler, daß alles darauf ankommt, daß man die Schrift auch wirklich leicht lesen kann. Die bisherige Schrift von Plakat A kann man keineswegs leicht lesen. Am liebsten hätte ich sie ja auf einem ruhigeren Grund; das macht bei E die Schrift so viel lesbarer.
Bei A habe ich noch etwas auszusetzen, was Sie bitte nicht für Pedanterie halten wollen. Nämlich die Knospen vom Mohn hängen immer zuerst wie Glöckchen herunter und richten sich erst beim Aufblühen auf. Hier auf dem Plakat stehen sie gerade und wirken deshalb wie Rosenknospen. Farbig gefällt mir aber A sehr gut. Auch der Hintergrund von blau bis grün scheint mir sehr wirkungsvoll.
Das ›U‹ muß zwei Strichelchen über sich bekommen, nicht ein hineingezeichnetes ›E‹. Das macht es wieder für einfache Menschen schwer lesbar. Ich schreib noch einmal den Text hin (siehe Anlage).
Ich möchte aber noch ausdrücklich sagen, daß allein schon farbig ich mir die Plakate sehr schön denken kann, wie ja überhaupt die Schweizer Graphiker unseren weit überlegen sind.«

(Und am gleichen Tage muß Ministerialrat Bott in einem weiteren Schreiben – Frau Heuss' Meinung unterstreichend – festhalten:)

»Liebe Frau Nopitsch!
Der Herr Bundespräsident hat den Entwurf auch gesehen. Er war ebenfalls für A, meinte aber, die Blumen dürften nicht in der Luft

hängen, sondern müßten sozusagen aus der Wiese herauswachsen und stehen. Entscheidend wichtig bleibt die Lesbarkeit des Textes und zwar müßte die Anordnung so getroffen werden, wie Frau Heuss sie in der Anlage gibt. Es kommt beim Druck dabei nur auf die Farbenwahl an, damit der Text auch aus einer gewissen Entfernung anziehend wirkt. Braun ist für das Auge nie eine gute Farbe, es sei, daß die Schrift sehr kräftig, also mit starken dicken Linien gewählt wird. Das wichtigste im Text sind ja die Worte ›Hilfe für Mütter‹ ›7. – 13. Mai 1952‹.«

Wenige Wochen nach diesem lebhaften Briefwechsel verschlechtert sich Elly Heuss-Knapps Befinden dramatisch, sie formuliert vorsorglich ihr »Vermächtnis an das Deutsche Müttergenesungswerk«. Wichtigste Aussage ist der Aufruf zur Einigkeit. Sie weiß, wie schwierig sich die Kooperation der beteiligten, weltanschaulich so unterschiedlichen, Organisationen in dieser »Krönung meines Lebens« gestalten kann. »Wenn ich etwas kräftiger wäre, könnte ich darüber sehr viel sagen ...« Es ist ihr ein besonderes Anliegen, ihren eigenen Anteil am Entstehen, weniger am Gelingen, des Deutschen Müttergenesungswerkes deutlich zugunsten eines anderen Menschen in den Hintergrund zu stellen, wenn sie bittet, »daran zu denken, ... daß eigentlich nicht ich das Werk gegründet habe, sondern Frau Nopitsch. Ich habe immer ein schlechtes Gewissen, wenn ich als Stifterin genannt werde.«
Und Elly Heuss-Knapp verschließt sich nicht dem Gedanken an eine Zeit, in der sie dem Haushalt in der Villa Hammerschmidt nicht mehr vorstehen wird.

Vom Bett aufs Sofa im Frühstückszimmer, von da ins Kaminzimmer auf den Lehnstuhl – Elly ist heute unruhig, möchte hinaus. Ihre Krankenpflegerin hat von blühenden Winterlingen gesprochen, von der frischen, klaren Februarluft, die nach Schnee riecht. Ungeduldig erwartet sie Theodors Schritt auf der Stiege, der ihr anzeigt, daß er von seiner Studierstube unterm Dach, dem sogenannten Naumann-Zimmer, herunterkommt. Er muß sie begleiten. Und so geht Elly, warm verpackt, am Arm ihres Mannes hinaus. Ja, es ist ein wunderschöner Tag. Leichter Rauhreif überzieht die Rasenflächen, scharf gezeichnet stehen die Baumsilhouetten gegen den blaßblauen, dunstigen Himmel. Hier und da bilden Rhododendron- und Taxusgebüsch geheimnisvolle dunkle Nischen. Und dort, vor dem braunen Laub der Buchenhecke, leuchten in warmem Gelb die Winterlinge. Voll Freude über ihre Entdeckung macht Elly Theodor darauf aufmerksam. Jetzt will sie auch noch den Rhein sehen. Es gibt einen Pfad, der ziemlich eben um das ehemalige Palmenhaus herumführt und zu Füßen der großen Freitreppe auf der dem Fluß zugewandten Seite der weißen Villa herauskommt. Bewußt geht Elly jeden Schritt, spürt die Körperwärme ihres Gefährten, atmet tief ein, hält an und schaut: Stetig ziehen die Wasser vorüber. Hin und wieder springt eine Welle auf, wird sichtbar über den anderen, um sich gleich wieder in den steten Strom einzuordnen. Eine lange Weile stehen beide still, überlassen sich dem sanften Strömen. Dann ist Elly bereit für den Rückweg. Heute noch will sie ihrer Schwägerin Hedwig Heuss[37] schreiben. Sie kann sich gut vorstellen, daß diese liebenswürdige, gewandte und warmherzige Frau ihrem Theodor einmal eine große Hilfe sein wird …

Immer mehr zieht sich Elly Heuss-Knapp aus der Öffentlichkeit zurück. Der Osteraufenthalt in Badenweiler bringt statt der vage erhofften Kräftigung tatsächlich die erneute Einweisung ins Krankenhaus. Ein Rundfunkgespräch mit Bundeskanzler Adenauer zur Eröffnung der Sammelwoche für das Müttergenesungswerk ist nur vorgetäuscht: Jeder spricht seinen Part für sich, es ist die Technik, die beide Stimmen zusammenbringt. Unter dem Datum vom 21. Juni 1952 finden wir noch ein Schreiben an die Frau des Hohen Kommissars

Elly und Theodor Heuss etwa 1950 in Aschau

McCloy, eine Förderin des Müttergenesungswerks. Neben detaillierten Ausführungen über Freizeiten für während der Zeit des Nationalsozialismus rassisch und politisch verfolgte Frauen schreibt Elly Heuss-Knapp: »Leider bin ich noch immer bettlägerig und kann nur kurze Zeit auf sein. Dann genieße ich vom Balkon aus meinen schönen Garten, der sich im Vergleich zum vorigen Sommer sehr herausgemacht hat. Vielleicht bin ich nächste Woche so weit, daß ich Ihnen den Park zeigen kann.« In diesem Brief brechen die Selbstzeugnisse ab. Wie weit der darin geäußerte Wunschtraum von der Realität entfernt ist, dokumentiert die folgende Nachschrift:

»Frau Heuss hatte diesen Brief diktiert, fühlte sich aber zu elend in den letzten Tagen und liegt seit gestern in der Klinik auf dem Venusberg. Wir bitten daher um Entschuldigung, wenn der Brief nicht unterzeichnet wurde.
SEKRETARIAT FRAU HEUSS-KNAPP«

Ihre letzten Gedanken, ihre Angst etwa vor dem Sterben, die übergegangen sein mag in eine Angst vor dem Leben, Elly Heuss-Knapp teilt sie nur mit den Menschen, die ihr am nächsten standen, und mit ihrem Gott.

Samstag, den 19. Juli 1952, stirbt Elly Heuss-Knapp in der Universitätsklinik in Bonn. Um vier Uhr senken sich in der Bundeshauptstadt alle Dienstflaggen auf halbmast, auch die Fahnen an den Gebäuden der ausländischen Missionen. Selbst die Rheindampfer, die Bonn passieren, signalisieren Trauer. Nur die Flagge auf dem Dach der Villa Hammerschmidt wird nicht niedergeholt. Das Protokoll sieht es nicht vor.

Anmerkungen

1 Brentano, Lujo, Volkswirtschaftler, 1844–1931; Professor in Breslau, Straßburg, Wien, Leipzig, München, führender Vertreter der sozialpolitischen Richtung der Nationalökonomie (Kathedersozialismus), Befürworter einer Gewerkschaftsbewegung nach dem Muster der englischen Trade Unions, Vertreter des Freihandels.

2 Liebig, Justus, Freiherr v. (seit 1845), Chemiker, 1803–1873; vielseitiger Forscher besonders auf dem Gebiet der organischen Chemie, entdeckte Chloroform und Chloral, untersuchte den tierischen und pflanzlichen Stoffwechsel, führte die künstliche Düngung ein, erfand den Fleischextrakt, das Backpulver und die Silberverspiegelung von Glas.

3 Lange, Helene, Lehrerin, Führerin der deutschen Frauenbewegung, 1848–1930; forderte Gleichberechtigung der Frau, war Vorsitzende im Allgemeinen Deutschen Lehrerinnenverein, ab 1893 Herausgeberin der Zeitschrift *Die Frau*, veröffentlichte 1920 ihre Lebenserinnerungen.

4 Delbrück, Hans, Historiker, 1848–1929; Professor in Berlin und liberaler Reichstagsabgeordneter, Herausgeber der Preußischen Jahrbücher 1883–1919.
Harnack, Adolf von, evangelischer Theologe, 1851–1930; einer der Hauptvertreter des Kulturprotestantismus und theologischen Liberalismus der Zeit, bedeutender Kirchenhistoriker, 1905–1921 Generaldirektor der Preußischen Staatsbibliothek in Berlin.

5 Naumann, Friedrich, evangelischer Theologe und Politiker, 1860–1919; 1890–1897 Geistlicher der Inneren Mission in Frankfurt a. M., beschäftigte sich mit politischen und sozialen Fragen, Wechsel in die Berufspolitik, 1896 Gründung des Nationalsozialen Vereins (bis 1903), 1855 Gründer der eigenen Wochenschrift *Die Hilfe*, sucht Synthese zwischen Christentum, Nationalismus und Sozialismus, 1900 1. Hauptwerk *Demokratie und Kaisertum* war auch Programm zur Integration der Arbeiterschaft in nationalen Staat durch aktive Sozialpolitik (Sozialreformer), ab 1903 Versuch, Programm im linksliberalen Parteienspektrum durchzusetzen, 1906 2.Hauptwerk *Neudeutsche Wirtschaftspolitik* als Synthese zwi-

schen liberalem Kapitalismus und Sozialismus. Naumann fand weder bei Linken noch bei Rechten tragfähige Bündnispartner. Mitbegründer des Deutschen Werkbundes. 1907–1912 mit kurzen Unterbrechungen Reichstagsabgeordneter.

6 Soziale Frage – Bezeichnung für die Gesamtheit der sozialen Spannungen und Probleme, die sich im Verlauf der Bevölkerungsentwicklung sowie der Industrialisierung aus den von ihnen bewirkten Umwälzungen ergaben.

7 Jugendbewegung – Um 1900 im Zusammenhang mit kulturkritischen Strömungen entstandene Bewegung unter der Schul- und studentischen Jugend als Reaktion gegen spät- und spießbürgerliche Lebensführung und erstarrte Gesellschaftsformen. Fand Ausdruck in sozial, weltanschaulich oder religiös ausgerichteten Gruppentreffen und Heimabenden, Wanderungen, romantischen Gemeinschafts- und Naturerlebnissen, Hinwendung zum Volkstum und Volkslied. Führte nach 1920 zur Gründung der Bündischen Jugend, fiel 1933 dem Nationalsozialismus zum Opfer.

8 *Die Hilfe* – Von Friedrich Naumann 1895 gegründete Wochenschrift in relativ geringer Auflage. Politische und kulturell-literarische Ausprägung, anspruchsvoll und bildungsbürgerlich fein. Der Name ist abgeleitet von *Gotteshilfe*. Unter diesem Titel veröffentlichte Naumanns Großvater seine vielbeachteten Predigten in der Leipziger Nikolaikirche.

9 Andachten – Religiöse Betrachtungen als Zeugnisse fester, gesicherter und aufgeschlossener Frömmigkeit, bedeutend durch den Bildungshintergrund Naumanns sowie durch poetische, innige und bildhafte Ausdruckskraft der Sprache.

10 Bildungsbürgertum – Der spezifisch deutsche Begriff umfaßt zunächst Bürger, die ein akademisches Studium mit Erfolg absolvierten und einen entsprechenden Beruf ausüben – selbständig, angestellt oder verbeamtet –, dann auch Menschen, die sich dem gebildeten Bürgertum zugehörig fühlen. Das Bildungsbürgertum genießt soziales Ansehen, gehört zu den höheren Schichten, ist in der Nähe von kultureller Einflußsphäre und politischer Macht angesiedelt, übernimmt zunehmend soziale Verantwortung im Sinne des sozialen Gewissens. Das Bildungswissen ist aufs Allgemeine bezogen. Bildungsbürger haben ›Kultur‹, d.h. sie pflegen Umgang mit Literatur und reflektieren deren Inhalte, befassen sich mit Künsten und Wissenschaften, sie reisen und haben einen ausgeprägt eigenen Lebensstil, verfügen über erhöhte sprachliche Ausdrucks- und Verständnisfähigkeit.

11 Frauenbewegung – Bestrebungen, für die Frauen die gleichen Bildungs- und Arbeitsmöglichkeiten sowie die gleichen politischen Rechte zu erreichen, wie sie für den Mann bestehen. In Deutschland forderte nach

1848 Luise Otto-Peters die Erziehung der Frau zu selbständiger wirtschaftlicher und geistiger Arbeit. Der 1865 gegründete Allgemeine Deutsche Frauenverein blieb lange Zeit Träger der Frauenbewegung, 1894 schlossen sich die Einzelvereine zum Bund deutscher Frauenvereine zusammen. Vor allem konfessionell gebundene Frauenvereine stellten sozialpolitische Fragen in den Vordergrund.

12 Salomon, Alice, Sozialpädagogin, Volkswirtschaftlerin, Verfechterin einer systematischen Ausbildung für soziale Frauenberufe, 1872–1948; Dissertation 1906: *Die Ursachen der ungleichen Entlohnung von Männer- und Frauenarbeit*, 1893 Mitglied der Mädchen- und Frauengruppen für soziale Hilfsarbeit, 1899 Vorsitzende der Gruppen, 1899 Eröffnung des ersten Jahreskurses für soziale Berufsarbeit in Berlin, 1900 Mitglied des Vorstandes des Bundes Deutscher Frauenvereine, Schriftführerin, dann bis 1920 stellv. Vorsitzende, 1908 Gründung und Leitung der Sozialen Frauenschule in Berlin-Schöneberg, 1925 Gründung der Deutschen Akademie für soziale und pädagogische Frauenarbeit in Berlin und Übernahme des Vorsitzes, 1933 Amtsenthebung und Auflösung der Akademie, 1937 Ausweisung der Jüdin aus Deutschland, kehrt aus den USA nicht mehr zurück und stirbt verbittert und weitgehend vergessen 1948 in New York.

13 Das 1871 gegründete Deutsche Reich war ein Bundesstaat, dem 25 Einzelstaaten angehörten: die vier Königreiche Preußen, Bayern, Sachsen und Württemberg; die sechs Großherzogtümer Baden, Hessen, Mecklenburg-Schwerin, Mecklenburg-Strelitz, Oldenburg und Sachsen-Weimar-Eisenach; die fünf Herzogtümer Anhalt, Braunschweig, Sachsen-Meiningen, Sachsen-Altenburg und Sachsen-Coburg-Gotha; die sieben Fürstentümer Reuß ältere Linie, Reuß jüngere Linie, Schwarzburg-Rudolstadt, Schwarzburg-Sondershausen, Lippe, Schaumburg-Lippe und Waldeck; die drei Freien Städte Hamburg, Bremen und Lübeck. Dazu kam das Reichsland Elsaß-Lothringen.

14 Bebel, August, Politiker, Sozialdemokrat, 1840–1913; trat als Drechsler der Arbeiterbewegung bei, wurde 1867 Reichstagsabgeordneter als Vorsitzender der deutschen Arbeitervereine, 1869 einer der Begründer der Sozialdemokratischen Partei Deutschlands.

15 Dazu Theodor Heuss' Bericht in seinen Lebenserinnerungen: »Für den Rektor (Professor Knapp) war aber die Sache nicht so amüsant wie für die Tochter. Denn ein Sohn des Kaisers, August Wilhelm, war für zwei Semester an die reichsländische Universität entsandt, um dort mit dem staatswissenschaftlichen Doktor abzuschließen. Knapp machte Schwierigkeiten – die Promotion setzt sechs Semester voraus, dem Hohenzollernprinzen sollten vier genügen … In sauberen Schriftzügen gab er den Berliner Stellen seine Ablehnung bekannt – die akademische Ordnung

sollte nicht durchbrochen werden. Andere Mitglieder der Fakultät waren nicht so penibel.« – In der Stunde des mündlichen Rigorosums ging Professor Knapp auf dem Platz vor der Universität spazieren.

16 Ernst Lesser war Jude, es gab darum keine kirchliche Trauung.

17 Deutscher Werkbund – Eine am 6. Oktober 1907 gegründete Vereinigung von Künstlern, Kritikern und Fabrikanten. Der Name ist Programm – »Werken« als idealistisches Tun ohne Eigennutz und »bündisches« Zusammengehen für ein hohes Ziel: Erreichen der praktischen ästhetischen Verbesserung unserer Umwelt durch Vorträge, Veröffentlichungen, Tagungen und Ausstellungen. Die Nationalsozialisten konnten den Werkbund aushungern, aber nicht vernichten. Nach dem zweiten Weltkrieg wiederbelebt, ist er noch heute eine Institution, versteht sich als Mahner, Anreger, Korrektor des öffentlichen Gewissens. Sein Blickwinkel reicht von der Gestaltung kleinster Dinge des alltäglichen Lebens bis zur Rettung ganzer Landschaften.

18 *Kunstwart* – 1883 von F. Avenarius gegründet, später *Kulturwart*, der seit 1900 breite Resonanz fand, 1908 immerhin mit 20 000 Auflage.

19 Weber, Max, Philosoph, Wirtschaftstheoretiker, 1864–1920; bedeutender systematischer Begründer der Soziologie in Deutschland, Professor u.a. in Berlin, Heidelberg und München, hervorragender und humorvoller Redner, Förderer seiner Frau Marianne, Mitbegründer der Deutschen Demokratischen Partei, einer der geistigen Väter des Liberalismus. Weber, Marianne, Historikerin und Schriftstellerin, 1870–1954; Mitarbeit in der deutschen Fauenbewegung, Mitglied der Deutschen Demokratischen Partei, 1919 in der Badischen Nationalversammlung, 1919–1923Vorsitzende des Bundes Deutscher Frauenvereine,Werke über *Ehefrau und Mutter in der Rechtsentwicklung*, *Die Idee der Ehe und die Ehescheidung*, *Die Frauen und die Liebe*. Bekannt und befreundet mit vielen bedeutenden Persönlichkeiten, seit 1892 verheiratet mit Max Weber.

20 Nach dem Tod von Gustav Stolper und Elly Heuss-Knapp bestand zwischen Toni Stolper und Theodor Heuss eine noch engere persönliche Bindung.

21 Dibelius, Otto, evangelischer Theologe, 1880–1967; 1925 Generalsuperintendent in Berlin, 1945–1966 Bischof von Berlin-Brandenburg, 1949 bis 1961 Ratsvorsitzender der Evangelischen Kirche in Deutschland, 1954 bis 1961 Präsident des Weltrats der Kirchen.

22 Reichsbanner Schwarz-Rot-Gold – 1924 bis 1933 demokratischer, überparteilicher Verband zur Verteidigung der Weimarer Republik, 1932 über 3 Millionen Mitglieder. In der Führungsspitze Vertreter der SPD, der Staatspartei und des Zentrums.

23 Deutsche Christen, genauer Glaubensbewegung Deutsche Christen – Vom Nationalsozialismus beeinflußte evangelische Christen hatten sich

mit anderen, teils religiös, teils politisch beeinflußten Gruppen zusammengefunden. Sie vertraten alle Propagandapunkte der NSDAP wie Reinerhaltung der nordischen Rasse, Kampf den Juden, dem Weltbürgertum und dem Marxismus. Sie versuchten als »SA Christi« die evangelische Kirche zu politisieren.

24 Martin Niemöller, evangelischer Theologe, 1892–1984; im 1. Weltkrieg U-Boot-Kommandant, seit 1931 Pfarrer in Berlin-Dahlem, 1933 Mitbegründer des Pfarrernotbundes (Auslöser seiner Gründung war der Versuch, im September 1933 den sog. Arier-Paragraph aus dem »Nationalsozialistischen Gesetz zur Wiedereinführung des Berufsbeamtentums« auch auf Geistliche auszudehnen – was zum Ausschluß der Amtsbrüder jüdischer Herkunft von kirchlichen Aufgaben geführt hätte) und unerschrockener Sprecher der Bekennenden Kirche; 1937 verhaftet und vom Gericht auf freien Fuß gesetzt, dennoch ins KZ gebracht, wo er bis Kriegsende festgehalten wurde.

25 Bekennende Kirche – erwuchs 1934 aus der Bekenntnissynode von Barmen, die ein Wort des Theologen Karl Barth vom »offenen Notstand der Kirche« aufgriff und in den sechs Sätzen der *Theologischen Erklärung* den Deutschen Christen und dem NS-Reichsbischof das Recht auf Lehre und Leitung der evangelischen Kirche abstritt. Weitere wichtige Synoden fanden im Oktober 1934 und im März 1935 in Berlin-Dahlem statt.

26 Helmut Gollwitzer, evangelischer Theologe, 1908–1993; 1936 Referent in der Leitung der Bekennenden Kirche, 1937 Promotion bei Karl Barth, 1938 Pfarrer in Berlin-Dahlem, 1945–1949 russ. Gefangenschaft, engagierte sich gegen die Aufstellung der Bundeswehr und später gegen die Nachrüstung, begleitete die Studentenbewegung der späten 60er und der 70er Jahre mit Sympathie und Hilfsbereitschaft.

27 Fest auf der Pfaueninsel, wurde im August 1936 von Goebbels für ca. 2000 Gäste veranstaltet. Die mit äußerstem Aufwand inszenierte Veranstaltung endet in unbeschreiblichem Chaos. Magda Goebbels weint vor Scham, ihr Mann tobt.

28 Reichswerbeschule – gegründet am 4. Mai 1936 in Berlin, bot ein viersemestriges, praxisorientiertes Studium an, das mit dem Werbeassistentendiplom abschloß sowie Weiterbildungslehrgänge für erfahrene Werber.

29 Norbert Schultze komponierte allerdings auch die Melodie zu *Bomben auf Engeland* …

30 Gedacht ist hier an *Marianne*, die Symbolgestalt der Französischen Republik.

31 Noch kurz vor seinem Tod 1942 hatte der Großindustrielle Robert Bosch selbst Theodor Heuss die Anregung zum Schreiben dieser Biographie gegeben.

32 Fließsatz – eine Folge von Zeichnungen, einem Comic ähnlich, die mit Versen versehen ist.

33 Fritz Elsas, früherer Berliner Bürgermeister, von den Nazis hingerichtet, weil er eine Nacht lang den verfolgten ehemaligen Leipziger Bürgermeister Goerdeler versteckt hatte.

34 Theodor Heuss übernahm Ehrenpatenschaften zur finanziellen Unterstützung kinderreicher Familien ab dem siebten Kind.

35 Im Lichthof des Museums Alexander Koenig (einige Familienmitglieder entschieden sich für diese Schreibweise) fand am 1. September 1948 die feierliche Eröffnungssitzung des Parlamentarischen Rates statt.

36 Hier geht es nicht (nur) um rein Ästhetisches. Heuss hatte ein gutes Gespür für Symbolik, das ihn manchen Strauß ausfechten ließ. So schrieb er am 8. April 1950 an Adenauer: »Ich habe in den letzten Tagen eine wenig erfreuliche Begegnung gehabt, und zwar die mit dem Fünfmarkschein, der als erste graphische Leistung für die Bundesrepublik Deutschland Zeugnis ablegen soll.« Der Kunsthistoriker Heise, er war bis 1943 Nachbar der Famlie Heuss in der Kamillenstraße gewesen, hatte Elly Heuss-Knapp auf die öffentlich heftig kritisierte Darstellung der nackt (!) auf dem Stier reitenden Europa aufmerksam gemacht. Sie zeigte Theodor Heuss die Banknote, denn »... ein Bundespräsident kommt seltsamerweise nicht in die Lage, Geld einzunehmen oder auszugeben; das besorgen immer seine Begleiter.«
Silvester des gleichen Jahres machte Theodor Heuss den nach seinen Worten »gewagten Versuch, ... den Deutschen eine neue Hymne anzubieten«, die sich aber gegen das Deutschlandlied nicht durchsetzen konnte. Elly hatte an diesem Projekt lebhaften Anteil genommen.

37 Hedwig Heuss, 1883–1980, Witwe des schon 1932 verstorbenen Stadtarztes Dr. Ludwig Heuss, ältester Bruder des Bundespräsidenten, übernahm nach Elly Heuss-Knapps Tod tatsächlich diese verantwortungsvolle Aufgabe und versah sie bis 1959 mit großem diplomatischem Geschick, hochgeschätzt und verehrt.

Quellen- und Literaturverzeichnis

Gertrud Bäumer, Frauen der Tat. Tübingen 1959

Hans Bott (Hrsg.), Elly Heuss-Knapp zum Gedächtnis. Nürnberg 1952

Bella Fromm, Als Hitler mir die Hand küßte. Berlin 1993

Liselotte Funcke (Hrsg.), Die Liberalen. Frei sein, um andere frei zu machen. Frauen in der Politik. Stuttgart und Herford 1984

Dieter u. Ruth Glatzer, Berliner Leben 1900–1914. Eine historische Reportage aus Erinnerungen und Berichten. Berlin 1986

Hildegard Hamm-Brücher/Hermann Rudolph, Theodor Heuss – Eine Bildbiographie. Stuttgart 1983

Elly Heuss-Knapp, Bürgerkunde und Volkswirtschaftslehre. Leitfaden für Frauenschulen, Handelsschulen, Gewerbeseminare u. verwandte Anstalten. Leipzig 1915

Elly Heuss-Knapp, Schmale Wege. Erzählungen von Schicksalen der Jahre 1933–1945. Tübingen 1947

Elly-Heuss-Knapp (Hrsg.), Friedrich Rückert. Gedichte. Stuttgart 1948

Elly Heuss-Knapp, Das blaue Buch vom Rhein. Königstein i.Ts. 1951

Elly Heuss-Knapp, Ausblick vom Münsterturm. Erinnerungen. Tübingen 1954

Elly Heuss-Knapp (Hrsg.), Georg Friedrich Knapp. Aus der Jugend eines deutschen Gelehrten. Tübingen 1962

Theodor Heuss, Vorspiele des Lebens. Stuttgart 1963

Theodor Heuss, Erinnerungen 1905–1933. Stuttgart 1963

Theodor Heuss – Der Mann, das Werk, die Zeit. Katalog zur Ausstellung. Tübingen 1967

Theodor Heuss/Konrad Adenauer, Unserem Vaterland zugute. Der Briefwechsel von 1948–1963. Bearbeitet von Hans Peter Mensing. Berlin 1989

Robert Hofmann, Geschichte der deutschen Parteien. Von der Kaiserzeit bis zur Gegenwart. München 1993

Friedrich Kaufmann (Hrsg.), Rat und Tat. Elly Heuss-Knapp – Nachklang eines Lebens. Tübingen 1964

Helene Lange, Lebenserinnerungen. Berlin 1921

Annemarie Lange, Das Wilhelminische Berlin. Zwischen Jahrhundertwende und Novemberrevolution. Berlin 1988
Annedore Leber/Freya Gräfin von Moltke, Für und wider. Entscheidungen in Deutschland 1918–1945. Berlin, Frankfurt am Main 1961
H. Muthesius (Hrsg.), Alice Salomon. Die Begründerin des sozialen Frauenberufs in Deutschland. Köln, Berlin 1958
Hans-Otto Meissner, Magda Goebbels. Ein Lebensbild. München 1978
Ursula Nienhaus, Weibliche Angestellte 1880–1945. Hagen 1987
Thomas Nipperdey, Deutsche Geschichte 1866–1918. Bd. 1 Arbeitswelt und Bürgergeist. München 1991
Thomas Nipperdey, Deutsche Geschichte 1866–1918. Bd. 2 Machtstaat vor der Demokratie. München 1992
Hermann Rudolph, Theodor Heuss/Elly Knapp. So bist Du mir Heimat geworden. Eine Liebesgeschichte in Briefen aus dem Anfang des Jahrhunderts. Stuttgart 1986
Ursula Salentin, Wege in die Villa Hammerschmidt. Freiburg i. Br. 1989
Ursula Salentin/Liselotte Hammerschmidt, Chronik der Villa Hammerschmidt. Bergisch Gladbach 1991
Hans Sveistrup/Agnes von Zahn-Harnack, Die Frauenfrage in Deutschland. Quellenkunde 1790–1930. München 1984
Margarethe Vater (Hrsg.), Bürgerin zweier Welten [Elly Heuss-Knapp]. Ein Leben in Briefen und Aufzeichnungen. Tübingen 1961
Norbert Westenrieder, »Deutsche Frauen und Mädchen!«. Vom Alltagsleben 1933–1945. Düsseldorf 1984
Uwe Westphal, Werbung im Dritten Reich. Berlin 1989
Agnes von Zahn-Harnack, Die Frauenbewegung. Geschichte, Probleme, Ziele. Berlin 1926
Ben Witter, Eine Stadt sollte sterben. In: »Die Zeit« vom 30. 7. 1993
Wolfgang Zeh, Historische Wurzeln – Moderne Entfaltung. Heidelberg 1990

* * *

Archiv der Familie Heuss, Basel
Archiv der Firma Beiersdorf AG, Hamburg
Deutsches Rundfunkarchiv, Frankfurt am Main
Historisches Archiv des Süddeutschen Rundfunks, Stuttgart
Archiv Elly-Heuss-Knapp-Stiftung Müttergenesungswerk, Stein b. Nürnberg
Archiv des Deutschen Liberalismus der Friedrich-Naumann-Stiftung, Gummersbach
Archiv der deutschen Frauenbewegung, Kassel

Stiftung Bundeskanzler-Adenauer-Haus, Dokumente aus vier Epochen deutscher Geschichte, Bad Honnef/Rhöndorf 1986
Neckar-Zeitung 1914–1918, Stadtarchiv Heilbronn
Presse- und Informationsamt der Bundesregierung, Bonn
Landtag von Baden-Württemberg, Stuttgart

* * *

Quellennachweis der Bilder

Ursula Heuss-Wolff, Basel
Hanna Frielinghaus geb. Heuss, Ludwigsburg
Bundesbildstelle, Bonn
Beiersdorf AG, Hamburg
Deutsche Verlagsanstalt, Stuttgart

Inhalt

Charlotte Hofmann-Hege

Alles kann ein Herz ertragen

Die weite Lebensreise der Elisabeth Thiessen

192 Seiten, gebunden
7. Auflage

»Charlotte Hofmann-Hege hat die erschütternde Lebensgeschichte ihrer Cousine festgehalten. Elisabeth ging als junges Mädchen für ein Jahr mit Verwandten nach Rußland. Aus diesem Jahr wurden durch die zwei Weltkriege und die Stalinzeit Jahrzehnte, die sie dort verbringen mußte. Das feinsinnig erzählte Schicksal dieser Frau, deren Leben durch die weltpolitischen Ereignisse so tragisch geprägt wurde, beeindruckt und macht betroffen.«

Rhein-Neckar-Zeitung

Charlotte Hofmann-Hege

Alle Tage ist kein Sonntag

Das Geheimnis um Rudolf Schock und die Schloßmagd

176 Seiten, gebunden

Lina Brandt, als Bauerntochter in Lettland geboren und aufgewachsen, hatte kein leichtes Leben. Nach der Vertreibung aus der Heimat lebte sie als Stallmagd und verbrachte unauffällig ihre Tage – bis sie sich in Rudolf Schock und seine Musik verliebte. Sie schickte ihm teure Rosensträuße, und bald wurde im Dorf getuschelt. Behutsam erzählt Charlotte Hofmann-Hege die Hintergründe dieser außergewöhnlichen Beziehung und macht aus den einfachen Dingen des Lebens ein spannendes Leseerlebnis.

Eugen Salzer-Verlag, Heilbronn